Ideias em confronto

Cecilia Helena de Salles Oliveira

Ideias em confronto

Embates pelo poder na
Independência do Brasil (1808-1825)

todavia

Para Paulo

[...] a energia motora do pesquisador [é] a inquietação, a necessidade de retomar, de retrabalhar, de repensar os resultados conquistados para readaptá-los às concepções e às novas condições de existência que os homens, nos marcos do tempo, continuam a forjar [...].

Lucien Febvre, *Combats pour l'histoire*, 1953

Indicando caminhos **11**

1. A América portuguesa no século XVIII:
Reformismo ilustrado e tensões sociais **17**
2. A reorganização da monarquia
portuguesa na América, 1808-14 **43**
3. A criação do Reino Unido e o debate em torno
da configuração do Império Português **69**
4. Guerra de armas e palavras: A revolução em andamento **99**
5. A monarquia constitucional e os cidadãos do Império **147**
6. A Independência do Brasil: Memória
histórica e comemorações **189**

Palavras finais **219**

Notas **225**
Fontes e referências bibliográficas **252**
Índice remissivo **261**

Indicando caminhos

> [...] *nós fazíamos parte da família portuguesa, tínhamos jurado obediência a um rei que está em Portugal, depois separamo-nos [...]. Em revoluções sempre há disso; é necessário dissimular o passado [...] correr um véu sobre procedimentos passados, evitando a odiosa tarefa de estar agora a ver quem foi amigo, quem foi passivo, quem pegou em armas, quem não pegou [...].*
>
> Manuel José de Souza França, 1823[1]

A Independência do Brasil, tão em evidência no momento das comemorações do bicentenário, é tema que vem sendo abordado, desde o século XIX, através de várias vertentes interpretativas. Há estudos que consideram a Independência como um "desquite amigável" entre Brasil e Portugal; outros entendem que os eventos daquela época foram promovidos pela própria Coroa de Bragança e marcaram uma "transição pacífica" entre a condição de colônia e o Estado nacional; outros ainda avaliam que a Independência não teria acontecido efetivamente, porque o herdeiro da família real portuguesa encabeçou o movimento e porque a separação entre colônia e metrópole não teria gerado transformações significativas. Ao lado disso, existem publicações que se esmeraram em apresentar a Independência como uma caricatura, um arremedo daquilo que teriam sido as independências nas demais regiões coloniais americanas.

Este livro propõe uma interpretação diferente do processo histórico e político em curso na América portuguesa, entre os fins do século XVIII e o início do XIX, contrariando versões comumente divulgadas. Fundamenta-se em investigações que realizei e em contribuições historiográficas que há mais de quarenta anos vêm interrogando e modificando os pressupostos com os quais aprendemos a conhecer aquele período da História do Brasil. Procura, assim, valorizar e amparar-se em parcela importante da produção de conhecimentos gerada pelos inúmeros programas de pós-graduação em história mantidos pelas universidades públicas brasileiras.

A epígrafe que escolhi para abrir a discussão contempla alguns dos percursos que pretendo trilhar, convidando o leitor a percorrer comigo entendimentos da Independência que se diferenciam daquilo que podemos chamar de "saber já sabido", no mais das vezes afirmações requentadas, que não inspiram articulações entre o presente incerto, o futuro indefinido e um passado que ainda pode oferecer novas perspectivas de compreensão sobre a formação histórica do país.

O trecho extraído do discurso do deputado Manuel José de Souza França na sessão de 26 de setembro de 1823, durante os intensos embates da Assembleia Constituinte, possibilita formular indagações instigantes. A primeira delas se relaciona ao fato de o parlamentar atribuir à separação de Portugal o caráter de uma revolução. Essa definição dos acontecimentos foi intensamente veiculada pelos atores históricos envolvidos naqueles eventos, em especial por meio da imprensa, produzida em Lisboa, em Londres e nas principais cidades do Brasil, como Rio de Janeiro, Recife, Salvador e Belém. Porém aparece também em documentos de governo e em comentários de representantes estrangeiros. Por qual razão o deputado e seus contemporâneos teriam definido a Independência como uma revolução?

Ao longo do século XIX, o tema da revolução foi tratado por vários políticos e historiadores, como José da Silva Lisboa, João Manuel Pereira da Silva e Teófilo Ottoni. Em seus escritos, eles consolidaram os vínculos entre Independência, organização da monarquia constitucional e processo revolucionário, ressignificando a fala do deputado Souza França e de muitas outras testemunhas da época. Que revolução seria essa? Quais seriam suas balizas temporais?

Buscar elementos nas fontes e na bibliografia para encaminhar essas perguntas significa inscrever os eventos que ocorriam na América portuguesa em contextos históricos mais abrangentes, articulando-os aos movimentos independentistas americanos e, sobretudo, ao movimento de revoluções que se espraiou pela Europa entre fins do século XVIII e meados do XIX. E esse será um dos caminhos que este livro se propõe a palmilhar.

O segundo aspecto a ser destacado diz respeito à manifestação do deputado no sentido de que era preciso abandonar a distinção entre "quem foi amigo" e "quem pegou em armas", caso a Assembleia quisesse resolver a incorporação de portugueses à condição de cidadãos. Ou seja, Souza França relembrava confrontos armados que haviam deixado destruição, feridas e muito ressentimento. Nas versões tradicionais sobre a Independência, a ênfase recai na passividade da população, na ausência de violência, na imposição de decisões por parte de uma elite conservadora, como se não tivesse havido reações, como se a história tivesse mão única e todos seguissem na mesma direção. Tal como Souza França, a maioria dos deputados na Assembleia havia atuado diretamente nos embates armados que se espalharam por várias regiões da América portuguesa desde 1817. Isso significa que guerras e revolução se entrelaçam em um mesmo movimento concomitante de destruição de uma ordem política e de construção de outra, de natureza constitucional e representativa, que a Assembleia buscava delinear. Por que ocorreram guerras? Por que a separação de Portugal e a definição de uma nova ordem promoveram divergências políticas e sociais tão graves a ponto de se chegar aos campos de batalha?

A posição de Souza França na Assembleia era amplamente favorável à extensão da cidadania a portugueses radicados no Brasil. Sua postura não era uma exceção, mas a maioria dos deputados apresentou argumentos para relativizar ou condenar sua atitude. O que significa que as divergências políticas não tinham sido pacificadas com a declaração de Independência e estavam focadas, entre outras questões, na definição dos membros da sociedade que poderiam exercer a cidadania como direito civil e, notadamente, como direito político de participar dos negócios públicos. Que concepções de cidadania estavam em debate? Por que havia discordâncias em relação à cidadania de portugueses? Quais seriam as bases materiais e culturais das discordâncias entre os constituintes?

A fala de Souza França nos conduz a investigar os protagonistas do processo histórico do ponto de vista de suas diferenças e aproximações tanto na política quanto no mundo dos negócios, questão central aos argumentos que desenvolvi nos vários capítulos.

Talvez, entretanto, o mais difícil e incontornável problema exposto pela manifestação de Souza França esteja na recomendação de que era preciso "dissimular o passado", "correr um véu sobre procedimentos passados". Mais do que sugerir a existência de mediações entre os acontecimentos e as narrativas que procuram descrevê-los, o deputado demonstra como a memória a ser resguardada de episódios, atores e situações encontrava-se atravessada pela política e pelos propósitos desses mesmos atores. Considerava essencial jogar no esquecimento rivalidades e conflitos recentes para que fosse possível uma convivência menos tumultuada entre os contendores. De que forma, então, lidar com as fontes da época e com as memórias produzidas sobre aquele momento da história? Se não resta dúvida que a investigação histórica requer do historiador a seleção e problematização das fontes, é pertinente considerar que elas são agentes ativos da memória que projetou até nós os sujeitos históricos, suas lutas e realizações.

Nesse sentido, o que o leitor vai encontrar ao longo dos capítulos é uma proposta de interpretação que se debruça sobre um elenco representativo de documentos e mobiliza reflexões historiográficas recentes e inovadoras, que ajudam a iluminar a dimensão revolucionária dos processos em curso naquela época e a interrogar as ações e palavras das gerações de políticos que fizeram a Independência e ergueram o Império.

Parte dos argumentos e das interpretações reunidos aqui constitui desdobramentos de pesquisas que há muito tempo venho alinhavando. Algumas questões se engrandeceram durante o tempo em que trabalhei e tive a honra de ser diretora do Museu Paulista da Universidade de São Paulo (USP). Outras interrogações ganharam amplitude por intermédio de meus alunos no Programa de Pós-Graduação em História Social da USP, cujos trabalhos concluídos ou em andamento foram citados em notas e na bibliografia. A todos eles, agradeço imensamente pelo convívio e pelas contribuições que formularam para a compreensão de uma época tão complexa quanto a da Independência.

Quero registrar um agradecimento muito especial a Vera Lúcia Nagib Bittencourt, brilhante historiadora, amiga querida e interlocutora constante no ofício de historiar.

Cecilia Helena de Salles Oliveira
Campos do Jordão, outono de 2022

I.
A América portuguesa no século XVIII

Reformismo ilustrado e tensões sociais

*É mais cômodo e mais seguro estar
onde se tem o que sobeja [...].*

D. Luís da Cunha, 1736[1]

Quando a família real de Bragança aportou na cidade do Rio de Janeiro em 1808, a América portuguesa já havia se tornado o mais importante eixo de rotas mercantis que articulavam os domínios lusitanos espalhados pelo globo, o que abrangia cidades e regiões da Ásia, como Macau, e da África, como Angola e Guiné. Por meio dessas rotas, traçadas por portugueses do Brasil e portugueses da Europa, sob as investidas constantes de ingleses e norte-americanos, o Atlântico Sul se tornou espaço para a competição de fabricantes e negociantes dispostos a lucrar com a circulação das mais diversas mercadorias e com o tráfico de escravizados, mão de obra fundamental para a produção nas áreas coloniais.

A denominação "Brasil" era mais utilizada por autoridades metropolitanas, para indicar genericamente os domínios da Coroa de Bragança na América, mas isso não quer dizer que havia uma unidade administrativa ou política entre as diferentes partes desses domínios, nem que suas características sociais e econômicas eram homogêneas. Ao contrário, a despeito das transformações profundas pelas quais a América portuguesa passou durante o século XVIII, como veremos neste capítulo, era difícil precisar sua configuração territorial. Os limites com as áreas americanas de colonização espanhola eram indeterminados, seja no interior do continente, onde hoje se situam Mato Grosso, Goiás e Amazonas, por exemplo, seja ao sul, onde portugueses, espanhóis, *criollos*[2] e guaranis ocupavam e disputavam terras e rios que formam os atuais Rio Grande do Sul, Uruguai, Argentina e Paraguai.

Além disso, as capitanias, organizadas desde o século XVI para dar sustentação à administração real, ao fisco, às atividades econômicas e às demais instituições destinadas à preservação de áreas conquistadas, como a Igreja, não tinham fronteiras rígidas entre si. Seus vínculos eram fragmentados, apesar de haver vigorosa navegação de cabotagem e caminhos terrestres que garantiam a comunicação e sobretudo o trato mercantil entre elas. Governadores e Câmaras Municipais, mesmo após a criação do Vice-Reino no Rio de Janeiro, capital do "Brasil" a partir de 1763, encaminhavam diretamente para a Coroa e para a Secretaria do Ultramar não só recursos obtidos com o pagamento de impostos, mas também outras receitas como documentos, pedidos e queixas de toda natureza.

Ainda que a documentação disponível sobre dados populacionais não contenha números absolutos, em 1808 a população livre e escravizada chegava a cerca de 2,5 milhões de almas. Notou-se expressivo crescimento entre 1720 e 1780 (de 432 mil para cerca de 1,5 milhão, entre livres e escravizados) e, sobretudo, entre 1780 e o momento da chegada da corte à América, quando a população praticamente dobrou. A distribuição geográfica desses contingentes era, porém, muito desigual e estava relacionada aos movimentos de expansão das atividades mineradoras e agrícolas que ocorreram, durante a segunda metade do século XVIII em particular, na região Centro-Sul da colônia. As capitanias mais povoadas eram Minas Gerais, Bahia, Pernambuco, Rio de Janeiro e São Paulo — Vila Rica contava com perto de 76 mil habitantes, Salvador com perto de 70 mil, Rio de Janeiro com 60 mil, Recife e São Paulo, com cerca de 28 mil moradores no final do século XVIII. Também nas capitanias do Norte, Nordeste e Sul, como Maranhão e Pará, Ceará e Rio Grande do Sul, houve aumento de população entre os fins do século XVIII e o início do XIX, mas as maiores concentrações estavam em Minas Gerais, na Bahia e no Rio de Janeiro, tendo a capitania fluminense se tornado também, a partir de 1808, o principal polo político, comercial e populacional da América portuguesa, por acolher a sede de uma monarquia pluricontinental, que se ramificava pela Europa, África e Ásia. Em 1820, a corte e cidade do Rio de Janeiro abrigavam mais de 160 mil pessoas, entre livres e escravizadas. Nesse mesmo período, Londres chegava a mais de 1,5 milhão de habitantes, enquanto Paris possuía cerca de 600 mil, Lisboa, 200 mil, e Nova York, 120 mil.

Heterogênea, múltipla em seus traços físicos, linguísticos e culturais, a população da América portuguesa, mesmo dispersa, encontrava elementos de articulação na cultura política da monarquia, na presença da Igreja católica e nas bases materiais da produção e do comércio.[3]

O expressivo crescimento demográfico ocorrido a partir dos anos 1720 e 1730 foi pautado, entre outros aspectos, pela entrada de relevantes contingentes de africanos escravizados e pela chegada de levas de imigrantes vindos do Reino de Portugal. A motivação foi, a princípio, a descoberta e a exploração das minas de ouro e diamantes, especialmente nas regiões que hoje compõem Minas Gerais, Goiás, Mato Grosso e Mato Grosso do Sul. Mas pesaram também as possibilidades abertas pela produção colonial e o incremento de exportações e importações.

Todo esse conjunto de circunstâncias justificava a compreensão, por parte das autoridades metropolitanas, de que a América era a parte principal da monarquia, o que significou, desde os anos 1750 pelo menos, a redefinição das políticas coloniais.

Políticas metropolitanas e relações coloniais

Condições específicas a partir da década de 1760 ajudam a compreender a dinamização da economia escravista na América portuguesa associada à ampliação das áreas de ocupação e exploração econômica, o que proporcionou maior capacidade de acumulação de lucros nas mãos da Coroa e de produtores e negociantes coloniais e metropolitanos, gerando investimentos na mineração e, sobretudo, nas atividades essenciais de subsistência e abastecimento do mercado interno, bem como nas lavouras de exportação e na pecuária.

A primeira dessas condições é que, a despeito do acirramento da competição entre portugueses, espanhóis, ingleses e franceses em torno da posse e exploração mercantil de áreas coloniais, houve um aumento substancial da demanda mundial de gêneros como açúcar, algodão, arroz e couro, especialmente nos centros consumidores europeus depois da Guerra dos Sete Anos (1755-63).[4] Esse processo foi incrementado com a Revolução Industrial inglesa, que ampliou a demanda por algodão e couro, com a Revolução Americana (1776-83)[5] e com a revolução escrava em São Domingos (1791-1804).[6] Esse elenco de situações favoreceu a produção agroexportadora na América portuguesa e sua maior inserção no mercado internacional ao longo desse período.

A segunda condição está relacionada às propostas discutidas e postas em prática, durante a segunda metade do século XVIII, pela Coroa, ministros e negociantes metropolitanos, entre outros agentes, para definir uma complexa diplomacia marcada pelo flutuante equilíbrio de interesses que ora indispunha, ora aproximava o Reino de Portugal da Grã-Bretanha, da Espanha, da França e da Áustria. A essa política externa que visava preservar interesses e domínios portugueses de natureza pluricontinental associou-se um conjunto de princípios e ações que visavam reformular e fortalecer os vínculos entre agentes coloniais e metropolitanos no âmbito da América. Ou seja, a Coroa e sobretudo grupos de poder procuraram rearticular as partes do Império Português para impor e ampliar controles jurídicos, fiscais e comerciais, na tentativa de vasculhar e conhecer mais profundamente as potencialidades americanas, transformando-as em fonte de recursos para investimentos modernizadores não só em Portugal como nos dois lados do Atlântico. Buscava-se adequar as relações coloniais às novas circunstâncias econômicas e políticas ensejadas pelas transformações na produção e no consumo, decorrentes da Revolução Industrial e do acirramento da competição mundial por gêneros, mercados e mão de obra.

Embora voltada para fins precisos e para a manutenção de posições arduamente conquistadas por Portugal no conjunto das nações, essa política reformista, de caráter iluminista,[7] variou em termos de conteúdo, intensidade e consequências ao longo da segunda metade do século XVIII, pois respondia a grupos de poder da metrópole que se ramificaram na colônia por intermédio de autoridades, negociantes e produtores locais. É importante lembrar que o cuidado com que ministros e funcionários metropolitanos selecionavam governadores, juízes e comandantes de tropas para atuar nas capitanias da América, fazendo valer as diretrizes do Reino, não impediu que muitos desses agentes agissem em benefício próprio ou de familiares, enraizando propriedades e negócios e colocando-os acima dos interesses do Estado português. Essa injunção entre interesses públicos e privados foi um dos componentes, ao lado de outras circunstâncias, do desencadeamento da chamada Inconfidência Mineira, entre 1788 e 1789.[8] Na mesma época, situação parecida motivou inúmeras acusações de má gestão dos negócios públicos e improbidade administrativa por parte de produtores e negociantes radicados no litoral paulista contra o então governador da capitania, Bernardo José de Lorena.[9] Nesse sentido, enquanto do ponto de vista externo eram constantes os atritos e a competição entre monarquias europeias, do ponto de vista do Império Português havia, particularmente após o início do processo de exploração das minas, um confronto intenso entre grupos mercantis e políticos, bem como entre propostas diferenciadas sobre o encaminhamento das relações coloniais.

Assim, durante esse período, a monarquia portuguesa esteve às voltas com a redefinição do modelo de administração colonial a adotar.[10] É possível identificar duas vertentes políticas que se enfrentavam desde fins do século XVII. Uma delas foi representada por ministros como d. Luís da Cunha (1662-1749), Sebastião José de Carvalho e Melo, o marquês de Pombal (1699-1782), e d. Rodrigo de Sousa Coutinho, conde de Linhares (1755-1812), um dos mentores da transferência da sede da monarquia portuguesa para a América. Defendiam, em linhas gerais, que a autoridade da Coroa sobre os domínios coloniais poderia ser exercida plenamente, por meio de medidas que combinassem interesses entre grupos de poder metropolitanos e grupos de poder na colônia. As fronteiras internas ao mundo luso-brasileiro, em vez de demarcadas e rígidas, poderiam ser flexibilizadas para agregar segmentos coloniais à administração e aos negócios públicos, consolidando sua posição de súditos do rei e do Estado. Nesse entendimento, produtores e negociantes coloniais deveriam ter direitos reconhecidos, poderiam ser incorporados às hierarquias administrativas e militares, teriam condições de cursar universidades europeias, de preferência portuguesas, podendo ser admitidos às altas hierarquias do Estado, a exemplo do que ocorreu com José Bonifácio. Seriam formas de garantir a fidelidade e a obediência dos súditos por meio de incentivos à produção e ao comércio, assim como por mecanismos de ascensão social, mantendo-se, entretanto, forte controle fiscal e diferenças entre metropolitanos e coloniais, pautadas nas características peculiares da sociedade colonial e nas relações de dependência em que se encontravam diante do Estado e da Coroa estabelecidos na Europa.

A outra concepção de administração colonial teve em Martinho de Melo e Castro (1716-95) um de seus grandes expoentes. Ao suceder a Pombal à frente da administração do Reino, no último terço do século XVIII, ele procurou implementar uma política fincada na compreensão de que nas relações entre metrópole e colônia predominavam as incompatibilidades de interesses. Assim, incentivos à produção, à exploração do mundo natural e ao desenvolvimento econômico deveriam vir acompanhados pela demonstração clara da autoridade da Coroa e de seus agentes, pela rigidez no controle dos monopólios comerciais e pela aplicação constante da força para reprimir o contrabando, o desvio de impostos, as contestações, as rebeldias, o não cumprimento da legislação e a desobediência ao rei. Diferentemente de Pombal, Melo e Castro testemunhou as profundas repercussões que o movimento independentista das colônias inglesas na América do Norte provocou, optando pelo recrudescimento do peso do Estado. O que, entretanto, não impediu a livre atuação de negociantes e proprietários coloniais, tampouco manifestações de contestação aos ditames da metrópole.

Mas o que essas duas expressões da política metropolitana aparentemente tão conflitantes demonstravam era quanto as possessões americanas haviam se tornado fundamentais na sustentação do Império e da monarquia, reconhecendo-se quanto Portugal dependia da produção e dos negócios gerados nas diferentes capitanias. Nesse contexto, a longa viagem da corte portuguesa, atravessando o Atlântico em 1808, veio consolidar essa situação, com graves consequências posteriores, como será discutido neste e nos próximos capítulos.

A sociedade colonial: confrontos e matizes

Na segunda metade do século XVIII, várias regiões da América portuguesa passaram por um processo de expansão e diversificação das atividades, o que tornou ainda mais complexo o perfil da sociedade e dos diferentes segmentos que a formavam. No Rio de Janeiro, em São Paulo, na Bahia e em Pernambuco, a ampliação das áreas ocupadas por lavouras e engenhos de açúcar se deu ao mesmo tempo que eram realizados investimentos na pecuária e nas plantações de algodão, tabaco, café, anil e arroz. A pauta das exportações coloniais nessa época era muito variada, incluindo também couro, madeira, aguardente, cera, sebo, especiarias e ervas medicinais extraídas sobretudo da floresta amazônica, azeite de baleia, carne defumada, peixe seco e farinhas de mandioca e de milho.

A dinâmica dessa expansão, vinculada às condições do mercado internacional e às políticas reformistas metropolitanas, pode ser percebida pelo aumento significativo no número de engenhos existentes na capitania do Rio de Janeiro entre 1760 e 1790: de noventa para 616. No mesmo período, foram também erguidos novos empreendimentos, como olarias e armazéns destinados ao beneficiamento de anil e arroz. Movimentação semelhante foi registrada no recôncavo da baía de Todos os Santos e no interior da capitania de São Paulo, com destaque especial para as vilas de Itu e São Carlos (futura Campinas), que se projetavam como importantes polos de produção de açúcar. Em Minas Gerais, a despeito da paulatina diminuição da produção de ouro, em virtude do esgotamento das lavras, ocorreu uma reorganização das atividades econômicas com a expansão de lavouras e da pecuária, voltadas sobretudo para abastecer o mercado interno. No Maranhão, cresceram as lavouras de algodão, assim como em Pernambuco, onde a produção algodoeira coexistia com a lavoura de açúcar.

A demanda de matérias-primas no mercado europeu e no mercado africano, já que muitos gêneros eram usados no tráfico negreiro, e as flutuações favoráveis de preços dos produtos coloniais só em parte justificam essas transformações. Concorreram para isso mudanças na política metropolitana após 1750, ainda que fossem notórias as ambiguidades das ações postas em prática e da atuação de produtores e negociantes metropolitanos e coloniais. Por um lado, as decisões adotadas na metrópole favoreceram articulações entre interesses ramificados dos dois lados do Atlântico, promovendo vínculos entre negócios públicos e privados, bem como uma convivência contraditória entre práticas econômicas que ora fortaleciam monopólios, ora promoviam a livre atuação de negociantes coloniais no tráfico negreiro e na navegação de cabotagem. Por outro lado, havia uma distância considerável entre o que era decidido no Reino e o que de fato era aplicado pelos governadores das capitanias e pelas demais autoridades coloniais. Decisões podiam ser interpretadas para se adequar às circunstâncias locais, podiam ser proteladas ou não se efetivar por completo. Foi o caso, por exemplo, de companhias de comércio privilegiadas que se estabeleceram no Maranhão e em Pernambuco, mas não conseguiram se instalar na Bahia e no Rio de Janeiro, em virtude das pressões contrárias de negociantes locais.

O mesmo aconteceu com o chamado Diretório dos Índios. Nesse caso, o Estado tratou de expulsar os jesuítas de Portugal e de seus domínios em 1755, impondo igualmente restrições para a atuação das demais ordens religiosas na proteção das aldeias e comunidades indígenas. O objetivo era promover a "civilização e integração" dessas populações aos ditames da monarquia, laicizando o controle sobre elas e implementando políticas voltadas para a exploração dessa mão de obra. Esse processo foi desenvolvido sobretudo no Maranhão, mas encontrou séria resistência no Sul, na região dos Sete Povos das Missões, e também no Rio de Janeiro, pois ainda na época da chegada da corte, muitas aldeias, com a ajuda de religiosos, continuavam sem a presença de um administrador civil, representante do Estado. Importa lembrar também que, especialmente na segunda metade do século XVIII, o Estado e autoridades coloniais confiscaram propriedades da Igreja e de ordens religiosas, o que levou a violentos embates entre segmentos proprietários em torno da posse dessas propriedades, que já continham benfeitorias e estavam localizadas em áreas que vinham desenvolvendo a produção tanto para exportação quanto para o mercado interno, a exemplo das fazendas dos jesuítas no Rio de Janeiro e em São Paulo.[11]

Essas situações mostram que as contradições políticas e sociais espelhavam uma sociedade complexa, na qual, ao lado da chamada nobreza da terra e de uma categoria de negociantes atacadistas geralmente imigrados que vinha se configurando desde meados do século XVIII, era possível identificar diferentes segmentos de médios e pequenos proprietários, de roceiros e posseiros, na maior parte homens livres pobres, mestiços ou africanos libertos. Eles atuavam na produção e na circulação de mercadorias e, mesmo se situando nas franjas da lavoura mercantil de exportação e de abastecimento, eram agentes fundamentais para a movimentação econômica e para a acumulação de capitais.

A dimensão alcançada pelo mercado interno da colônia e as necessidades de consumo de uma população que chegava a 1,5 milhão de pessoas em 1780 possibilitavam a alocação de investimentos numa gama de atividades que envolvia a comercialização de gêneros e gado, bem como o delineamento de rotas de comércio independentes do controle da metrópole.

Nas cercanias das cidades mais populosas, como Salvador e Rio de Janeiro, a paisagem de florestas nativas foi sendo alterada, e o mesmo ocorreu em torno de áreas cortadas pelas principais vias terrestres de ligação entre as capitanias. Nas décadas de 1770 e 1780, o desmatamento abriu espaços para propriedades rurais de tamanhos muito variados. Com isso, aumentaram as tensões entre empreendedores, aldeias indígenas e ordens religiosas, como beneditinos, carmelitas e franciscanos, que procuravam defender os indígenas diante da ameaça de perda de espaço e liberdade — a escravização desses contingentes era prática constante, mesmo com o incremento da escravidão africana.[12]

Ao lado de grandes engenhos e fazendas, existiam pequenas e médias propriedades, nem sempre legalizadas por meio da obtenção de sesmarias,[13] voltadas para o plantio de cana, milho, feijão, mandioca, hortaliças e frutas, assim como para a criação de aves e porcos.

A região Centro-Sul foi uma das mais beneficiadas por essa expansão, em virtude da exploração de ouro e diamantes em Minas Gerais, Goiás e Mato Grosso, da produção agrícola, do movimento do porto do Rio de Janeiro e da transferência da sede do Vice-Reino de Salvador para a capitania fluminense, o que também ensejou melhoramentos nas estradas da região, interligando Vila Rica, São Paulo e Rio de Janeiro. Assim, pessoas e mercadorias passaram a circular com mais facilidade, respondendo ao momento favorável da produção colonial no mercado externo. Foi nessa época, por exemplo, que Bernardo José de Lorena, governador da capitania de São Paulo, promoveu a construção da chamada Calçada do Lorena, com a pavimentação em pedra do trecho principal da serra do Mar, ligando o porto de Santos à cidade de São Paulo. Essa melhoria permitiu que a viagem entre uma cidade e outra pudesse se realizar também à noite.

Tornou-se constante, particularmente entre essas capitanias, o vaivém de tropeiros, tropas de mulas, mascates e artífices ambulantes que prestavam serviços ou transportavam de um canto a outro gêneros de exportação, escravizados, manufaturas importadas e uma infinidade de artigos de fabricação local, como ferramentas, objetos de couro, utensílios de barro, chapéus, tecidos de algodão, laticínios e conservas.

A navegação de cabotagem também intensificava vínculos comerciais entre regiões distantes, como Santos, Rio de Janeiro, Salvador, Recife e São Luís do Maranhão, embora as capitanias do Norte mantivessem contatos mais constantes com a metrópole, por ser menor a distância e mais fácil a comunicação do que em relação ao Rio de Janeiro. As rotas costeiras também eram usadas por negociantes baianos e fluminenses para o comércio com o Rio da Prata. Por meio dessa atividade, bastante intensa desde a década de 1750, entravam no mercado colonial couro e moedas de prata espanholas, trocados por ouro, escravizados, mercadorias europeias e mantimentos. Livre, mas ilegal do ponto de vista da metrópole, esse comércio entre portugueses e espanhóis se ampliou ainda mais com a chegada da corte no Rio de Janeiro.

Eram igualmente frequentes as relações comerciais diretas entre Salvador, Rio de Janeiro e domínios portugueses na África. Nesse caso, negociantes atacadistas em navios próprios, construídos em estaleiros americanos, exportavam tabaco, mantimentos, farinhas e aguardente, e importavam escravizados que, mais tarde, eram distribuídos no mercado interno por meio de uma rede de intermediários envolvendo varejistas, pequenos e médios produtores e artífices.

Os aspectos e questões expostos destoam de afirmações geralmente divulgadas em livros didáticos e obras sobre História do Brasil. É muito comum o pressuposto de que o chamado "exclusivo colonial" pode ser interpretado ao pé da letra, como se a metrópole tivesse plenas condições de controlar os processos de produção e comercialização na América portuguesa, desconsiderando-se a atuação dos agentes históricos, de seus interesses e dos vínculos familiares e de negócios que haviam construído, seja em Portugal, seja no Brasil. A Fazenda Real procurava estabelecer regulamentações para que o Estado português pudesse mapear e controlar as atividades coloniais, o que envolvia a cobrança de impostos e, sobretudo, medidas monopolistas para garantir que o mercado colonial fosse abastecido por produtos do Reino, a exemplo dos vinhos.

Mas, especialmente a partir da segunda metade do século XVIII, tornou-se relevante a ingerência britânica nas linhas de comércio entre Portugal e seus domínios. Da mesma maneira, negociantes radicados em capitanias como Bahia e Rio de Janeiro souberam aproveitar-se das oportunidades abertas pela própria metrópole para agir de forma autônoma no âmbito do tráfico negreiro e do comércio de importação e exportação. Parcela importante desses negociantes havia imigrado para a América ao longo do século XVIII, e calcula-se que, apenas entre 1700 e 1750, mais de 100 mil reinóis tenham se estabelecido nas capitanias, motivados pela descoberta de ouro e pelas possibilidades de enraizar-se como caixeiros ou artífices, valendo-se de relações familiares ou de amizade, o que facilitava sua acomodação à colônia. À medida que conseguiam enriquecer, esses reinóis podiam se tornar negociantes atacadistas e, por meio de casamentos e sociedades comerciais, integrar-se às famílias da chamada nobreza da terra, transformando-se em proprietários de lavouras ou engenhos.

Sem dúvida, essas situações estão relacionadas ao programa de reformas que o marquês de Pombal pretendia concretizar visando à organização de um Império Português que rivalizasse com a Grã-Bretanha e suas possessões no Caribe e na América do Norte. O Império, na opinião de Pombal, seria uma unidade política e mercantil simbolizada pela Coroa de Bragança e pela monarquia. E teria em Lisboa o centro de convergência e de coordenação de possessões pluricontinentais, subordinadas à sede da monarquia e às suas diretrizes políticas e jurídicas. Plano ambicioso, dependia de eficiência administrativa e tributária, do incremento da produção colonial, do desenvolvimento manufatureiro na metrópole e também da "nacionalização" do comércio. Ou seja, da diminuição da concorrência, especialmente britânica, no comércio colonial, algo difícil não só pela existência de tratados diplomáticos e de amizade entre ambos os Estados como pela atuação dos chamados "comissários volantes" ingleses nas principais rotas de contrabando do ouro americano.[14]

A política proposta por Pombal, que, com modificações, prevaleceu mesmo após sua morte, reconhecia a necessidade de recompor — e não romper — os laços comerciais com a Grã-Bretanha. Na visão do ministro e dos setores que o apoiavam, parte importante dos lucros obtidos com a exploração colonial se deslocava para mãos inglesas através do pagamento de importações e por meio da participação direta de ingleses no tráfico com as colônias. As reformas procuravam atender às pressões das grandes casas comerciais portuguesas e de seus correspondentes no Brasil que se sentiam prejudicados pela concorrência britânica. Isso significou o envolvimento direto de membros de importantes famílias de negociantes, como Cruz, Quintella e Braanchamp, na administração do Reino. Eles passaram a ocupar postos-chave nas repartições de governo que lidavam com as relações coloniais, e o poder político que construíram era tão forte que ainda mantinham cargos decisórios no momento em que d. João se decidiu pela travessia do Atlântico. Em contrapartida, os incentivos para a produção colonial e para o fortalecimento dos vínculos entre as partes principais do Império tiveram como decorrência uma notória inserção de proprietários e negociantes coloniais em importantes cargos da administração local e uma maior articulação entre eles e os governadores das capitanias. Além disso, os incentivos à produção e à exportação também beneficiaram pequenos e médios produtores, tornando ainda mais diversificada a sociedade colonial, bem como os antagonismos que a atravessavam. Até porque a dinamização econômica e a aplicação de investimentos na geração de mercadorias e de lucro conviviam com práticas, exercidas pelos mais ricos, destinadas a manter hierarquias e distinções sociais não necessariamente atreladas à riqueza, mas a tradições como o nascimento, os cargos ocupados nas Câmaras Municipais, por exemplo, e os títulos conquistados pela prestação de serviços ao Estado.

Nesse momento histórico marcado pelas contradições entre a ordem política e social do Antigo Regime[15] e a emergência de uma nova ordem que, ao longo do século XIX, irá caracterizar as sociedades e governos liberais, a América portuguesa agasalhava conflitos e situações díspares que se expressavam em inúmeras manifestações cotidianas de descontentamento e rebeldia, o que extrapola os movimentos de contestação mais conhecidos, como as chamadas Inconfidências. Em Minas Gerais, eram numerosos os registros de reações coletivas a tributos, fiscalização e políticas metropolitanas, interpretadas como indevidas e opressoras. E as Câmaras Municipais em diferentes localidades, como São Paulo e Rio de Janeiro, assinalavam demandas de diferentes segmentos de homens e mulheres livres que defendiam a observância de direitos civis, tradicionalmente protegidos pelo rei e pela legislação do Antigo Regime, como os que garantiam preço justo para farinhas e carne, e a prática costumeira da posse ou arrendamento de terras particulares e públicas para roças de subsistência.

Isso significa que a ampliação de lavouras comerciais acarretou um processo de gradual concentração da propriedade da terra, alterando as condições de produtores que não eram necessariamente donos dos lotes que ocupavam e atuavam no mercado como rendeiros, foreiros e posseiros. Ou seja, a economia colonial não estava, como em geral se imagina, assentada apenas sobre grandes propriedades rurais, com quilômetros quadrados de extensão, trabalhadas por plantéis de cem ou mais escravizados. Desde o século XVII, encontram-se registros a respeito de lavradores que alugavam lotes de terra de tamanhos variáveis e pagavam anualmente por essa posse, em dinheiro ou, o mais comum, com o que obtinham nas roças. Esse era o caso de rendeiros e foreiros. Os rendeiros eram pequenos produtores sem capital suficiente para conseguir uma cessão de sesmaria em área devoluta, que requeria um trabalho inicial de alto custo para tornar a terra apropriada ao plantio. Costumavam alugar lotes localizados nas proximidades de rios, o que facilitava o escoamento da produção, dedicando-se à lavoura de subsistência ou ao plantio de cana para fornecimento a engenhos próximos. Podiam construir patrimônio e, no recôncavo da baía de Guanabara e no recôncavo da baía de Todos os Santos, eram muitos os rendeiros que tocavam engenhos, valendo-se de um pequeno número de escravizados, pois na época da colheita podiam recorrer ao aluguel diário de indígenas e homens livres pobres.

A situação dos foreiros era um pouco diferente, uma vez que os aforamentos consistiam em contratos de locação de lotes de terra que previam a transferência da posse útil do lote aos herdeiros ou descendentes do lavrador com quem o acordo fora realizado. O mais comum era esse tipo de aluguel ocorrer em terras pertencentes às Câmaras Municipais e às ordens religiosas, o que dificultava a venda ou desmembramento da propriedade. Havia também aforamentos urbanos. No século XVIII, por exemplo, a Câmara da cidade de São Paulo aforou imóveis seus para aumentar as rendas municipais, e o mesmo aconteceu no Rio de Janeiro, tanto que, com a chegada da corte, a Fazenda Real se apropriou das rendas da municipalidade para fazer face às despesas de reorganização da monarquia.

Arrendamentos e aforamentos indicam uma diferença substancial entre posse e propriedade da terra, o que acabava criando vínculos de favor, de compadrio e de dominação entre donos de engenhos e fazendas e produtores sem terras próprias. Além disso, era corriqueira a presença, nas propriedades rurais, de famílias de moradores que se dedicavam à criação de animais e a roças de subsistência juntamente com posseiros, homens livres que plantavam em terra alheia ou em áreas devolutas para a sobrevivência diária.

Moradores e posseiros, apesar de parecerem deslocados em relação à produção comercial, eram na verdade fundamentais para o funcionamento das propriedades escravistas e para a reprodução da custosa força de trabalho africana. E o mesmo pode ser dito de rendeiros e foreiros. Entretanto, com a expansão de lavouras mercantis gerada pelas condições favoráveis, os espaços ocupados por esses protagonistas, ordens religiosas e aldeias indígenas passaram a ser cobiçados por empreendedores de maiores recursos.

Por outro lado, a política que procurava desenvolver as manufaturas em Portugal e ampliar a inserção do Reino no mercado mundial também sustentou na América o recrudescimento da escravidão e do tráfico negreiro e a atuação de empreendedores, de diferentes níveis de riqueza, dispostos a ampliar atividades e a usufruir da proteção de autoridades metropolitanas e coloniais. Seja por meio das companhias de comércio criadas pelo Estado, como no Grão-Pará e em Pernambuco, seja através de créditos concedidos pela Fazenda Real, os produtores coloniais envolveram-se, a partir dos anos 1760, em uma competição acirrada pela propriedade da terra. Isenções e medidas protecionistas, como a supressão de impostos para produtores que investissem na criação do bicho-da-seda e em plantações de café, chá e especiarias, criaram condições para a formação de pequenas e médias propriedades. O mesmo movimento se verificou quanto à fabricação de açúcar e à produção de tabaco, anil e arroz.

Assim, a concentração da propriedade da terra foi se desenhando de modo diferenciado, dependendo do tipo de lavoura e da região. No Vale do Paraíba, por exemplo, predominou a grande propriedade, com a concessão de vastas extensões de terra a algumas importantes famílias fluminenses, processo que se consolidou com a chegada da corte. Já no sul de Minas e em São Paulo, pequenas e médias propriedades contribuíram para alterar a vida material de ambas as capitanias. Situação parecida foi observada no Recôncavo da Bahia. Nas proximidades de Salvador, nos anos 1780 e 1790, havia mais de quinhentos engenhos em funcionamento, dos quais apenas catorze eram considerados "grandes fábricas", mantendo plantéis acima de cem escravizados.

É importante lembrar, entretanto, que pequenas e médias propriedades eram mensuradas a partir de padrões de medidas da época. As pequenas eram geralmente calculadas em braças, correspondendo uma braça a mais ou menos três quilômetros quadrados. Mais comum era a dimensão do lote ser determinada em léguas. Uma sesmaria equivalia a uma légua quadrada ou cerca de seis quilômetros quadrados. Além disso, não havia uma relação direta entre o tamanho do lote, o número de escravizados e o volume de produção. No Recôncavo da Guanabara e na região de Campos de Goitacazes, relevante área açucareira fluminense, a expansão da lavoura comercial se fez por meio de pequenos e médios estabelecimentos, e, apesar de o número de escravizados variar de dez a cinquenta em cada um deles, propriedades como essas podiam produzir dezenas de caixas de açúcar por safra. A produtividade dependia de um conjunto de fatores: a quantidade de cana processada no engenho, mas lavrada por rendeiros ou lavradores; a exploração da mão de obra de moradores e indígenas nas épocas de colheita; e a adoção de novas técnicas. Desde os anos 1760, pelo menos, havia incentivos por parte de autoridades metropolitanas e coloniais para o reaproveitamento de terras cansadas e o aumento da produtividade sem que fossem necessários maiores gastos com mão de obra, pois os preços dos escravizados se elevaram nesse período, apesar do aumento do tráfico. Paralelamente à distribuição de livros e folhetos contendo orientações sobre técnicas agrícolas, foi incentivado o uso de arados puxados por tração animal e o aproveitamento do bagaço da cana em vez de lenha na produção da energia para os engenhos.

Todos esses aspectos apontam para o processo histórico de transformação gradual da terra e da produção em mercadorias cujo valor era determinado por relações de troca, inscritas por sua vez no movimento mais abrangente de mudanças socioeconômicas que marcaram a emergência do capitalismo e das relações de mercado burguesas entre o século XVIII e o início do XIX. E se esse movimento modificava as condições tradicionais de vida de posseiros, rendeiros e foreiros, abria amplas possibilidades para os segmentos proprietários mais ricos e envolvidos em atividades econômicas múltiplas. Estes atuavam como negociantes atacadistas, mas também como produtores de lavouras de exportação e traficantes de escravos. Em geral emprestavam dinheiro a juros e articulavam redes de mascates e pequenos produtores, que deles dependiam para o escoamento da produção. Integravam-se à administração local, ocupando cargos administrativos e militares, e encontraram, em especial durante os anos pombalinos, espaços para ascender social e culturalmente, enviando os filhos para estudar no Reino, o que poderia facilitar sua inserção em níveis mais altos da hierarquia administrativa, militar ou clerical na metrópole.

Nesse sentido, ao mesmo tempo que as políticas metropolitanas fortaleceram as ligações entre a metrópole e a colônia, particularmente pelo incremento do comércio e das ligações familiares e pessoais, a inserção de interesses particulares nos negócios públicos dos dois lados do Atlântico evidenciou conflitos que foram potencializados quando da transferência da corte para o Brasil. Isso porque nem sempre os interesses dos setores proprietários radicados na América coincidiam com os objetivos do Estado e dos grupos de poder na metrópole, havendo campo na colônia para a liberdade de ação, notadamente no âmbito da administração municipal e da participação em regimentos militares.

Na década de 1760, ocorreu uma reorganização desses regimentos no Império Português como um todo, o que trouxe duas consequências mais imediatas. Com a equiparação dos regimentos americanos e metropolitanos, foi possível a incorporação de gente do Brasil à carreira militar em Portugal. Isso ficou evidente durante o período das Guerras Napoleônicas, quando, ao lado de numerosos estudantes brasileiros que lutaram pela Coroa, oficiais de alta patente nascidos na América se destacaram no comando de batalhões e na atuação conjunta com os oficiais britânicos que dirigiram muitas das estratégias de combate contra tropas francesas e espanholas. Mas foi, sem dúvida, a criação das milícias ou regimentos auxiliares um dos suportes mais importantes para a associação de interesses particulares na administração pública.

Esses novos regimentos, criados para fiscalizar e controlar regiões em disputa entre as Coroas de Portugal e Espanha, também cobiçadas por produtores que se estabeleceram em áreas de fronteira, notadamente no extremo sul, diferenciavam-se tanto das tropas de linha quanto das ordenanças. As tropas de linha ou tropas pagas consistiam em regimentos militares permanentes, sustentados pelo governo metropolitano para a defesa do território. Eram formadas por meio de alistamento voluntário ou, o mais comum, pelo recrutamento forçado e violento, pois os baixos soldos, os atrasos no pagamento e o tempo de serviço — um mínimo de seis anos — estimulavam as deserções.

As ordenanças eram efetivos de caráter local, compostas por meio de recenseamentos, em geral vinculadas às Câmaras Municipais, as quais nomeavam seus comandantes, concedendo-lhes o título honorífico de capitão. Consistiam na arregimentação compulsória e sem remuneração de um terço dos homens livres, com idade entre dezoito e sessenta anos, em cada distrito administrativo. Haviam sido criadas no século XVI, quando as autoridades, frente às dificuldades em manter um território grande e ocupado de modo fragmentado, apelaram para a prática de armar a população, exercitando-a em táticas militares para atuar em caso de guerras, invasões estrangeiras, combate a indígenas e preservação da ordem pública. A mobilização desse contingente não era permanente, mas, quando ocorria, retirava das atividades econômicas lavradores, comerciantes e artífices, muitas vezes por tempo longo e incerto.

Tal como as tropas de linha, também a organização dos terços de ordenanças enfrentava resistências e oposições. Mesmo porque os recenseamentos não visavam apenas à imposição militar gratuita, mas sobretudo ao mapeamento da população dos municípios e seus distritos com vistas à cobrança regular de impostos. Até a criação das milícias, eram membros das famílias proprietárias mais ricas que ocupavam o oficialato das ordenanças, havendo, entretanto, a possibilidade de pessoas mais pobres receberem o título de capitão pela formação de regimentos de pretos e pardos livres.

Essa situação foi alterada com a criação dos regimentos auxiliares, uma vez que as instruções referentes à formação dessas tropas eram claras ao determinar que deveriam ser compostas pelas pessoas de "maior consideração das capitanias", as mais ricas e que, por sua posição, pudessem interferir na "subordinação dos povos" à monarquia portuguesa. Divididos em infantaria e cavalaria, esses regimentos estavam vinculados diretamente ao governador da capitania, também designado "capitão-general", e seus membros deveriam ter condições financeiras para se equipar com armas e uniformes, exigindo-se que os cavalarianos possuíssem montaria própria e ao menos um escravizado para cuidar do animal.

Ao contrário das ordenanças, as milícias estariam mobilizadas em caráter permanente, deveriam andar fardadas, e os soldados e alferes receberiam soldo, o que não os impediria de continuar com suas atividades econômicas. Além de auxiliarem na defesa do território, caberia a essas tropas cuidar da ordem pública, destruir quilombos, defender áreas de fronteiras, deslocando-se até para fora de sua capitania de origem. O fato de serem compostas por gente "de cabedal e consideração" parecia garantir a lealdade à Coroa, pois, em tese, defender o patrimônio do Império representava, igualmente, defender bens e posições pessoais. Por essa razão, os regimentos começaram a ser formados pelos oficiais, indicados pelo governador. Eles fariam a arregimentação dos soldados, o que significava colocar nas mãos das mais influentes famílias locais a possibilidade de armar legalmente seus dependentes e pessoas de suas relações. Na prática, as milícias agregavam moradores, pequenos proprietários, comerciantes e rendeiros, que, sob a liderança de homens de prestígio de distritos rurais e urbanos, agiam muitas vezes a favor de reivindicações e projetos de seus comandantes. Ao longo do século XVIII, criaram-se também regimentos milicianos de pretos e pardos. Todas essas forças militares foram fundamentais nas lutas políticas da Independência.

No entanto, era nas arrematações que a aliança entre interesses privados e negócios públicos encontrava uma de suas formas mais acabadas. A expressão "arrematar" era usada para designar uma prática muito comum no Império Português: a transferência a particulares, mediante pagamento antecipado, de serviços essenciais que o Estado não tinha condições de realizar: a cobrança anual de impostos em vilas e distritos e de taxas sobre a circulação de mercadorias nas estradas; o fornecimento de carne e farinhas para vilas e cidades; e o abastecimento e fardamento de tropas mobilizadas em fronteiras ou em ações de guerra. Geralmente as arrematações eram feitas em leilões, em Lisboa ou na capitania onde o serviço deveria ser executado. Vencia o contrato o negociante, ou grupo de negociantes, que cumprisse as exigências da prestação de serviços com maiores benefícios ao Estado. Na maior parte dos casos, os contratantes pertenciam aos círculos de amizade e favores de autoridades metropolitanas e coloniais. Assim, por exemplo, a família Quintella, radicada em Lisboa, mas participante ativa das linhas mercantis coloniais, conseguiu monopolizar por décadas o contrato de fornecimento de sal para o Brasil, bem como o contrato de cobrança do imposto do dízimo no Rio de Janeiro, ambos negócios de grande vulto.

Na colônia, as juntas de Fazenda nas capitanias e as Câmaras Municipais atuavam por meio de arrematações para assegurar o abastecimento de gêneros alimentícios essenciais, realizar a conservação e a abertura de estradas e fazer a manutenção de pontes e outras obras públicas.

Do ponto de vista do poder público, as arrematações eram interessantes porque os impostos seriam recolhidos sem que funcionários do Estado tivessem que ser deslocados para essa atividade, o que muitas vezes implicava o pagamento de gratificações. Além disso, os contratos em geral duravam de um a três anos, e as autoridades públicas recebiam antecipadamente o valor calculado do imposto ou da obra. Para o arrematante, era um negócio lucrativo, pois o valor que excedia o preço calculado pela cobrança dos impostos ficava para o contratante, e isso era muito comum.

Em Minas Gerais, por exemplo, um dos impostos essenciais era o registro ou entrada — uma espécie de pedágio pago por mercadorias, mulas e escravizados que entravam e saíam da capitania, cobrado na estrada que ligava Vila Rica ao Rio de Janeiro. Em termos das Câmaras, os contratos mais importantes eram os que deveriam garantir a preço tabelado, de acordo com o cálculo da municipalidade, o abastecimento de gêneros básicos, como as farinhas. Ao longo da segunda metade do século XVIII, os monopólios de fornecimento de alimentos e a prática de tabelar preços provocaram inúmeros confrontos entre vereadores, contratantes e a população, especialmente os mais pobres. Isso porque os contratantes podiam forçar a alta de preços, em épocas de seca, ou então não respeitar a qualidade dos produtos vendidos. Além disso, negociantes que não faziam parte da arrematação podiam vender ilegalmente a mesma mercadoria, burlando regulamentações e gerando concorrência.

É possível compreender, então, a complexidade da vida na colônia na segunda metade do século XVIII, com formas de dominação social que extrapolavam as relações entre senhores e escravizados, abrangendo hierarquias e redes de dependência entre diferentes segmentos livres. Sem dúvida, a escravidão era fundamental, sobretudo em um momento marcado pela expansão de negócios e exportações. Sem dúvida, também, os escravizados estavam submetidos a rotinas rígidas nos engenhos e fazendas, sendo obrigados a jornadas árduas e a controle constante, práticas que no cotidiano conviviam com ações individuais e coletivas de resistência, como fugas, suicídios, abortos, assassinato de senhores e prepostos e formação de quilombos. Entretanto, a fiscalização sobre eles havia se institucionalizado na sociedade colonial. A prática de disciplinar esses trabalhadores, aplicar castigos e outras medidas de repressão eram parte do dia a dia dos senhores de grandes plantéis, assim como dos proprietários de um ou dois escravizados. E uma infinidade de leis previa a atuação de autoridades públicas e dos regimentos milicianos no sentido de inibir revoltas escravas.

A questão é que o escravismo coexistia com outras formas de exploração e controle sobre a população livre pobre. Sobretudo em momentos de crescimento das atividades agrícolas e mercantis, as relações entre proprietários e não proprietários também podiam adquirir feições violentas, dada a disputa em torno da ocupação e exploração de terras e mão de obra. Ao mesmo tempo, porém, os vínculos de dependência de moradores, posseiros e rendeiros para com proprietários de grandes fortunas e poder, por exemplo, podia ganhar outros contornos: as relações de compadrio e de favor possibilitavam conexões entre segmentos diferentes e divergentes, facilitando a inserção de homens e mulheres livres ou libertos, pretos, mulatos, pardos e mestiços de indígenas em meios mais abrangentes da sociedade, como as irmandades e os regimentos auxiliares. Isso abria caminhos de mobilidade social e racial nas hierarquias, reproduzindo-se, entretanto, as desigualdades. Isso era notório não apenas nas áreas de lavouras e fazendas, mas também nas vilas e cidades.

A despeito de serem imprecisos os limites entre áreas rurais e urbanas, cidades mais populosas, como Salvador e Rio de Janeiro, também sofreram o impacto tanto da dinamização econômica quanto das políticas metropolitanas. Nas décadas finais do século XVIII, elas abrigavam não apenas os prédios da administração municipal e igrejas, mas casas e sobrados construídos por proprietários rurais. Além disso, era nos núcleos urbanos que se reuniam lavradores de gêneros de subsistência, geralmente nas feiras e mercados semanais, e o comércio a retalhos, as lojas de atacadistas, tavernas e casas de pasto, bem como as tendas de artesãos, como alfaiates, sapateiros e ferreiros. Nas cidades portuárias também havia funcionários públicos que trabalhavam nas alfândegas e controlavam a entrada e saída de navios e mercadorias, assim como uma enorme quantidade de escravizados que exerciam variados ofícios: eram carregadores, trabalhavam nos trapiches e no porto e atuavam como negros e negras de ganho — escravizados que, mediante o pagamento de diárias, eram alugados por seus donos para outras pessoas, em geral artífices. Nesse período, deu-se a incorporação do trabalho escravo em muitas oficinas de artesãos para fazer frente à demanda, sobretudo na manutenção dos engenhos. Também se verificou uma associação mais estreita entre artífices especializados, como os que trabalhavam com metais preciosos, cobre, estanho, ferro e couro, e negociantes que investiam na ampliação das oficinas e na comercialização de produtos acabados, ressaltando-se que mesmo os segmentos mais ricos consumiam ferramentas, cerâmicas, ferraduras, tachos, vidros e tecidos produzidos no mercado local. A isso se acrescentam os serviços executados por artífices e engenheiros navais, na organização e funcionamento de arsenais, assim como a atuação de engenheiros militares na produção de armas e equipamentos e também na construção de edifícios, pontes, fortalezas e estradas.

Como é possível perceber, eram múltiplas as facetas da sociedade colonial, que, dependendo da região, assumia especificidades ainda maiores, a exemplo de São Luís do Maranhão, dada a forte atuação de etnias indígenas e a recorrente exploração de sua mão de obra, ou das fronteiras com a América espanhola no extremo sul, onde portugueses, guaranis e espanhóis da América e da Europa se mesclavam e confrontavam. Desigualmente distribuída, diversificada em termos de vida material, consumo e formas de trabalho, matizada nas feições e cor da pele, atravessada por conflitos, acomodações e rebeldia política, essa foi a sociedade que se tornou, no início do século XIX, a sede do Império Português.

2.
A reorganização da monarquia portuguesa na América, 1808-14

> *O único meio que ainda resta de segurar a Independência da Coroa de V. A. R. é que, conservando a bem fundada esperança de se poder assegurar a defesa do Reino, deixa a certeza de ir em qualquer caso V. A. R. criar no Brasil um grande Império, e assegurar para o futuro a reintegração completa da monarquia em todas as suas partes [...].*
>
> D. Rodrigo de Sousa Coutinho, 1807[1]

Na imaginação histórica de boa parte dos brasileiros, a transferência da corte portuguesa para a América está cercada por duas representações continuadamente repetidas. De um lado, o tumulto envolvendo o embarque de milhares de pessoas no porto do Tejo, na madrugada de 26 de novembro de 1807, "em fuga" das tropas francesas que dois dias antes já haviam invadido o território do Reino e se aproximavam perigosamente da capital. O porto de Lisboa, a essa altura, estava fechado por uma esquadra britânica de prontidão, ou para auxiliar a partida da família real ou para capturar e destruir todos os navios portugueses ancorados, caso a Coroa cedesse às pressões do governo francês para aderir ao chamado "bloqueio continental" — medida de guerra adotada por Napoleão e seus aliados, que pretendia impedir a circulação e a comercialização de navios e produtos ingleses em todos os portos europeus no mar Mediterrâneo.

À imagem de ações adotadas aparentemente de última hora, explorada por filmes, documentários, novelas e obras de historiadores, associa-se outra representação: a do desembarque da família real e dos milhares de pessoas que a acompanharam no porto do Rio de Janeiro, em 8 de março de 1808. Nesse caso, sobressaem a desolação e o constrangimento de imigrados que se viam, em razão de eventos imponderáveis provocados pela guerra, na contingência de enfrentar um exílio, após uma viagem longa e estafante, fixando-se por tempo ainda incerto numa área colonial que se supunha ser muito mais "atrasada" do que o "atrasado" Reino que a mantinha. Parece confirmar essa representação a presença de navios de guerra ingleses mobilizados para aquela empreitada, a denunciar a dependência econômica e financeira em que Portugal se encontrava em relação à Grã-Bretanha.

Essas representações, no entanto, são em boa parte caricaturais. Ajudam a projetar alguns dos pressupostos construídos em sua maioria por políticos e historiadores desde o século XIX, com os quais aprendemos a olhar tanto os eventos de 1808 e de 1822 quanto nossa formação histórica. Aprendemos a conhecer nossa história por meio de saberes e memórias social e culturalmente entranhados no dia a dia, divulgados de forma simplificada. Em vez de esclarecer, muitas das afirmações repetidas desde os bancos escolares colocam sérios obstáculos para a reflexão e a compreensão daquilo que fomos no passado e somos no presente.

O primeiro desses pressupostos diz respeito a heranças da colonização portuguesa que a vinda da corte teria fortalecido, notadamente a grande propriedade rural, a escravidão e uma sociedade "inorgânica", pois formada pelo amálgama mal resolvido do português, do indígena e do africano, população mestiça e submetida a inúmeras situações de exclusão. Essa imagem da sociedade colonial, já discutida no capítulo anterior, será retomada com a reconstituição dos processos históricos em curso nas décadas iniciais do século XIX.

O segundo pressuposto decorre da maneira inferiorizada e subalterna como a sociedade colonial portuguesa vem sendo comparada às demais formações sociais americanas, principalmente a inglesa. Afirma-se que os eventos do início do século XIX, em especial a Independência e a organização do Império, só fizeram agravar o caráter "invertebrado" das relações entre as camadas sociais, o que teria inviabilizado a existência de um conjunto representativo de cidadãos proprietários capazes de defender direitos políticos e civis, bem como de projetos transformadores da monarquia e do Estado sinalizados pela colonização. O resultado seria uma sociedade pautada pela oposição entre uma restrita elite homogênea e conservadora e uma massa de escravizados e homens livres alijados do processo político, o que teria obstado a concretização de revoluções semelhantes às que se verificaram na Europa e no restante da América entre o final do século XVIII e a primeira metade do XIX. O período imperial teria contribuído para maximizar contradições sociais e raciais legadas pela sociedade colonial escravista, sendo necessário esperar pela República para que esse legado fosse contestado e superado. Os argumentos e a interpretação propostos neste capítulo e nos próximos procuram discutir e interrogar criticamente esse entendimento.

O terceiro pressuposto relaciona as aparentes fragilidades e inferioridades conferidas ao Reino de Portugal e à sociedade colonial à impossibilidade da plena inserção de ambos no mundo ocidental burguês dos séculos XVIII e XIX. Haveria uma profunda distância entre as condições políticas e sociais da América portuguesa e aquelas que estavam sendo forjadas na Europa, na América do Norte e na América espanhola, de sorte que as práticas e ideias do liberalismo, que fundamentaram a construção das nações e dos Estados nacionais naquelas regiões, seriam incompatíveis com o processo histórico no Brasil, havendo uma importação artificial de propostas, instrumentalizadas pelos agentes do poder para criar na superfície, e apenas nela, a aparência de que a separação de Portugal e a fundação do Império espelhavam práticas e princípios liberais.

Entretanto, inúmeras pesquisas, desenvolvidas há pelo menos cinquenta anos, vêm contribuindo para questionar profundamente esses pressupostos, sugerindo leituras da formação histórica do Brasil que contestam essas suposições e os argumentos nos quais se assentam.[2] A partir desses estudos, que serão referências para este e os próximos capítulos, é possível superar a imagem de que a transferência da família real portuguesa se restringiu a uma "fuga" inesperada, recuperando-se as circunstâncias de longo e curto prazos que inscreveram o evento no conjunto das transformações políticas que vinham acontecendo naquela época no mundo ocidental em geral e nas relações coloniais em particular. Reconstituir os significados da transferência não só da família real, mas sobretudo da sede da monarquia portuguesa para a América, é oportunidade para compreender as graves mudanças que essa nova circunstância desencadeou na colônia, no Reino europeu e nos demais domínios portugueses espalhados pela Ásia e África.

Um Império Português na América

Compreender a transferência da corte implica ultrapassar sua ligação mais imediata com as guerras na Europa, as invasões francesas na península Ibérica e as decisões adotadas apressadamente pelas autoridades do Reino.[3] Isso porque em várias ocasiões de crise política foi aventada a ideia de transladar a sede da monarquia para a América. No século XVII, por exemplo, discutiu-se essa possibilidade, entendendo-se que a mudança poderia favorecer a fundação de um grande império comercial centrado na mais rica possessão do Reino.[4] No século XVIII, d. Luís da Cunha, durante o reinado de d. João V

(1706-50), ao verificar a dependência em que se encontrava a metrópole para com os domínios coloniais, em virtude das riquezas geradas pela exploração das minas, aconselhou o rei a tomar essa decisão, recuperando ponderações políticas anteriormente formuladas. Anos depois, os resultados econômicos da política ilustrada metropolitana, desenvolvida a partir de 1750, fizeram crescer junto a ministros e conselheiros reais a utopia de que a grandeza da monarquia portuguesa estava alicerçada na construção de uma unidade imperial atlântica, firmada na lealdade dos súditos europeus e americanos e no sentimento de pertença a uma mesma entidade política integrada, portuguesa, simbolizada pelo rei. Particularmente nas décadas de 1780 e 1790, a política metropolitana foi se definindo no sentido de estreitar relações entre grupos de poder na metrópole e na colônia, na tentativa de garantir o controle desses territórios e populações e preservá-los de debates ensejados pelas Revoluções Americana e Francesa. O que obviamente não funcionou, pois o fluxo de pessoas, mercadorias e capitais nas rotas transoceânicas e de cabotagem, incentivado pela produção colonial e pelos negócios de importação e exportação, facilitava a circulação de notícias, livros, panfletos e boatos, possibilitando a apropriação por parte de vários segmentos da sociedade colonial daquilo que à época era designado como "novas ideias".

A despeito das regulamentações, de monopólios de comércio e da atuação fiscalizadora que os agentes da Coroa procuravam exercer, é preciso ter em mente a ampliação dos espaços de atuação mercantil, administrativa e militar de produtores e negociantes coloniais e a emergência de fortes contradições de interesse naquela utópica integração luso-americana idealizada na metrópole. Uma das manifestações mais evidentes desses antagonismos foi a chamada Inconfidência Mineira (1788-9). A outra foi o "ensaio de sedição" que aconteceu na Bahia (1798-9).[5]

Chama a atenção o fato de que essas expressões de contestação a situações locais provocaram devassas e condenações à morte, mas também engendraram formas de acomodação entre o governo da metrópole e membros dos grupos de poder em Minas Gerais e na Bahia. Assim, a maior parte dos envolvidos, notadamente os mais ricos e que ocupavam posição de destaque local, sequer foi citada nos processos judiciais; e até quando a pena foi o degredo na África, por exemplo, eles não tiveram propriedades e bens sequestrados, tampouco foram excluídos de conexões políticas que poderiam brecar sua permanência junto à administração colonial e mesmo metropolitana.[6] Foi o caso dos Resende Costa, de Francisco Agostinho Gomes, José da Silva Lisboa, Manuel Ferreira da Câmara, Manuel Inácio da Silva Alvarenga e Mariano José Pereira da Fonseca, entre outros, que se envolveram em ações contestatórias e reformistas contra a metrópole nos anos 1780 e 1790, mas foram mais tarde "assimilados" aos projetos políticos desenvolvidos com o enraizamento da corte no Rio de Janeiro.

A partir de 1798, em virtude da atuação de d. Rodrigo de Sousa Coutinho, é notório o direcionamento da política metropolitana no sentido de aprofundar mecanismos de acomodação entre interesses e expectativas de proprietários, produtores e negociantes dos dois lados do Atlântico. Nesse momento, foi reconstituída com muito vigor a proposta da transferência da sede da monarquia para a América. D. Rodrigo estava plenamente convencido de que os fundamentos econômicos e políticos da monarquia portuguesa estavam ancorados nos domínios americanos e que era necessário definir com clareza, para que fossem seguidos, os princípios de um sistema político capaz de reunir e consolidar as várias partes da monarquia, modificando-se as relações coloniais, antes que fossem rompidas. Para ele, e para os grupos de poder metropolitanos e coloniais dos quais esperava sustentação, em um momento marcado pela crise promovida pela Revolução Americana e pela Revolução Francesa, o Reino de Portugal deveria se tornar apenas a capital e o centro de possessões que seriam transformadas em "províncias" da monarquia. Essas "províncias", espalhadas pelos quatro cantos do mundo, seriam administradas da mesma forma, com o reconhecimento de direitos e privilégios de súditos, compondo um conjunto unificado do ponto de vista econômico, jurídico e político, habitado por "portugueses", que no futuro se constituiria em "imenso e poderoso império", articulando o Velho Mundo e o Novo Mundo. Em meio à guerra e às dificuldades de salvaguardar a Coroa de Bragança e a independência do Reino europeu, diante da confrontação entre França e Grã-Bretanha pela hegemonia na Europa e também nos mercados coloniais, a única saída viável na consecução das bases do "Império Português" era a transferência da corte.

Nesse momento, eram muito fortes as pressões do governo britânico sobre o então regente d. João e seus ministros e diplomatas para que o Reino se tornasse local de operações de guerra e polo mercantil privilegiado para a Marinha britânica, em virtude do bloqueio continental e da ameaça de suspensão das principais rotas do Atlântico, diante da ação da Marinha francesa e de corsários que agiam a favor de Napoleão, o que efetivamente aconteceu quando da partida da esquadra que trazia a corte para a América. Mas não menos intensas eram as pressões exercidas por Napoleão e pelos dirigentes espanhóis que o apoiavam. O Tratado de Fontainebleau, assinado em 1807 entre França e Espanha, projetava a divisão do Reino de Portugal e de seus domínios coloniais entre essas duas monarquias. Isso deixava d. João em uma situação delicadíssima, especialmente após a abdicação do rei espanhol, Carlos IV de Bourbon, a favor de seu filho Fernando VII, que, por sua vez, foi forçado a entregar o trono, em 1808, ao irmão de Napoleão, José Bonaparte.

Ainda que d. João e diplomatas portugueses buscassem subterfúgios para protelar a divulgação oficial de decisões diante das forças em confronto, dentro e fora do Reino, desde setembro de 1807 tinham se tornado evidentes os preparativos para a viagem aos domínios americanos, indicando que a aspiração de organizar um novo Império Português a partir da América ganhara substância. Até porque representantes das principais casas mercantis do Reino — que possuíam vínculos fortíssimos com os negócios coloniais e com as redes mercantis do Atlântico Sul — se dispuseram a acompanhar o regente e a família real, defendendo os espaços de poder que usufruíam e as posições alcançadas por seus congêneres nas capitanias do Brasil.

A arrojada proposta de d. Rodrigo vinha sendo discutida desde o tempo de Pombal. Mas ganhou força devido a três fatores. Em primeiro lugar, as consequências do processo de produção industrial inglês para Portugal e seus domínios, o que ampliou a ingerência e a concorrência britânicas nas linhas de comércio e crédito coloniais. Em segundo, a transformação das relações coloniais em função da independência norte-americana e da desarticulação que as guerras napoleônicas geraram entre a Espanha e a América espanhola. Com os conflitos na Europa, autoridades, militares e produtores coloniais passaram a agir com muito mais autonomia, colocando em xeque o controle que a metrópole poderia exercer. Finalmente, d. Rodrigo tinha a certeza de poder contar com o apoio de americanos que ou construíram carreira na metrópole ou se mostravam dispostos a apoiar a construção de um novo império, investindo capitais para ampliar e diversificar negócios privados e públicos na América. A direção política dada por d. Rodrigo às ações metropolitanas e, em particular, à transferência da corte, visava a ganhar respaldo junto às "pessoas principais" do Reino e das capitanias, mas provocou muita controvérsia, pois não havia garantias de que essa audaciosa obra de remodelação imperial fosse bem-sucedida. Isso porque o Reino europeu ficava privado da família real e, portanto, de autoridades reconhecidas pela população em geral, que se viu envolvida em uma guerra que não era sua e se sentiu destituída do principal fiador de que as leis e os direitos tradicionais seriam preservados. Muitos diplomatas e conselheiros alertavam para esse ponto, admitindo, entretanto, que a decisão de transportar a corte para uma longínqua região colonial representava uma das maiores revoluções do sistema político mundial, sem que pudesse ser prevista qualquer uma de suas graves consequências, entre as quais a mais imediata era o abandono do Reino a invasões estrangeiras tanto inglesas quanto francesas e espanholas.

Ademais, a integração entre grupos de poder na colônia à administração das capitanias, à carreira militar e a cargos hierárquicos de influência não significava que o projeto de construção de um novo Império Português na América receberia adesão irrestrita por parte deles. Tampouco seria possível considerar, de antemão, que o conjunto da sociedade colonial apoiaria essa complexa empreitada, pois a população livre não só era desigualmente distribuída entre as capitanias como vivenciava situações díspares, dependendo do local, da posição no universo do trabalho e da produção, e em especial das redes de poder nas quais estava envolvida. Além disso, a população questionava com frequência as decisões de autoridades metropolitanas e coloniais, vistas como "opressoras".

Desde os anos 1780, pelo menos, eram perceptíveis para governadores de capitanias e demais autoridades dos dois lados do Atlântico os sinais de descontentamento de inúmeros segmentos da sociedade colonial, ainda que essas manifestações não tivessem caráter separatista ou nacionalista, algo anacrônico nesse momento histórico.[7] A questão é que contestações e movimentos de rebeldia, como as chamadas Inconfidências, severamente reprimidos com pena de morte e degredo, se dirigiam contra restrições impostas pela legislação colonial e contra representantes da metrópole. As reclamações geralmente se colocavam contra os seguintes aspectos: os privilégios de determinados grupos, que monopolizavam o comércio e o abastecimento de gêneros; a cobrança de impostos atrasados, o que atingia o conjunto da população; e as restrições sociais e raciais que dificultavam as promoções, em especial, na carreira militar.

Ainda que circunscritas a algumas capitanias e com repercussões localizadas, as críticas e ações verbais e armadas contra autoridades e decisões metropolitanas encontravam justificativas e fundamentação não só na própria ordem tradicional do Antigo Regime, que garantia aos súditos o direito de petição e de representação, como na ampla e fragmentada circulação de notícias sobre a Europa e o restante da América. Apropriadas e reinterpretadas à luz das circunstâncias e dos interesses mais imediatos de segmentos diversificados da sociedade, tanto a prática política e jurídica costumeira quanto reflexões sobre liberdade, cidadania e direito à revolução compunham argumentos que punham em risco o controle que a metrópole poderia exercer, demonstrando também os entraves a serem transpostos para que o "novo Império Português" pudesse se concretizar.

A chegada da corte e os primeiros anos na América

O embarque da rainha d. Maria I, do príncipe d. João e da comitiva que deveria acompanhá-los iniciou-se em 26 de novembro de 1807, mas somente três dias depois, em 29 de novembro, o comboio partiu. Apesar dos relatos de testemunhos e das investigações de historiadores, não é possível afirmar o número exato de pessoas que imigrou nessa ocasião, estimando-se que entre 10 mil e 15 mil tenham atravessado o Atlântico. Ao lado da família real, embarcaram ministros, burocratas de primeiro e segundo escalões, representantes da nobreza e do mundo dos negócios, advogados, médicos, criados e os mais diferentes servidores da realeza. Foram embarcados também quantidade significativa de víveres e de água potável, bagagens de toda espécie, incluindo roupas, utensílios, móveis, a maior parte dos documentos políticos e administrativos de governo, mapas, pratarias, louças, prelos e parcela considerável da Biblioteca Real. O comboio era formado por mais de quinze navios de guerra portugueses, quatro navios de guerra britânicos e cerca de 25 navios comerciais, trazendo mercadorias e passageiros, muitos dos quais comerciantes e caixeiros, nem todos endinheirados.

Pode-se imaginar as agruras da viagem, ainda mais dificultada por uma tempestade que acabou por dividir o comboio, fazendo com que parte das naus, uma delas onde estava d. João, acabasse por aportar na Bahia, enquanto as demais seguiram direto para o Rio de Janeiro. Depois de 54 dias, em 22 de janeiro de 1808, d. João era recepcionado em Salvador, a cidade mais populosa da América portuguesa naquele momento e uma das mais ricas pela extensão da agricultura e pelo intenso trato mercantil.

Apesar de a escala na Bahia ser justificada por uma adversidade, como uma tempestade em alto-mar, é possível lançar a hipótese de que se tratava de uma estratégia política devido à importância da Bahia, embora Salvador tivesse perdido a condição de capital, e às pressões para que determinadas decisões fossem imediatamente adotadas, como a assinatura do decreto de abertura dos portos coloniais.

O documento, de caráter provisório e restrito aos portos de Belém, São Luís, Recife, Salvador e Rio de Janeiro, determinava que seriam admitidas nessas alfândegas todas as mercadorias transportadas em navios portugueses ou pertencentes às nações consideradas amigas, pagando-se a taxa de 24% de direito de entrada. Foram liberadas, também, as exportações de gêneros coloniais em navios estrangeiros e portugueses, que poderiam aportar nos locais mais vantajosos, não havendo a obrigatoriedade de seguirem diretamente para Lisboa. O decreto ainda suspendia todas as proibições concernentes às relações mercantis entre a América portuguesa e o exterior, procurando salvaguardar, entretanto, os interesses de fabricantes e negociantes do Reino, ao impor tarifas preferenciais de 16% para artigos de origem portuguesa, em especial vinhos e azeites.[8]

A medida foi adotada, a princípio, em razão dos reclamos de proprietários e negociantes coloniais, que sofriam os prejuízos de portos congestionados, pois determinações de meados de 1807 haviam suspendido a saída de embarcações para viagens transoceânicas, dado o temor de que esquadras francesas ou corsários destruíssem ou sequestrassem navios portugueses. Em épocas de escoamento das safras, como aquela, os danos eram incalculáveis, pois gêneros como o açúcar poderiam se estragar com facilidade, e sem o giro do comércio os produtores não conseguiriam saldar suas dívidas nem realizar novos investimentos. Além disso, o movimento das alfândegas era essencial para manter os custos da reorganização da corte. Porém havia também outro motivo para a decisão: acordos com o governo inglês em troca da segurança do comboio real. Para ministros e empreendedores britânicos, a liberação dos portos da América portuguesa era fundamental para a continuidade das importações de gêneros coloniais e para a colocação de manufaturas, já que o continente europeu estava bloqueado para ingleses. Aliavam-se a isso as pretensões britânicas — assim como norte-americanas — de utilizar os portos do Brasil como bases para investidas na região do Rio da Prata, o que era essencial para adentrar as rotas e mercados da América espanhola. Entre 1806 e 1807, tropas britânicas tinham tentado invadir primeiro Buenos Aires e depois Montevidéu, procurando ocupar essas cidades. Era uma represália à guerra na Europa, mas demonstrava nítidos objetivos comerciais.

A liberação dos portos foi regulamentada por decretos posteriores ao longo de 1808 e dos anos seguintes, tornando-se definitiva. Ao mesmo tempo, foram colocadas barreiras à liberdade integral de comércio, para resguardar posições e interesses de negociantes do Reino europeu e das principais cidades da América, sobretudo a navegação de cabotagem, que permaneceu nas mãos de "portugueses" dos dois lados do Atlântico, apesar de muitos estrangeiros terem se tornado sócios clandestinos nesse mercado.

A estadia de d. João em Salvador durou pouco mais de um mês. Em 8 de março de 1808, o comboio com o príncipe chegou ao Rio de Janeiro. A cidade já estava preparada para receber com pompa o regente. Entretanto, ao lado da preocupação de autoridades em divulgar que aquele seria o início de uma nova era, marcada pela transformação da colônia em sede de um novo Império Português, eram muitos os problemas a equacionar, a começar pela acomodação dos milhares de pessoas que imigraram. Muitos moradores da parte central da cidade foram forçados a abandonar suas casas para assegurar moradias aos recém-chegados, o que desfez rapidamente o eventual júbilo que a chegada da família real poderia provocar.

Assim, os primeiros tempos foram de profunda adaptação da população local e dos imigrados às novas circunstâncias e, também, de intensa atividade política e administrativa. A despeito do caráter provisório dado à transferência, o montante de pessoas e principalmente de documentos, mapas, arquivos e registros do Estado português que atravessaram o oceano sugeria o oposto. A chegada do regente desencadeou uma infinidade de providências para que efetivamente a monarquia pudesse funcionar. Vale lembrar que d. João nomeou um governo provisório em Portugal para dar continuidade aos atos cotidianos e assessorar o comando militar inglês, mas todos os membros da família real embarcaram para o Brasil.

As primeiras decisões abrangeram desde a criação do Banco do Brasil, para fazer frente às necessidades de emissão de moeda e de organização de créditos para o giro de negócios e empreendimentos, até a decretação da liberdade de "indústria", entendida como um vasto conjunto de atividades de produção de manufaturas, o que incluía navios e diferentes tipos de embarcações, tecidos, cerâmicas, vidros, ourivesarias e ferramentas, suprimindo-se restrições impostas havia décadas.

Com os prelos trazidos de Lisboa, foi instalada a Impressão Régia, o que permitiu a produção local de livros e opúsculos sobre os mais diversos temas e a publicação do periódico *Gazeta do Rio de Janeiro*, órgão oficial que comunicava decretos e deliberações da corte e notícias sobre a situação na Europa e no restante da América e domínios portugueses, bem como anúncios variados e a movimentação de navios no porto. Havia, é verdade, severa censura a publicações que pudessem ferir os princípios da religião, da moral e do bem público ou agredir o governo e autoridades, e valorizavam-se narrativas laudatórias em torno do novo Império Português, estabelecendo relações diretas entre a vinda da corte e um futuro de paz e prosperidade aos habitantes do Brasil.

O funcionamento da imprensa, aliado à abertura dos portos, ampliou a circulação de livros e de todo tipo de impresso. Com isso, seu acesso foi facilitado também aos analfabetos, pois foi se tornando comum a leitura em voz alta de decretos, avisos e anúncios, nas tavernas e em locais de concentração de pessoas, como o porto e os chafarizes da cidade. Assim, concomitantemente ao movimento agitado das ruas de comércio, fervilhavam notícias e boatos, inflamando sentimentos, a imaginação, os interesses e os temores que tanto a guerra quanto a presença da corte e de estrangeiros poderiam gerar.

Outras medidas de caráter científico-cultural foram a criação da Academia Real dos Guardas-Marinhas, a Academia Real Militar, o Colégio Médico da Bahia, a Escola Médica do Rio de Janeiro, o Jardim Botânico do Rio de Janeiro e diversas cadeiras para o ensino de economia política, química, mecânica, geometria e línguas inglesa e francesa. Especialmente após o fim da guerra, entre 1814 e 1815, a retomada de relações diplomáticas com outras monarquias, como a da França e da Áustria, ampliou o campo da cultura na nova corte. A chegada e o enraizamento de artistas franceses e de origem austríaca e prussiana ensejaram iniciativas como a da Academia Real de Belas Artes.[9]

No entanto, ao longo dos primeiros anos, quatro grandes questões preocupavam o regente, seus ministros e conselheiros: o andamento dos confrontos na Europa e possíveis medidas diplomáticas e militares que pudessem responder às agressões da França e da Espanha; o encaminhamento das pressões britânicas em torno de tratados mercantis e do tráfico de escravos; a organização da estrutura jurídico-administrativa do Estado português na América; e a transformação material e simbólica da cidade do Rio de Janeiro na capital da monarquia para acolher a realeza, os inúmeros funcionários do Estado, os imigrados que continuavam a chegar e os representantes diplomáticos.

Ainda em março de 1808, o governo da corte declarou guerra à França e preparou uma invasão à Guiana Francesa. Foram mobilizadas tropas de linha e de milícias do Grão-Pará e de Pernambuco, que, em conjunto com soldados e marinheiros ingleses, promoveram a ocupação de áreas de fronteira, alcançando o rio Oiapoque e posteriormente a cidade de Caiena. Os confrontos, iniciados em setembro de 1808, foram sangrentos, e apenas no começo de 1809 houve a rendição de autoridades e colonos franceses ali radicados. A ocupação portuguesa durou até novembro de 1817. Após acordos entre as potências europeias durante o Congresso de Viena, ficou definido que a Guiana seria restituída à França, mas, em contrapartida, o Estado português adquiriu o direito de estender a fronteira ao norte da América portuguesa até o rio Oiapoque.

Também em 1808 começaram a ser preparadas ações para uma possível intervenção na região do Rio da Prata, em virtude de interesses comerciais e da disposição demonstrada por Carlota Joaquina de Bourbon, esposa de d. João, que tinha pretensões ao trono espanhol, ocupado à época pelo irmão de Napoleão, após as abdicações de Carlos IV e Fernando VII. Esse tema será tratado no próximo capítulo pelas sérias implicações políticas, mercantis e militares que a guerra no Prata representou para a corte portuguesa no Rio de Janeiro e, posteriormente, para o governo de Pedro I.[10]

Em 19 de fevereiro de 1810, foram assinados tratados de comércio e amizade entre a Coroa portuguesa e o governo britânico, negociações vistas como fundamentais para o processo de industrialização na Grã-Bretanha, pois o eixo das tratativas estava na liberação do comércio no Atlântico Sul. Essa inspiração livre-cambista atingia, porém, as condições econômicas do Reino europeu, promovendo a perda da supremacia do comércio português continental no Brasil. Segundo o documento, estavam isentas de direitos alfandegários as mercadorias que tivessem pago taxas aduaneiras em Portugal; os produtos britânicos importados pagariam taxa de 15%; as mercadorias "nacionais" vindas de Portugal pagariam 16%; e apenas as mercadorias estrangeiras transportadas em navios estrangeiros pagariam direitos de 24%. Os navios ingleses poderiam ancorar livremente nos portos americanos, liberados pelo decreto de 1808, e o porto de Santa Catarina foi declarado franco, o que facilitava o comércio britânico na região do Rio da Prata.

Haveria reciprocidade de direitos e garantias entre pessoas e mercadorias que circulassem entre as possessões de ambas as nações e aventava-se a possibilidade da gradual abolição do tráfico de escravos no Brasil. Além disso, a Grã-Bretanha mantinha a legislação protecionista que impunha às suas colônias, bem como à sua produção colonial, mas se beneficiava da quebra de parte do protecionismo do Reino de Portugal sobre o Brasil. Para os diplomatas portugueses, naquela ocasião era essencial garantir que o Brasil se constituísse em espaço econômico competitivo, prevendo-se os benefícios para o mercado interno da entrada de manufaturas inglesas e da colocação, com maior facilidade, da produção das capitanias no mercado europeu. Essa perspectiva, por sua vez, articulava-se ao papel do Banco do Brasil de fixar capitais e garantir a fluidez monetária com estrangeiros.

Pode-se imaginar as reações contrárias ao tratado, tanto da parte das principais casas mercantis do Reino quanto de seus representantes no Brasil. Ao contrário dos homens de negócios que haviam imigrado com a corte e continuavam a ter acesso às decisões do regente, negociantes e fabricantes de Lisboa e do Porto encontravam-se impedidos, ainda que temporariamente, de atuar no tráfico colonial devido à guerra e à concorrência aberta de ingleses. Além disso, negociantes norte-americanos que também reconheciam a importância da produção e do comércio coloniais pretendiam competir com os ingleses e disputar com eles e com os portugueses o Rio da Prata. Tanto que o primeiro representante diplomático estrangeiro a chegar na corte do Rio de Janeiro para apresentar credenciais a d. João foi o enviado do governo norte-americano.[11]

Reações contrárias partiram também de artífices e de corporações de ofício do Rio de Janeiro e de outras capitanias que se sentiram prejudicados pela fácil entrada de produtos importados e pela ameaça que isso representava em termos da perda de espaços da produção local no mercado interno. Sem dúvida, as pretensões britânicas foram favorecidas, mas é preciso relativizar a dominação que os ingleses — negociantes, diplomatas e militares — poderiam efetivamente exercer.

Nos primeiros anos após a chegada da corte, muitos negociantes ingleses, na esperança de lucro rápido, trouxeram para a América uma infinidade de artigos e em tal volume que os portos, em especial o do Rio de Janeiro, ficaram abarrotados. A lentidão de funcionários portugueses no trabalho das alfândegas, muitas vezes proposital, e a exposição constante ao sol e à chuva acabaram fazendo com que parte das remessas se perdesse e fosse a leilão por preços irrisórios. Ademais, nem sempre as mercadorias importadas encontravam comprador, já que não se adaptavam ao clima e aos hábitos de consumo locais. Isso obrigou os mais afoitos a rever suas expectativas iniciais e modificar a oferta de artigos a ser colocados no mercado colonial: era pouco provável que a população se encantasse com pesadas mantas de lã ou calçados para a neve. A esses aspectos se associavam as desconfianças de negociantes coloniais e de imigrados a respeito do acirramento da competição provocada pela agressividade de ingleses em relação à participação no comércio interno.

Assim, as medidas que beneficiaram diretamente a Grã-Bretanha levantaram séria oposição, que se tornou mais intensa com o fim da guerra e os acordos diplomáticos assinados entre 1815 e 1817. Também a pressão britânica para que a corte concordasse, em 1810, em promover a gradual extinção do tráfico de escravos no Atlântico gerou muito descontentamento. Porém, nesse campo, ao mesmo tempo que aceitou suspender o tráfico acima da linha do equador, d. João conseguiu protelar qualquer outra resolução sobre o tema, atendendo a interesses de traficantes e, em particular, de produtores coloniais. Nas duas primeiras décadas do século XIX, o tráfico de escravos cresceu para suprir demandas de áreas produtoras tradicionais, como Bahia, Pernambuco e Minas Gerais, e assegurar a expansão das fronteiras agrícolas para o interior do território e o Vale do Paraíba, região em que se organizavam fazendas de café. Os escravizados também eram fundamentais para a manutenção e a diversificação da produção de gêneros voltados ao abastecimento do mercado interno, aquecido com as demandas da corte e dos milhares de pessoas que se enraizaram no Brasil após 1808.

Ao mesmo tempo, a paz entre as potências, depois de 1814, ocasionou a retomada das relações diplomáticas com a França e a ampliação significativa da presença de negociantes, empreendedores e artífices franceses nas principais cidades portuárias, em especial o Rio de Janeiro, alterando novamente a competição entre portugueses da América, portugueses do Reino e estrangeiros em termos das rotas mercantis e dos negócios com produtos coloniais.

D. João, apesar de liberar muitas atividades da legislação protecionista, empenhou-se em contrabalançar os pedidos e as queixas de setores sociais muitas vezes antagônicos. Reajustou tarifas alfandegárias e procurou proteger manufaturas do Reino europeu, mantendo, igualmente, práticas monopolistas em relação ao sal e aos vinhos da Companhia de Comércio do Alto Douro, bem como as arrematações para cobrança de impostos, fornecimento de gêneros e abertura de estradas. Entretanto, boa parte das medidas adotadas voltou-se à liberação das atividades econômicas de antigas regulamentações.

Entre 1808 e 1813, uma infinidade de decretos interferiu nas relações econômicas e na ampliação da cobrança de impostos e taxas, tendo em vista a reorganização e a manutenção da estrutura administrativa e jurídica do Estado monárquico. Ao lado da isenção de tributos sobre matérias-primas básicas para o aperfeiçoamento manufatureiro, como o ferro, foi liberada a venda, pelas ruas das principais cidades, de mercadorias legalmente importadas e de artigos produzidos no Brasil. Também foram concedidas sesmarias para produtores, incluindo estrangeiros, interessados em investir em lavouras. Incentivou-se a construção de estradas, pelo sistema de arrematação a particulares, para ampliar as comunicações e o comércio entre diferentes capitanias, medida que muito favoreceu uma maior articulação entre São Paulo, Minas Gerais e o Rio de Janeiro, já que essas capitanias eram áreas importantes de fornecimento de alimentos e gêneros de abastecimento para a corte. Foram incentivadas também companhias voltadas para a exploração da navegação fluvial e criou-se um sistema regular e permanente de correios para uma ligação mais rápida e segura entre a corte, as demais capitanias e o Reino europeu.

Em grande parte, essas medidas beneficiaram mais diretamente o Centro-Sul da América portuguesa, atendendo imigrados que buscavam se radicar na colônia e, em especial, aos interesses de proprietários e negociantes locais, que já haviam amealhado capital e podiam ampliar seus empreendimentos. Pequenos e médios produtores, dedicados ao abastecimento do mercado interno, também se aproveitaram das novas circunstâncias. Sobre todos eles, entretanto, assim como sobre o conjunto da sociedade, recaíram inúmeros tributos que, juntamente com as alfândegas, constituíam as rendas essenciais para sustentar a família real e a intricada estrutura administrativa criada no Rio de Janeiro.

Ao lado do dízimo que incidia sobre as atividades produtivas, dos direitos de importação e exportação, das taxas sobre circulação de mercadorias, escravizados, animais e pessoas, e dos tributos específicos pagos pelo açúcar, pelo tabaco e pelo algodão, foram criadas novas imposições, como a décima urbana. A partir de 1810, todos os imóveis urbanos deveriam pagar anualmente à Fazenda Real o equivalente a 10% de seu valor. Os impostos eram abrangentes a ponto de os mendigos da cidade do Rio de Janeiro só poderem esmolar se pagassem licença. Tavernas, botequins, estalagens, armazéns de secos e molhados, lojas e oficinas de artífices tinham que pagar tributo para funcionar. Barcos que atravessavam a baía de Guanabara, lanchas e canoas de aluguel, carros e carroças que faziam fretes, bem como cavalos, bestas de carga e seges, eram taxados. Por fim, ainda havia os impostos relativos à venda e compra de escravizados.

Essa tributação estava em vigor não só no Rio Janeiro como em todas as capitanias. A Fazenda Real concentrava os montantes recolhidos na corte e na capitania fluminense e os valores das alfândegas, do dízimo e da décima urbana. Os demais impostos eram recolhidos por governadores e Câmaras Municipais para despesas locais, mas com frequência o governo da corte se valia de expedientes extraordinários para aumentar seus rendimentos. Em 1814, por exemplo, quando da suspensão da guerra na Europa, a Coroa impôs às capitanias da Bahia, Pernambuco e Maranhão um imposto extra sobre a produção e o comércio para socorrer o Reino de Portugal e reparar os imensos estragos gerados pelos conflitos. Grande parte dos gastos com a iluminação e remodelação da cidade e do porto do Rio de Janeiro, iniciadas ainda em 1808, foi coberta com recursos extraídos das populações das demais capitanias, sem que estas tivessem acesso aos mesmos benefícios. Também a prática de elevar à condição de vila muitos arraiais, especialmente nas capitanias de São Paulo, Minas Gerais, Rio de Janeiro, Pernambuco e Espírito Santo, era um mecanismo para ampliar a cobrança da décima urbana. Em contrapartida, isso atendia a demandas relativas à organização de novas Câmaras Municipais, o que abria possibilidades de ascensão política a produtores locais. A incorporação de grupos de poder ao aparato político-administrativo do Estado era uma forma de dar legitimidade aos súditos e integrá-los, mas isso criou a oportunidade para o exercício da sociabilidade política e para a construção de experiências e memórias de governança pessoal e coletiva que exerceram papel fundamental por ocasião dos conflitos e guerras de Independência.[12]

Simultaneamente a essas deliberações, iniciaram-se intervenções nos traçados de ruas, becos, largos e demais espaços da cidade do Rio de Janeiro, o que promoveu sua transformação em capital do Império e na sede da monarquia portuguesa. O governo da corte replicou na América todas as instituições administrativas que até então existiam apenas em Lisboa, sobrepondo-as às repartições já existentes. No caso do Rio de Janeiro em particular, o governo da corte passou inclusive a interferir na administração da capitania e, também, no andamento dos trabalhos da Câmara Municipal.

A transferência da família real implicou o deslocamento das secretarias de Estado e dos inúmeros funcionários que cada uma agregava. Além do mais, todos os tribunais superiores foram reorganizados na América, a exemplo da Casa da Suplicação.[13] Deu-se o mesmo com o Erário Régio, os conselhos superiores militares, o Arquivo Militar e a Junta de Comércio. Esta era um tribunal destinado a cuidar das demandas de negociantes enriquecidos e a efetuar matrículas da gente do comércio, referendando sua condição de "grosso trato" — comerciantes que atuavam nas linhas de comércio e crédito transoceânicas, que eram também traficantes de escravos, donos de grandes embarcações e de cabedal considerável. Foi criada ainda uma Junta de Conquista e Civilização dos indígenas para coordenar e fomentar uma "guerra justa" contra aldeias e etnias que não se submetessem ao processo de expansão das lavouras e expropriação da força de trabalho.

Uma das mais atuantes instituições criadas por d. João foi a Intendência Geral de Polícia, repartição que concentrava um elenco enorme de atribuições que iam desde a limpeza das ruas e a preparação de festejos reais até a regulamentação do abastecimento de água e alimentos na cidade e na corte. O termo "polícia" expressava uma concepção civilizatória que ultrapassava em muito a noção de manutenção da ordem, embora os regimentos policiais costumassem usar de violência para manter sob precário controle a imensa quantidade de gente que circulava pelas ruas centrais. Coube à Intendência, em conjunto com a Câmara e com particulares, realizar as obras de embelezamento da cidade, que envolveram a drenagem de mangues, a construção de novos chafarizes e a preparação de novas áreas destinadas a habitações de nobres, negociantes e diplomatas. A chamada "cidade nova" abrangia a estrada do Catete, a praia de Botafogo, as estradas de Matacavalos e Mataporcos e São Cristóvão, onde ficava a residência da família real, um palacete cedido por um dos grandes negociantes locais e que, ao longo dos anos, foi sendo ampliado e reformado para se transformar no Palácio da Boa Vista.

Essas intervenções provocaram a exclusão gradual dos moradores mais pobres das áreas centrais. O alinhamento e a numeração das casas bem como o alargamento das ruas resultaram na demolição de construções antigas e sem manutenção e no aumento do preço dos aluguéis, levando pobres e remediados a se transferir para locais mais distantes, em terrenos baldios, pois a chamada "cidade nova" estava vedada a eles.

A reorganização da sede da monarquia bragantina no Rio de Janeiro modificou profundamente as relações entre a América portuguesa, os domínios portugueses na África e na Ásia e o Reino europeu. Alterou também as relações entre as capitanias do Brasil e a nova corte, ressaltando-se que, no caso do Grão-Pará e do Maranhão, um decreto real determinava que, em virtude das dificuldades de comunicação, ambos deveriam manter vínculos administrativos e comerciais mais intensos com Portugal.

Todas essas mudanças tiveram seríssima repercussão posterior e imprimiram um caráter específico ao processo de Independência. Por um lado, a vinda da corte fortaleceu as ligações entre a antiga metrópole, agora transferida, e portugueses da América, reforçando interesses comerciais e relações pessoais e familiares, que adquiriram contornos inéditos com o enraizamento de milhares de reinóis no Brasil a partir de 1808. Por outro lado, o desenrolar das Guerras Napoleônicas propiciou um distanciamento, uma separação, ainda que provisória, entre as capitanias da América, a nova corte e o Reino de Portugal. Em contrapartida, tornaram-se mais intensos os contatos entre os portos americanos e os domínios portugueses na África e na Ásia, incentivados pelo recrudescimento do tráfico.

A proposta de d. Rodrigo para fomentar sentimentos de pertença de todos os súditos de d. João a uma mesma nação foi especialmente enfatizada por um discurso político, com ampla divulgação pela Impressão Régia, segundo o qual 1808 marcava o fim do sistema colonial no Brasil e o começo de uma era de progresso material e moral. Mas quais segmentos sociais foram beneficiados por essa nova ordem?

O discurso do governo estava materializado em inúmeras realizações, em especial no Rio de Janeiro, e ganhava ressonância, igualmente, junto a representantes estrangeiros, mas, sobretudo, junto a proprietários, negociantes, governadores e outros membros da administração pública que se mantinham próximos à corte. A presença da figura real não deixou de influenciar lideranças e segmentos proprietários de regiões mais distantes. Esses se dirigiam para o Rio de Janeiro levando demandas e queixas, buscando decisões e empenhando-se em estabelecer relações de favor e de aproximação com autoridades e burocratas, de maneira a se inserirem nas redes de poder que a corte foi configurando. Eram, sem dúvida, relações de mão dupla. Também para os membros da sede da monarquia, era interessante criar vínculos com "gente de consideração" de capitanias longínquas. Isso poderia significar apoio importante a decisões da Coroa e caminho para empréstimos e auxílios financeiros como contrapartida de privilégios, títulos, sesmarias ou, ainda, isenções de impostos e contratos de arrematações, práticas que se tornaram rotineiras no Rio de Janeiro e eram desfrutadas pelas principais famílias proprietárias fluminenses.

Entretanto, quais setores em Portugal teriam sido mais atingidos pelo distanciamento forçado da corte? Se não há dúvidas sobre os prejuízos materiais e humanos impostos pela guerra, perdas de outra dimensão afligiram os portugueses da Europa, durante e após os confrontos, pois os próprios contemporâneos avaliavam que a colônia havia se tornado metrópole e a antiga metrópole havia se transformado em colônia de sua maior e mais rica possessão.

Na América, a presença da corte também intensificou ou promoveu conflitos e contradições. Nem sempre foi amigável a convivência entre a população em geral e os portugueses adventícios. Isso porque, além dos recém-imigrados receberem isenções de impostos e outros benefícios, ampliou-se a competição entre reinóis e americanos em torno de contratos, arrematações e privilégios. Cresceu igualmente a competição entre estrangeiros, reinóis e americanos em termos do mercado interno, da navegação de cabotagem e das linhas de comércio transoceânicas. Agravaram-se as disputas em torno da posse e da propriedade da terra, ao mesmo tempo que o crescimento do tráfico de escravizados coexistiu com a maior expropriação da mão de obra indígena, o que acarretou constantes confrontos entre colonos, aldeados e ordens religiosas. Esse conjunto de situações acabou favorecendo, porém, a diversificação dos segmentos proprietários, especialmente os do Centro-Sul. Nesse caso, alguns deles, em virtude de relações pessoais e mercantis, conquistaram benesses que a corte poderia oferecer em troca de favores e empréstimos. Outros, aproveitando-se das condições favoráveis do mercado interno e externo, ampliaram espaços de atuação e poder, ainda que não se ombreassem com os grupos mercantis que ocuparam cargos decisórios junto a ministros e burocratas imigrados.

Esse emaranhado de interesses, pressões e projetos encontrava-se expresso de modo exemplar no imenso elenco de decretos e decisões adotadas pela corte durante o tempo em que a família real esteve no Rio de Janeiro.[14] Tensões e conflitos que o governo da monarquia tentou em vão equilibrar nos primeiros anos de residência se agravaram ainda mais a partir de 1815, com o final da guerra e os tratados de paz. Isso provocou uma nova reconfiguração das relações internacionais e das articulações entre a nova corte, o Reino europeu e os demais domínios portugueses.

3.
A criação do Reino Unido e o debate em torno da configuração do Império Português

Que os meus Reinos de Portugal,
Algarves e Brasil formem de agora
em diante um só e único Reino [...].

D. João, 1815[1]

A partir de 1814, o governo de d. João procurou dar encaminhamento às tensões e às contradições de interesses que envolviam tanto as relações internas entre a América portuguesa e o Reino europeu quanto a inserção da corte e seus domínios no concerto internacional. A suspensão dos conflitos e a derrota de Napoleão agudizaram as pressões que o governo em Lisboa vinha exercendo para que a família real retornasse à Europa e reconstruísse a sede da monarquia em Portugal. Eram muitas as queixas contra a presença militar e a política britânica no território e no governo do Reino; aumentavam cada vez mais as reivindicações em termos da ampliação de recursos para socorrer os setores sociais mais atingidos pelos combates, especialmente nas áreas rurais; e tornavam-se incontornáveis as críticas à liberação do comércio no Atlântico Sul e aos tratados de 1810 com o governo inglês, que, na avaliação de portugueses europeus, eram as causas principais das mazelas, da pobreza e da desorganização econômica durante e após os conflitos.

Aliavam-se, assim, duas questões. A primeira dizia respeito ao local que melhor poderia sediar a monarquia e a residência da família real. Não era um problema de fácil solução, pois tratava-se de definir o centro político e simbólico do Império Português, não havendo necessariamente, na visão de ministros e conselheiros de d. João, uma primazia da Europa sobre a América. A segunda questão, que não dependia do lugar da corte, referia-se à reformulação do Estado português no período pós-Revolução Francesa, não só pelas consequências desse processo na configuração das monarquias absolutistas europeias, mas sobretudo porque as transformações ocorridas no âmbito de Portugal e seus domínios reclamavam uma reordenação dos vínculos entre as diferentes partes do Império, bem como políticas efetivas de recuperação econômica e social do Reino europeu.

Tema de debate desde 1808, só em 1814 um dos principais conselheiros reais, Silvestre Pinheiro Ferreira, apresentou uma proposta para diminuir o descontentamento e as reclamações recebidas de Portugal, na expectativa de que o projeto de um grande império comercial português, acalentado havia anos, pudesse se consolidar.[2] Silvestre argumentava que o clima de insatisfação em Portugal era perigoso, pois poderia desembocar em um movimento revolucionário contrário à monarquia. Ele não tinha em mente apenas a Revolução Francesa e o impacto da guilhotina contra a realeza e muitos nobres. Mirava o exemplo espanhol, quando Fernando VII foi preso e José Bonaparte assumiu o trono. Nessa ocasião, militares e civis contrários à ocupação tinham organizado ações armadas para derrotar a França e seus aliados na Espanha. A guerra civil, simultânea à invasão napoleônica, promovera a formação de um governo provisório que, em 1810, convocara cortes legislativas, compostas por representantes eleitos das províncias da Espanha e de várias áreas da América espanhola. Reunidos em Cádiz, eles haviam formulado a Constituição de 1812, inspiradora de inúmeros textos constitucionais posteriores. Seus artigos determinavam o fim do absolutismo monárquico no país e a construção de um governo liberal. Entretanto, a derrota dos exércitos franceses, entre 1813 e 1814, e o agravamento das lutas de independência na América espanhola enfraqueceram as cortes legislativas e os liberais que as sustentavam, permitindo que os absolutistas, seus adversários, promovessem a retomada do trono por Fernando VII, em 1814. A essa altura, porém, boa parte das áreas coloniais da Espanha já havia proclamado a separação da metrópole.[3]

Para assegurar a integridade do Estado e fomentar a unidade entre suas partes, notadamente Brasil e Portugal, Ferreira aconselhava d. João a exercer a regência do "Império do Brasil e dos domínios da Ásia e África", enquanto o príncipe d. Pedro exerceria a "Regência de Portugal" até a morte de d. Maria I. A sede da monarquia deveria se situar onde o governo pudesse melhor atender às exigências e necessidades das partes do Império, e o fator de ligação, frisava o conselheiro, seria a existência de uma só lei e de um único soberano. Além disso, ele sugeria uma profunda reformulação administrativa, de forma que o Reino de Portugal e seus domínios fossem divididos em províncias, estabelecendo-se em todas elas tribunais e demais meios de administração e justiça, abolindo-se em definitivo as distinções entre metrópole e colônias. Essa proposta recuperava o programa de reformas que d. Rodrigo já havia detalhado, sem que fossem alterados os princípios absolutistas da monarquia.

Paralelamente a essa discussão, reuniram-se na Áustria, entre setembro de 1814 e junho de 1815, os representantes diplomáticos das nações europeias para discutir, no Congresso de Viena, o novo desenho do mapa político após a queda de Napoleão. Ao lado de questões relacionadas a fronteiras na Europa e nas áreas coloniais modificadas durante as guerras, e às investidas do governo britânico contra o tráfico de escravos, a pauta estava concentrada no movimento de restauração do poder de casas reais destituídas e subjugadas pelo líder francês. Dos debates surgiu, entre outras decisões, a Santa Aliança, composta pelos governos da Áustria, da Rússia e da Prússia, que, por meio de acordos militares, visava assegurar na Europa as práticas do Antigo Regime, expurgando princípios e ações revolucionários com o uso de força armada se preciso fosse.

No âmbito dessas circunstâncias, marcadas por tentativas de recomposição de governos destruídos pela revolução, d. João decretou, em 16 de dezembro de 1815, a elevação do Brasil a Reino Unido a Portugal e Algarves.[4] Pouquíssimo analisada pelos estudos históricos relativos à Independência, a decisão foi interpretada como o marco da opção política da corte bragantina pela América e por reformas políticas no limite do absolutismo, o que acarretou inúmeros desdobramentos dos dois lados do Atlântico.

O Reino Unido de Brasil, Portugal e Algarves

O documento de dezembro de 1815 decretava que a "colônia do Brasil" passaria "à dignidade, proeminência e denominação de Reino". A medida provocou inúmeras reações contrárias em Portugal. Os governadores do Reino reclamavam que a residência definitiva da corte na América, consequência direta do documento, determinava a subordinação do Reino à colônia. Não só usavam esse argumento que negava a equivalência entre as duas partes da monarquia como alertavam para uma possível insurgência dos súditos europeus contra o poder real.

Apesar de a decisão ter gerado enorme polêmica na imprensa europeia, para os conselheiros reais no Rio de Janeiro ela era uma alternativa política viável, inspirada no Reino Unido da Grã-Bretanha: uma construção político-administrativa destinada a preservar elos dinásticos, culturais, migratórios e mercantis entre as partes mais importantes do

Império, para bloquear possíveis movimentos independentistas nas capitanias do Brasil, mesmo com o risco de sublevações em Portugal.

Tratava-se da criação de um corpo político formado por três entidades, ligadas por um laço indestrutível de unidade, ancorado na soberania que a pessoa do rei representava. Os três Reinos mantinham-se em situação de igualdade e paridade diante da Coroa, em conformidade com concepções políticas do Antigo Regime, nas quais o rei, cabeça do corpo político, detinha o monopólio do poder e expressava sua indivisibilidade territorial e simbólica. Buscava-se, desse modo, superar o distanciamento entre a América e o Reino europeu que a guerra e a transferência da sede da monarquia para o Brasil tinham gerado. Ao mesmo tempo, equilibrava-se a forte articulação entre a América e os demais domínios portugueses, tão favorecida pela transformação do Rio de Janeiro em encruzilhada de rotas comerciais no Atlântico Sul.

A medida foi encarada com muita desconfiança em Portugal e nos círculos políticos que criticavam a inoperância da corte para responder aos reclamos da nobreza, de fabricantes de vinhos e manufaturas, de produtores rurais e de negociantes do Reino que haviam sofrido a guerra e exigiam leis protecionistas para retomar certa competitividade diante da concorrência de portugueses, americanos, ingleses e franceses naquele que havia sido seu principal mercado consumidor. Em contrapartida, no Rio de Janeiro, a Impressão Régia cuidava de divulgar e fazer crer que a elevação do Brasil a Reino Unido demonstrava a bondade e a grandeza do regente ao reconhecer as qualidades dos súditos americanos, que não eram inferiores em graduação e direitos aos portugueses europeus. Mais do isso, o decreto foi considerado como a declaração do fim do antigo regime colonial e expressão do futuro promissor que o poderoso Império Português iria alcançar.

Para consolidar o Reino Unido no plano simbólico e visual, o governo joanino modificou o escudo real português. No século XVII, a metrópole havia criado um pavilhão especial para representar a América portuguesa: uma esfera armilar. A bandeira do Reino Unido se apropriou desse símbolo, colocando-o sobre campo azul e fundo branco. Acima da esfera armilar foi alocado o escudo real português e sobreposta ao desenho foi inscrita a coroa real. Nessa combinação de símbolos de forma circular projetava-se a coesão política e uma identidade comum — o ser português — que nos anos seguintes foram duramente contestadas dos dois lados do Atlântico. Até porque o decreto não teve consequências importantes em termos administrativos. Mesmo as sugestões de Silvestre Pinheiro Ferreira para o Reino Unido não foram implementadas, tampouco foi revista a reorganização da hierarquia de órgãos que compunham a estrutura do Estado.

Se, por um lado, a elevação a Reino significava a emancipação administrativa das capitanias do Brasil, endossada pela própria sede da monarquia, por outro, não houve regulamentação específica para efetivamente transformar as antigas capitanias em províncias, alterando-se as atribuições jurídicas e fiscais dos governadores, que também eram comandantes de tropas e milícias. Tampouco foram modificados o sistema de impostos e o conjunto das leis e ordenações coloniais, razões do enorme descontentamento, em especial das capitanias do Norte e do Nordeste. Ou seja, não houve reformulação do sistema de poder colonial. Mantinha-se a forte centralização política e o monopólio de seu exercício nas mãos do regente, de seus auxiliares mais imediatos e dos representantes por ele indicados para a governança das capitanias.

Entretanto, é importante destacar quanto a elevação a Reino foi enaltecida pelos grupos políticos e mercantis, particularmente de Minas Gerais, São Paulo e Rio de Janeiro, que mais se beneficiaram com a presença da família real. Muitas dessas pessoas e famílias já faziam parte da administração colonial desde o século XVIII. Mas a reorganização da monarquia e suas consequências, como a abertura dos portos, a liberação de parte das restrições econômicas e a farta distribuição de privilégios para quem contribuísse com a manutenção do Estado, levaram esses agentes a se aproximar de membros do governo, estabelecendo relações de amizade e de interesses com imigrados dispostos a construir fortuna no Rio de Janeiro, o que promoveu a articulação de seus objetivos de ascensão com o projeto imperial defendido pela Coroa. Foram esses proprietários e negociantes, envolvidos com a expansão de fazendas de café no Vale do Paraíba, entre outras atividades, que mais lucraram com os tratados referentes ao tráfico de escravos assinados com o governo britânico durante e logo após o Congresso de Viena.

Desde 1808, o governo britânico, impulsionado pela supressão do tráfico de escravos em seus domínios coloniais, vinha pressionando a corte do Rio de Janeiro para que fizesse o mesmo. Quando dos tratados de 1810, d. João firmara a concordância em trabalhar para que houvesse a gradual abolição do tráfico transoceânico de escravos e proibiu que súditos portugueses realizassem esse comércio na costa da África fora dos domínios da Coroa.[5] Os tratados, no entanto, facilitaram a expansão do tráfico justamente em áreas controladas por portugueses. Estudos recentes[6] mostram que, entre 1808 e 1821, mais de 563 mil africanos desembarcaram na América portuguesa, com uma maior concentração desse contingente no Centro-Sul, em detrimento da Bahia, de Pernambuco e dos traficantes ali residentes. Os negócios escravistas foram ampliados no Rio de Janeiro e em suas cercanias, indicando um dos mecanismos de projeção econômica e política de grupos mercantis estabelecidos na região.

Durante o Congresso de Viena, para o qual d. João requisitou os serviços de alguns de seus mais destacados diplomatas, negociadores britânicos e portugueses estabeleceram conversações sobre dois pontos essenciais. Em primeiro lugar, o encaminhamento das estridentes reclamações de traficantes da Bahia, cujos navios tinham sido apreendidos por cruzadores britânicos, sob a acusação de praticarem o tráfico fora das áreas permitidas na costa da África. Em segundo lugar, a fortíssima pressão do governo britânico para a suspensão do tráfico de escravos. A despeito de todas as nações reunidas em Viena concordarem quanto à injustiça e à desumanidade desse comércio, o acordo assinado entre as Coroas britânica e portuguesa em 1815, e renovado em 1817, proibiu os súditos portugueses de atuar ao norte da linha do equador e estabeleceu o direito de visita por parte de navios britânicos em embarcações suspeitas de não cumprir as deliberações acertadas. Ao contrário da Coroa espanhola, que em Viena se comprometeu a suspender até 1818 o comércio negreiro em seus domínios, o governo joanino, mesmo tendo encontrado enormes dificuldades para conseguir indenizações que atendessem os traficantes da Bahia, alcançou com aqueles tratados a garantia de preservar e ampliar o tráfico ao sul do equador legalmente e sem prazo definitivo para sua supressão. Essa política escravista reforçou ainda mais o poder e os negócios de proprietários e grupos mercantis radicados no Centro-Sul.

Em 1816, com a morte de d. Maria I, d. João assumiu efetivamente a condição de rei, com o nome de d. João VI. Pela primeira vez na América haveria a cerimônia de aclamação de um soberano europeu. Mas, ao mesmo tempo que se realizavam os preparativos para os festejos, o governo, depois de redirecionar pressões antiescravistas britânicas e contrariar expectativas de portugueses europeus, tomou a decisão de invadir a Banda Oriental do Rio da Prata.

Desde 1808 o governo joanino demonstrava empenho não apenas em acompanhar os acontecimentos, mas em intervir na região, como demonstrou a tentativa fracassada de Carlota Joaquina de apresentar-se perante o Cabildo de Buenos Aires,[7] sede do Vice-Reino do Rio da Prata, como soberana dos domínios espanhóis, dada a abdicação e prisão de seu irmão Fernando VII.[8] A partir de 1810, com o desdobramento da guerra civil tanto na Espanha quanto na América, cogitou-se uma intervenção militar, tentada em 1811, diante do agravamento dos conflitos políticos e militares entre Buenos Aires e Montevidéu, o que foi rechaçado tanto pelos contendores quanto pela então Junta de Governo na Espanha.

Cabe lembrar que, em maio de 1810, a partir do Cabildo de Buenos Aires, eclodiram conflitos militares entre grupos políticos que pleiteavam a separação da Espanha e os que não concordavam com tal proposta. Ao lado dessa questão, a gente de Buenos Aires pretendia também concentrar o poder na região, organizando as Províncias Unidas do Rio da Prata. Contra essas pretensões, estancieiros e negociantes de Montevidéu se rebelaram, mas enquanto José Gervasio Artigas, importante estancieiro local, lutava pela independência da Banda Oriental, aliados da Espanha se mobilizaram para enfrentar tanto ele quanto Buenos Aires. A tentativa de intervenção da corte portuguesa visava apoiar aliados da Espanha, o que se mostrou temerário naquele momento, diante da atuação de Buenos Aires e da fragmentação de forças políticas locais.

Os confrontos em Montevidéu e seu entorno foram se tornando mais agudos entre 1812 e 1815, devido à atuação de grupos de poder que defendiam propostas divergentes: os que lutavam pela independência em relação à Espanha, mas não concordavam quanto à forma de governo, se monarquia ou república; os que advogavam a formação das Províncias Unidas comandadas por Buenos Aires; e os que eram favoráveis a uma incorporação ao Brasil, denunciando claramente a constituição e a articulação de interesses que ligavam negociantes e produtores da Banda Oriental com gente do Rio Grande de São Pedro e com outras praças mercantis da América portuguesa, em especial Bahia e Rio de Janeiro, questão que constituía o pano de fundo do movimento expansionista pretendido pela corte joanina.

Assim, em janeiro de 1817, a Divisão de Voluntários Reais, vinda de Portugal, com quase 5 mil homens e chefiada por Carlos Frederico Lecor, invadiu Montevidéu e deu início ao estabelecimento de uma administração portuguesa na região. Seu objetivo era derrotar as forças de José Gervasio Artigas,[9] que lutavam pela independência da chamada Cisplatina,[10] e também buscar acordos para pôr fim à guerra e retomar as atividades econômicas, em especial o fluxo mercantil, atendendo a demandas tanto de gente radicada na região com suas propriedades e produção quanto de gente do Brasil. As lutas políticas e militares se acirraram nos anos seguintes. Em 1820, Artigas foi derrotado e abandonou a região. Em 1821, aproveitando-se dos antagonismos entre os portenhos, o que enfraqueceu sua resistência, a corte do Rio de Janeiro incorporou ao Brasil a Banda Oriental do Rio da Prata, com o nome de Província Cisplatina.[11]

Todos esses episódios e movimentos simultâneos demonstram a complexidade das circunstâncias históricas e o modo como as capitanias do Brasil encontravam-se inseridas em uma dinâmica política e econômica que extrapolava os limites daquilo que era designado Reino Unido de Portugal e Algarves. Ao mesmo tempo que o governo da monarquia lutava para garantir espaços de negociação junto a potências como Grã-Bretanha, Áustria e França, por exemplo, no interior do Império Português o momento da ascensão ao trono de d. João VI foi marcado por profundos antagonismos e conflitos sociais, bem como por sérias dificuldades em conciliar reivindicações que estavam ancoradas em questões concretas. Negociantes de Lisboa e do Porto discutiam a continuidade dos monopólios dos vinhos e azeites portugueses na América, enquanto produtores do Norte e do Nordeste sofriam as variações dos preços internacionais do açúcar e do algodão. Pequenos e médios produtores de gêneros de abastecimento demandavam a supressão de impostos e de restrições à livre circulação no mercado interno, enquanto negociantes da Bahia viram-se prejudicados pelos acordos de 1815 e 1817 sobre as restrições ao tráfico de escravizados ao norte da linha do equador. Em contrapartida, a despeito das ações antiescravistas britânicas, o recrudescimento do tráfico e da escravidão, em virtude do desenvolvimento da lavoura de exportação no Centro-Sul, beneficiou negociantes atacadistas fluminenses.

É importante frisar, entretanto, que as forças sociais em disputa por decisões políticas, espaços de atuação e influência, cargos, inserção mercantil e lucros se julgavam membros da nação portuguesa. As diferenças entre elas se baseavam no grau de poder que usufruíam e nas concepções políticas que nutriam acerca do encaminhamento a ser dado aos conflitos dentro do Império. Não se tratava de uma confrontação entre brasileiros e portugueses ou entre portugueses e luso-brasileiros, como se costuma dizer, mas sim de um enfrentamento no âmbito da monarquia portuguesa, com repercussões externas, como ficou apontado em relação à Grã-Bretanha e também à Cisplatina.

Se atritos entre o Reino de Portugal e a corte do Rio de Janeiro haviam se agravado com o fim da guerra e a elevação do Brasil à condição de Reino, eles não eram menos graves entre a corte e as demais capitanias do Brasil. A carga de impostos extraordinários que pesava sobre as capitanias do Norte e do Nordeste nunca fora aceita. Regiões como as do Grão-Pará e do Maranhão mantinham vínculos muito mais fortes com Portugal do que com o Rio de Janeiro, o que as distanciava do projeto de construção de um poderoso império, encampado por parte importante dos grupos mais ricos do Centro-Sul, que agregavam também reinóis recém-imigrados. Além disso, os governadores nomeados para as capitanias reforçavam a dependência administrativa e jurídica em relação ao Rio de Janeiro, em contraposição a grupos de poder locais que pleiteavam maior liberdade de atuação e de representação.

Essa situação ajuda a entender por que estava em andamento, no Brasil e em Portugal, uma minuciosa avaliação do governo joanino e dos vínculos entre portugueses da América e portugueses da Europa. Em Lisboa, no Rio de Janeiro, em Salvador, no Recife, em Belém e em São Luís, as leis em vigor e a atitude de ministros haviam se tornado objeto de análise e de crítica e estava na berlinda a autoridade do soberano e da própria monarquia. O intenso debate de opiniões se expressava em periódicos e publicações avulsas, chamadas folhetos, editados em Lisboa, em Londres, nas principais cidades da América espanhola, como Buenos Aires e Montevidéu, e também no Rio de Janeiro e em outras cidades do Brasil, apesar da censura.

A imprensa era um dos suportes para a divulgação de propostas e, sobretudo, para a mobilização em torno delas. A palavra, muito mais do que um registro de acontecimentos e interpretações, é instrumento de ação política. Em meio a tensões sociais e à concorrência mercantil dentro e fora do Império, o debate pela imprensa refletia a dinâmica da sociedade, espraiando-se em inúmeros ambientes: na organização de sociedades secretas, em jantares privados, nas reuniões de irmandades religiosas e laicas, nos quartéis, nas oficinas e tavernas onde se encontravam mascates, artífices e homens livres pobres e libertos, e nas ruas de maior movimento comercial das principais cidades, como Recife, Belém, Salvador, São Paulo, Vila Rica e Rio de Janeiro. Sem contar que, além da circulação de publicações em língua estrangeira, sobretudo espanhol, inglês e francês, havia ampla difusão de periódicos em português produzidos em Londres.

Centro dos negócios do mundo, um dos vértices das relações triangulares com Lisboa e Rio de Janeiro, Londres abrigou, desde o início das Guerras Napoleônicas, um grupo significativo de portugueses emigrados que, com recursos próprios ou com a ajuda de negociantes conterrâneos já estabelecidos ali, conseguiu editar, livre da censura, muitas publicações contendo reflexões, sugestões e críticas ao governo joanino e à nova corte na América.[12] Em paralelo ao *Correio Braziliense*, também editado em Londres,[13] essas publicações faziam chegar à nova corte informações e propostas políticas que a Impressão Régia encobria ou manipulava.

Nesse ambiente de debate, surgiram diferentes projetos políticos que apontavam soluções antagônicas para as questões abertas com a Revolução Industrial, os movimentos independentistas na América, a reorganização da corte no Rio de Janeiro e a elevação do Brasil a Reino, o que demonstrava que esses acontecimentos não haviam beneficiado o conjunto da sociedade, a despeito do discurso que o governo joanino procurava propagar. Tais projetos punham em dúvida procedimentos da corte, como a abertura dos portos, denunciavam os prejuízos da ingerência britânica nos negócios, questionavam a centralização política e desconfiavam da viabilidade de um novo e poderoso império comercial português.

Nesse momento, a opção pela separação entre os dois Reinos não estava na pauta principal de reclamações. Além disso, as discussões giravam em torno de dois grandes campos políticos: um de cunho reformista, outro de caráter revolucionário. Havia também grupos de poder especialmente ligados à corte do Rio de Janeiro e ao governo provisório em Portugal que, na linha traçada pela Santa Aliança, pretendiam garantir posições e situações anteriores à Revolução Francesa e às Guerras Napoleônicas. Ou seja, consideravam a possibilidade da preservação de monarquias absolutistas, apesar do caráter quase irreversível das mudanças ocorridas desde fins do século XVIII. Partilhava desse entendimento Tomás Antônio de Vilanova Portugal, ministro de d. João, para quem a ousada reorganização da monarquia portuguesa na América acabou representando certa proteção à Coroa diante de transformações revolucionárias que alteraram a política europeia. A corte no Rio de Janeiro poderia revigorar a monarquia absolutista amoldando-se às novas condições mundiais, sem que sua estrutura fosse alterada.

Distantes dessa interpretação, os projetos reformistas debatidos por outros ministros e diplomatas, a exemplo de Silvestre Pinheiro Ferreira e Pedro de Sousa e Holstein, conde de Palmela, também tinham como ponto de referência a monarquia portuguesa. Porém defendiam alterações de ordem administrativa e econômica, na tentativa de atender a reivindicações de diferentes setores mercantis com vistas à manutenção dos domínios na África e na Ásia, a continuidade das rotas mercantis no Atlântico e a chance de uma conciliação duradoura com o Reino de Portugal. Ou seja, tinham em mente dar continuidade à proposta de um império comercial português idealizada por d. Rodrigo de Sousa Coutinho, alterando-a para que se adequasse a novas situações. No entanto, não havia consenso sobre esses projetos. Alguns conselheiros sustentavam que a integridade do Império e da Coroa dependia do retorno de d. João a Portugal, permanecendo d. Pedro como regente, já que em 1816 o rei tinha conferido a ele o título de príncipe real do Reino Unido e duque de Bragança. Outros defendiam que o mais seguro era a corte ficar em definitivo na

América, viabilizando-se o plano já traçado por Pinheiro Ferreira de mudanças administrativas que pouco alteravam o funcionamento do Estado. Mas havia também, particularmente entre burocratas, quem defendesse, como José da Silva Lisboa, a supressão das regulamentações econômicas coloniais, com a liberação das relações mercantis de antigas restrições e monopólios para facilitar a inserção dos produtos das capitanias no mercado internacional, aumentar a pauta de importações, consolidar laços com a Grã-Bretanha, promover a imigração e definir os passos da gradual extinção do tráfico de escravos. A contrapartida, porém, seria a conservação da monarquia bragantina e a preservação do poder centralizado nas mãos do rei.

Para os grupos mercantis do Centro-Sul que mais haviam se beneficiado com a reorganização da monarquia no Rio de Janeiro, também era fundamental aprofundar o movimento de liberação das regulamentações coloniais, no que concordavam em parte com Silva Lisboa. Porém, para eles era essencial, sobretudo, preservar o tráfico transoceânico de escravos e garantir, por meio de políticas monetárias e de fomento, a competitividade da produção de gêneros como açúcar, café, algodão, anil e vários outros. Ao mesmo tempo, alinhavam-se às propostas de ministros e conselheiros para municiar a monarquia bragantina sediada na América dos instrumentos necessários à reconfiguração dos vínculos entre as capitanias e com o Reino de Portugal, projetando no futuro um Império Português renovado.

Em campo político oposto, os projetos revolucionários inspirados nas experiências liberais europeias e americanas, apesar de não serem coincidentes, apresentavam um ponto em comum: partiam do princípio de que o encaminhamento de conflitos sociais e das críticas lançadas contra o governo dependia da organização de uma nova ordem política e jurídica. E era isso que marcava seu caráter revolucionário, uma vez que propunham uma ruptura com a monarquia absolutista. Desse ponto de vista, as instituições do Antigo Regime haviam se tornado obsoletas e opressivas, incapazes de incorporar reivindicações e representar o conjunto da sociedade, entendida como coletividade de homens livres e proprietários. Esses projetos expressavam, portanto, discordâncias profundas com a corte do Rio de Janeiro e as políticas por ela desenvolvidas, e defendiam a construção de um novo governo, liberal e constitucional. Tais propostas provinham, em grande medida, de setores proprietários que, mesmo beneficiados pelas políticas adotadas no governo joanino, se consideravam excluídos das instituições e cargos que poderiam influenciar as decisões reais. Dedicados à produção para exportação e, em especial, para o abastecimento do mercado interno, reivindicavam espaços de poder, competindo com os grupos mais ricos e poderosos que tinham acesso aos governos locais bem como aos ministros e ao próprio monarca. O debate político entre esses proprietários envolvia igualmente a reconfiguração dos vínculos com Portugal e entre as capitanias, e muitas vezes eles também tinham como perspectiva a construção de um novo império comercial português. Mas, em paralelo aos grupos que aceitavam monarquias liberais moderadas, encontravam-se setores sociais adeptos de posições republicanas, muito próximas às experimentadas pela confederação de estados norte-americanos e por muitas lideranças independentistas na América espanhola.

O ano de 1817 marcou o momento em que os confrontos de ideias adquiriram a visibilidade e a materialidade de lutas armadas na América portuguesa e em Portugal. Nessa mesma ocasião, realizavam-se os preparativos para a aclamação de d. João VI e, em Viena, eram acertados os termos do casamento de d. Pedro com d. Leopoldina.

Um império entre revoluções

Os festejos de aclamação de d. João VI foram marcados inicialmente para 7 de abril de 1817, mais de um ano após a morte de d. Maria I, em março de 1816.[14] A justificativa oficial para a demora foi o grande período de luto da família real. Entretanto, outras questões teriam contribuído para isso. Contrariando sua índole discreta, d. João determinou que as festas fossem realizadas com pompa e riqueza de detalhes. O que demandava não apenas tempo, mas principalmente a arrecadação de contribuições vindas dos grupos proprietários e mercantis enriquecidos e ligados ao governo, dispostos a custear o serviço de músicos, a encomenda de milhares de velas para iluminar igrejas e a Capela Real, além da contratação do trabalho de muitos artífices e artistas. Sem eles, não seria possível enfeitar as ruas da cidade do Rio de Janeiro, fabricar luminárias com versos e representações alusivas à América e ao rei, erguer monumentos e arcos de triunfo temporários, bem como produzir poemas e narrativas que registrassem para o futuro as significações políticas e simbólicas da aclamação do monarca, articulando-a às glórias passadas de Portugal e ao horizonte promissor do Império.

Entretanto, enquanto se iniciavam os preparativos, chegavam de Portugal notícias das controvérsias políticas criadas no Reino para a realização de tão importante cerimônia. Eram insistentes os pedidos para que a corte retornasse à Europa e a aclamação se efetuasse em Lisboa, o que foi adiando a confirmação e, principalmente, a viagem de representantes do governo provisório para acompanhar os festejos. Mas foram sobretudo acontecimentos em Pernambuco que forçaram a modificação no calendário. Em fins de março de 1817, o governador da capitania, Caetano Pinto de Miranda Montenegro, chegou à corte. Refugiava-se de um movimento revolucionário que havia eclodido no Recife em 6 de março. A notícia levou o governo a suspender a festa no Rio de Janeiro, embora cuidasse de mantê-la em outras localidades. Nada foi informado na *Gazeta*, tampouco comunicado oficialmente às demais capitanias. Tanto assim que ocorreram festividades em vilas e cidades de Minas Gerais e São Paulo. Só em maio, quando a revolução havia sido derrotada pela violenta ação de tropas realistas, o ministério se manifestou sobre o episódio, para então relatar a vitória da realeza frente à tentativa de instalação de um governo republicano no Nordeste.

A revolução em Pernambuco, que se estendeu para uma grande área de influência da capitania abrangendo Ceará, Rio Grande do Norte, Paraíba e Alagoas, manifestava séria oposição ao absolutismo monárquico. Denunciava a "tirania" e a "opressão" exercidas pela corte e reivindicava a "posse do legítimo direito" de lutar pela liberdade e pela cidadania. Na esteira de um protesto contra os impostos e a forma como o governo da monarquia hierarquizava o relacionamento com as capitanias, o movimento propunha que se estabelecesse uma república, capaz de expressar a representação política dos cidadãos, mostrando-se como alternativa ao projeto reformista que fortalecia o poder real e que os festejos da aclamação pretendiam realçar. Seus organizadores desejavam deflagrá-lo no dia 7 de abril, precisamente durante a realização daqueles festejos no Recife. No entanto, no início de março o governador da capitania teria sido avisado dessas intenções. Decidiu então ordenar a prisão de supostos envolvidos, mas estes se rebelaram contra sua determinação e começaram um quebra-quebra pela cidade que se desdobrou em confrontos e agressões também contra portugueses europeus. Perdendo o controle da situação, Montenegro se rendeu e partiu para o Rio de Janeiro.

O território envolvido na revolução vinha passando, desde a segunda metade do século XVIII, por um processo de crescimento demográfico e econômico, com o avanço da lavoura de algodão para exportação, produção que podia ser praticada em pequenas e médias propriedades, com mão de obra livre em conjunto com pequenos plantéis de escravizados. Além disso, nas franjas das propriedades escravistas, mas intimamente articuladas a elas, se estabeleceram cultivadores livres pobres, dedicados à produção de alimentos, algodão e tabaco. Ao mesmo tempo, em particular depois de 1808, ocorreu um ordenamento administrativo e jurídico da região, sobretudo por meio da criação de vilas e Câmaras Municipais, que indicavam tanto a presença do Estado como a incorporação dos segmentos mais enriquecidos a esse aparato. No entanto, na conjunção desses elementos situava-se igualmente uma percepção social mais aguçada do peso do absolutismo e do monopólio do poder exercido pela corte e pelos grupos mercantis que a apoiavam. Nesse sentido, mesmo tendo durado apenas três meses, a Revolução de 1817 questionou duramente a soberania real, mobilizou mais revoltosos do que movimentos de rebeldia anteriores e também resultou em uma repressão que atingiu muita gente. A devassa terminou em penas de morte, mas para muitos representou a perda de bens, cargos eclesiásticos e burocráticos e postos militares. Além dos inúmeros indiciados, centenas permaneceram presos na Bahia, entre 1817 e 1821.[15]

A ausência do governador no Recife possibilitou que os rebeldes organizassem um governo provisório composto por cinco membros, escolhidos entre as pessoas "de maior consideração" da capitania, representantes do comércio, da agricultura, da magistratura, das tropas e do clero. Havia também um conselho de pessoas notáveis pelos conhecimentos e pelos cargos que ocupavam, dispostas a assessorar o novo governo. As primeiras providências determinaram a supressão de impostos, o aumento no soldo das tropas, negociações com lideranças das capitanias vizinhas para ampliar apoios e sustentar o poder, bem como a contenção de manifestações antilusitanas. Grande parte da população mais pobre e que enfrentava naquele momento a carestia e a alta de preços dos gêneros, seja pela seca, seja pela ação de monopolistas, interpretava sua condição como decorrência direta da presença de portugueses da Europa que concentravam o comércio a varejo e ainda recebiam proteção do governo.

Todos os membros do governo e seus apoiadores passaram a chamar-se "patriotas" e, inspirando-se no exemplo dos Estados Unidos, as autoridades revolucionárias formularam o esboço de uma Constituição, de tendência federalista e autonomista em relação ao Rio de Janeiro, pautada na atuação dos poderes Executivo e Legislativo, na liberdade de imprensa e na tolerância religiosa. No plano externo, chegaram a enviar emissários para Washington e Londres, na expectativa de conseguir auxílio militar e econômico para melhor organizar o governo revolucionário. Entretanto, já em meados de abril as forças realistas se fizeram presentes, bloqueando o porto do Recife. Esses contingentes, enviados do Rio de Janeiro, eram liderados por Luís do Rego Barreto, oficial com larga experiência nas Guerras Napoleônicas e comandante de uma das Divisões dos Voluntários Leais a El-Rei que tinham chegado à corte um ano antes. Essas tropas foram engrossadas com outros batalhões, vindos da Bahia por terra. Em maio de 1817, os revolucionários capitularam, seguindo-se sangrenta devassa.

Nesse mesmo momento, foi selado em Viena, por procuração, o casamento de d. Pedro com Maria Leopoldina Josefa Carolina, arquiduquesa da Áustria, filha do imperador Francisco I e cunhada de Napoleão, que era casado com sua irmã mais velha, Maria Luísa. O casamento, como era muito comum à época, inscrevia-se na prática política de fortalecer vinculações entre casas reais e interesses diplomáticos por meio de laços matrimoniais. Para a Áustria, era uma maneira de estender à América sua política restauradora e legitimista exposta no Congresso de Viena, em face dos movimentos independentistas de cunho republicano que se espraiaram pelo continente. Para a Coroa de Bragança, era um caminho para buscar um maior equilíbrio internacional, contrabalançando as pressões britânicas. A arquiduquesa chegou ao Rio de Janeiro em novembro de 1817, acompanhada por uma comitiva de naturalistas, artistas e cientistas, entre os quais Thomas Ender, Johann Baptist von Spix e Carl Friedrich von Martius.[16]

A Impressão Régia expressou por meio da *Gazeta* e de publicações avulsas o enorme júbilo provocado tanto pelo enlace do príncipe quanto pela derrocada de "traidores" e "criminosos" que, em Pernambuco, haviam tido a ousadia de contestar o mais paternal dos reis, pondo em perigo a integridade da nação portuguesa e os inúmeros "benefícios" políticos e econômicos trazidos pela corte. Entretanto, essas aparentes manifestações de paz e alegria duraram pouco.

Em meados de 1817, chegaram ao Rio de Janeiro notícias oficiais de que uma conspiração militar havia ocorrido em Portugal. O movimento, com forte influência da maçonaria e de sociedades secretas, tivera lugar entre os meses de abril e maio. Não só questionava a permanência da corte na América como investia pesado contra a presença inglesa, especialmente contra a figura do marechal William Beresford, que mantinha o comando das tropas portuguesas e exercia forte ingerência no governo do Reino, a despeito de a guerra já ter se encerrado. Os envolvidos, na grande maioria soldados e oficiais, propunham a convocação de cortes de caráter constituinte destinadas a nomear um novo rei e formular uma Constituição liberal que alterasse as diretrizes seguidas até então pelo projeto de construção de um novo império comercial português.[17] Chamada de conspiração de Gomes Freire de Andrade, em virtude do envolvimento desse importante general, foi reprimida e seus principais organizadores sentenciados à morte, ainda em 1817. Gomes Freire foi executado em outubro de 1818, depois de meses na prisão, sem direito a pedir o perdão real, apesar da enorme folha de serviços prestados ao Estado. A violência da repressão contribuiu para que se aprofundassem ainda mais as animosidades de militares e civis contra tropas britânicas.

No Rio de Janeiro, as festividades para comemorar a aclamação de d. João VI foram enfim realizadas, em 6 de fevereiro de 1818. A solenidade pública em que o rei, ajoelhado perante o bispo capelão-mor, jurava sobre o missal e a cruz cumprir a missão que lhe era destinada pela tradição portuguesa tinha a função de confirmar os vínculos indissolúveis, materiais e divinos, entre o soberano, seus súditos e o corpo político, o Império. Na ocasião dos festejos, tanto a figura do monarca absolutista quanto a unidade do corpo político estavam seriamente fragilizadas. Isso foi compensado à vista do público pela profusão de luzes e representações nas quais a América emergia associada à figura de um indígena submetido aos princípios da civilização, figura que fundamentava também a imagem do novo Império, cujo futuro estava na produção, no comércio e na fartura de bens, protegidos por um rei ilustrado e paternal. A festa celebrava o futuro, mas recuperava o passado das conquistas portuguesas pelo mundo, revalorizando a tradição monárquica ao associar d. Afonso Henriques, fundador do Reino, a d. João VI, denominado fundador de um novo e poderoso império mercantil.

A cerimônia religiosa, reservada a convidados, realizou-se no ambiente fechado da Capela Real. Mas a aclamação popular se deu ao ar livre, com d. João no alto de uma varanda de madeira erguida no paço, à frente do palácio, vestindo manto real de veludo vermelho e chapéu com plumas brancas. O objetivo era mobilizar o olhar e os sentimentos dos súditos, atraídos pela beleza, pelas luzes, pelos fogos de artifício, pelas salvas de tiros e trombetas a anunciar uma nova era, ancorada na prosperidade e na unidade da nação portuguesa.[18] No entanto, a arquitetura, composta por luminárias, enfeites, obeliscos e arcos de curta duração, efêmera como também foram os festejos, espelhava as circunstâncias fragilizadas em que se encontravam as práticas do absolutismo monárquico e a autoridade que o rei poderia exercer sobre os súditos dos dois lados do Atlântico.

A Revolução de 1820 e o retorno da corte portuguesa à Europa

Entre 1818 e 1820, ministros e conselheiros reais discutiam possíveis soluções para descontentamentos, pressões e reivindicações vindas das capitanias, mas especialmente de Portugal. Havia uma insatisfação generalizada com a política desenhada desde 1808, que indicava os limites da reconfiguração imperial nos moldes do reformismo ilustrado. O centro dos confrontos estava em Portugal, onde a Coroa e seus representantes não tinham conseguido convencer os súditos da promessa de um futuro promissor a partir da América. Ao contrário disso, tanto a presença ostensiva de militares britânicos quanto os entraves no giro dos negócios e da produção eram interpretados como sinais claros de que o Reino não passava de uma "colônia". A pobreza e a "decadência nacional" eram motivações fortes para que vários setores da sociedade — negociantes, fabricantes, militares, magistrados, advogados, médicos, funcionários de diferentes níveis da burocracia do Estado, camponeses, pequenos produtores rurais e urbanos — concentrassem atenções, críticas e propostas de mudança na estrutura do Reino Unido e na própria tradição da soberania real.[19] Além disso, a proximidade com a Espanha e a presença de liberais espanhóis refugiados em Portugal, desde a restauração do absolutismo com Fernando VII, contribuíram para que os debates e as opiniões convergissem para a experiência liberal de 1812. Quando, em janeiro de 1820, uma insurreição militar deflagrou uma revolução liberal vitoriosa, que destituiu o rei absolutista e determinou eleições para a formação de cortes em Madri,[20] estava aberta a possibilidade para que também em Portugal manifestações semelhantes acontecessem.

Em agosto de 1820, a cidade do Porto foi palco de um movimento civil-militar que reivindicava a "salvação da pátria" por meio da convocação de Cortes Gerais que elaborassem uma Constituição capaz de construir uma monarquia liberal e representativa, transformadora de súditos em cidadãos. A nova ordem política e jurídica assim configurada deveria criar condições para retirar o Reino da situação de "indigência" em que se encontrava, negociando com a corte do Rio de Janeiro a alteração dos vínculos que articulavam as partes do Império Português. Não se tratava de um rompimento com o monarca, tampouco com a corte na América, embora isso fizesse parte do horizonte político dos revolucionários. A reivindicação central era rever e modificar as relações entre os dois Reinos a partir da instauração de um novo governo monárquico constitucional que, por meio dos representantes da sociedade, teria a missão de "regenerar" a economia, a política e a grandeza passada de Portugal. O movimento se estendeu por outras cidades e regiões do Reino, mas somente em setembro de 1820 o governo e as autoridades em Lisboa aderiram à revolução. As lideranças revolucionárias organizaram uma Junta de Governo composta por representantes da nobreza, do clero, do corpo mercantil e de militares, que assumiu a administração e adotou medidas para garantir as eleições.[21]

Entre setembro e novembro de 1820, chegaram à corte na América as primeiras notícias oficiais a respeito da revolução e do apoio popular que ela havia conquistado, apesar de o governo já estar informado disso por outras fontes, especialmente negociantes e representantes estrangeiros. Em dezembro, a chegada do marechal Beresford e do conde de Palmela ao Rio de Janeiro deixava claro que o movimento fora bem-sucedido e que o governo joanino deveria se manifestar com rapidez, pois, à revelia do rei e dos ministros, estavam marcadas eleições, definidas a partir da Constituição espanhola de 1812, para reunir os representantes das Cortes Constituintes da nação portuguesa.[22]

Enquanto ministros e conselheiros discutiam as atitudes que o governo deveria adotar, em 1º de janeiro de 1821 ocorreram manifestações de adesão ao movimento revolucionário na capitania do Grão-Pará e Rio Negro.[23] Também na Bahia e no Rio de Janeiro houve movimentações nessa mesma direção.

Aparentemente, assistia-se a uma polarização de forças, uma suposta divisão entre opositores e partidários da revolução. Entretanto, as circunstâncias sociais eram muito mais delicadas, fragmentadas e difíceis de definir. Além disso, em Portugal, como era do conhecimento do governo joanino, a revolução não estava inteiramente consolidada. Havia discordâncias programáticas entre suas lideranças, a despeito de todos concordarem com o fato de que o Reino não poderia permanecer como estava. A princípio, pelo menos, a Junta de Governo revolucionária acenava com a possibilidade da formação de uma monarquia constitucional, chefiada por d. João VI, fundada nos direitos de propriedade, igualdade e liberdade, que poderia reunir Brasil e Portugal em torno de leis e de um soberano comuns, desde que fossem revistos os vínculos políticos e comerciais com a corte e com as províncias do Reino americano.

É importante ter em mente que as tratativas para a realização do movimento do Porto envolveram, desde o início, grupos políticos no Brasil. Do contrário, como explicar a rapidez com que ocorreram adesões à revolução, em especial no Norte e no Nordeste, bem como na sede da monarquia? Além disso, participavam dessas manifestações vários segmentos sociais: soldados, oficiais, funcionários dos órgãos de administração, milicianos, bacharéis, pequenos proprietários, clérigos, artesãos, negociantes e pessoas de prestígio e riqueza. Ou seja, a revolução e seus objetivos mais imediatos não mobilizavam apenas portugueses recém-imigrados.

Toda essa gente, a despeito de condições de vida e de trabalho diversificadas, compreendia que de alguma maneira a revolução espelhava suas reivindicações e expectativas, especialmente em termos de uma participação política mais ampla, que poderia representar o acesso aos negócios públicos, bem como alterar deliberações e práticas governativas vistas como impeditivas do pleno desenvolvimento de seus interesses. No caso das capitanias, como a do Grão-Pará, o apoio ao movimento deflagrou disputas entre grupos políticos locais em torno da formação e do controle de uma Junta de Governo independente da corte, mas também de Lisboa, o que poderia ser uma chance para o exercício da liberdade política e de autonomia administrativa.

A questão é que não havia necessariamente concordância entre os projetos políticos que vieram à tona no momento da Revolução do Porto. E muito menos estava na pauta uma discussão a respeito de uma possível separação entre os dois Reinos. Pelo contrário, as manifestações no Grão-Pará, assim como as que logo a seguir ocorreram na Bahia, em 10 de fevereiro de 1821,[24] apontavam para a coexistência de posições antagônicas que convergiam em um único ponto: construir um novo governo, liberal e constitucional, que quebrasse os monopólios políticos do rei e da corte. O formato e o funcionamento desse governo seriam definidos durante os debates das Cortes de Lisboa e em meio a lutas armadas e guerras de concepções e discursos iniciadas com o movimento do Porto.

No Rio de Janeiro também era enorme a polêmica causada pela divulgação das notícias vindas da Europa e pela presença de posições divergentes. Lá, a movimentação na corte podia ser acompanhada de forma imediata. Ao mesmo tempo, membros do governo seguiam de perto as ações de grupos políticos e especialmente dos batalhões portugueses ali aquartelados. A agitação que tomou conta das principais autoridades era compartilhada pelos moradores da cidade que participavam dos debates, dos boatos, daquilo que a imprensa divulgava. Ministros e conselheiros achavam-se igualmente divididos. Silvestre Pinheiro Ferreira, por exemplo, estava convencido de que d. João deveria permanecer no Rio de Janeiro, mesmo que as pressões para seu retorno a Portugal fossem intensas, como já eram. Ele não acreditava que a revolução pudesse ser reprimida, mas considerava que os revolucionários não teriam fôlego para aprovar mudanças e garantir que fossem executadas, desde que o governo conseguisse mobilizar parte da nobreza e do clero e segmentos para os quais a queda do absolutismo não interessava. Com o rei na América, o governo poderia negociar com os revolucionários sem que a autoridade monárquica fosse atingida e mesmo destruída. Além disso, poderia explorar relações diplomáticas e mobilizar a Santa Aliança.

Discordavam dessa posição dois importantes auxiliares de d. João: o conde de Palmela e Tomás Antônio de Vilanova Portugal. Palmela considerava fundamental que o rei reconhecesse o movimento e, se preciso fosse, retornasse a Portugal para garantir sua autoridade e acolher uma proposta constitucional que respeitasse as tradições monárquicas portuguesas. Já Vilanova ponderava que ele deveria enviar d. Pedro para Lisboa, munido de poderes para executar reformas emergenciais, o que significava que o monarca não reconheceria a legitimidade da revolução. Ao lado disso, o ministro conseguiu que o soberano, ainda em fevereiro de 1821, assinasse um decreto determinando que as capitanias escolhessem representantes para, reunidos no Rio de Janeiro, elaborarem uma Constituição para o Reino do Brasil e os domínios africanos, o que na prática significava o rompimento político com Portugal.

Todas essas medidas encontraram forte oposição dentro e fora do governo e deram margem para que os conflitos entre forças políticas antagônicas se agravassem no Rio de Janeiro. Em 26 de fevereiro, tropas e oficiais comandantes mobilizados no centro da cidade, reunidos com uma multidão composta por caixeiros, artífices, homens livres e libertos, bacharéis, funcionários das repartições, entre outros, exigiram que d. João VI e seus ministros jurassem antecipadamente a Constituição a ser elaborada em Portugal reconhecendo a legitimidade da revolução, bem como o projeto de monarquia constitucional, que as lideranças do movimento divulgavam e registravam em folhetos e documentos de grande circulação. Exigiram também a realização de eleições no Rio e nas demais capitanias, para que seus representantes pudessem atuar nas Cortes. E conclamaram que a sede da monarquia voltasse a ser Portugal, a fim de que o rei participasse da organização do novo governo. Demonstravam assim o quanto estavam comprometidos com a defesa das transformações que os revolucionários em Lisboa pleiteavam.

O movimento de rua revelava uma sintonia de princípios e procedimentos entre grupos políticos na corte, que se apresentavam como liberais, e os revolucionários em Portugal. Evidenciava que esses grupos pretendiam reconstituir em novas bases os vínculos com o Reino europeu e que naquele momento defendiam a unidade dos portugueses dos dois lados do Atlântico. Para eles, somente desse modo era possível derrotar a monarquia absolutista e aqueles que consideravam seus mais diretos adversários: os absolutistas, que ocupavam cargos de mando e controlavam parte da administração, e os proprietários e negociantes do Centro-Sul, que mais haviam se beneficiado com as políticas joaninas. Estes não compunham um segmento coeso, mas advogavam um projeto de império que, mesmo incorporando princípios constitucionais, era tributário do reformismo ilustrado, ancorado em uma perspectiva política centralizadora. Ou seja, as manifestações de tropas e "povo" iluminaram ao menos três campos de luta política: a dos absolutistas, dispostos a derrotar a revolução e a preservar a estrutura do Estado; a de monarquistas contrários à revolução, mas defensores do aprofundamento de medidas que liberassem as relações econômicas de antigas restrições coloniais; e os que, favoráveis a ela, esperavam transformações profundas nas práticas políticas, com ampla liberdade de representação e de participação nos negócios públicos para os homens livres proprietários. Ao longo do processo político, porém, essas posições foram se modificando, especialmente em termos das relações no âmbito do Reino Unido.

As manifestações de fevereiro obrigaram o governo joanino a agir com maior rapidez. Claro que a corte expressava só na aparência uma concordância com o que estava acontecendo no Reino e na América. Entre março e abril de 1821, o monarca tomou inúmeras decisões relacionadas ao retorno à Europa, preparando o caminho para que d. Pedro assumisse a Regência. Jurar antecipadamente uma Constituição que ainda não estava sequer rascunhada foi uma atitude tomada a contragosto e muito lamentada, em razão da continuidade dos confrontos políticos, em especial os que ocorreram durante as eleições para os deputados do Rio de Janeiro junto às Cortes de Lisboa. O processo eleitoral definido pelos revolucionários em Portugal seguiu procedimentos da Constituição espanhola de 1812.[25] No Rio de Janeiro, a reunião de eleitores que deveria indicar os deputados, em abril de 1821, foi marcada pelo desencontro de opiniões, pela aglomeração de gente que não podia votar, mas desejava expressar suas reivindicações, e pela decisão equivocada de d. Pedro e de oficiais militares de usar tropas para dissolver a aglomeração. O tumulto que se seguiu resultou em mortos e feridos, e acabou em uma devassa para criminalizar os possíveis culpados pela "subversão" da ordem.

D. João VI, acompanhado por parte da família real e dos membros do governo, embarcou para a Europa dias depois. Sua despedida do Brasil, assim como o início da Regência de d. Pedro, estava entrelaçada de forma incontornável a um novo momento das lutas políticas, no qual nem o Reino Unido e a monarquia que o sustentava, e tampouco o Império Português, encontravam-se assegurados.

4.
Guerra de armas e palavras

A revolução em andamento

Às armas cidadãos! É tempo às armas
Nenhum momento mais, perder deveis
Se à força da Razão os reis não cedem
Das armas ao poder cedam os reis.[1]

Quando estudamos o processo de Independência nos livros didáticos, nas páginas da internet e nas obras de inúmeros historiadores, o período em que d. Pedro exerceu a Regência do Reino do Brasil, entre abril de 1821 e outubro de 1822, costuma ser interpretado como uma preparação para o rompimento com Portugal, abrangendo um conjunto de ações supostamente compartilhadas de forma consensual pelos agentes históricos. Imagina-se que a palavra "independência" é tão somente sinônimo da separação do Reino europeu. Ela é entendida como se fossem equivalentes uma declaração de governo e uma concepção política, desconsiderando-se que na época a palavra "independência" podia adquirir significações muito distintas, dependendo de quem a usasse e para quê. Além disso, simplifica-se ainda mais a noção de independência quando se estabelece, como em geral ocorre, uma relação direta entre a palavra, o sentido e um episódio com data e local determinados: o dia 7 de setembro de 1822, às margens do riacho do Ipiranga, nas cercanias da cidade de São Paulo.

Para compreender com um pouco mais de profundidade as condições históricas daquele período, torna-se necessário, em primeiro lugar, desfazer o vínculo entre a Independência e a proclamação de 7 de setembro, para então reconstituir as concepções e projetos de poder que estavam na pauta de um intenso debate, tanto no Brasil quanto em Portugal.

Em segundo lugar, é fundamental levar em consideração que esse debate, exposto na enorme quantidade de periódicos e publicações avulsas[2] que passaram a circular a partir de 1820 dos dois lados do Atlântico, espelhava divergentes propósitos de grupos políticos que lutavam para construir, manter ou ampliar posições, defendendo muitas vezes interesses de segmentos específicos como se fossem coletivos. O mesmo se observa nos documentos elaborados pelo governo do Reino, pelas Cortes Constituintes de Lisboa, pela corte do Rio de Janeiro e pelos governos das capitanias. Manifestos, proclamações e decretos são textos dirigidos a todos os membros da sociedade, mas expressam sobretudo a visão de quem ocupa o poder e pode se valer desses instrumentos para difundir interpretações sobre as circunstâncias vividas e para impor medidas que beneficiem parcelas da sociedade em detrimento de outras.

Ao longo do governo de d. João, a pressão de setores específicos foi atendida como se representasse um passo a mais na concretização de um poderoso Império Português com sede na América. Ao lado das pretensões do círculo mais próximo do rei, voltadas para a preservação de sua autoridade e da estrutura tradicional do Estado, coexistiam medidas protecionistas e medidas de cunho liberal que respondiam às pressões de segmentos sociais diferentes e antagônicos. Nesse sentido, é importante atentar para os agentes históricos que sustentavam determinadas decisões, particularmente a da separação de Portugal. Essa não era uma expectativa acalentada pelo conjunto das forças políticas atuantes nas capitanias e no Rio de Janeiro, tanto que as guerras de Independência se estenderam até 1828, quando a Cisplatina se separou do Brasil.

Entender o processo histórico da Independência requer também o reconhecimento de que a percepção de tempo naquela época era completamente diferente da nossa. Nos dias de hoje, informações, imagens, comentários e novidades de toda ordem nos chegam em "tempo real". É muito curta a distância entre o evento e o acesso que temos a ele, isso quando não assistimos "ao vivo" debates no Congresso, discursos de autoridades públicas, manifestações artísticas ou "notícias falsas".

Naquele momento, como em boa parte do século XIX, passavam-se quase dois meses para que o governo do Rio de Janeiro recebesse respostas a indagações, cobranças e reclamações feitas ao rei e às Cortes em Portugal. A correspondência oficial da Regência de d. Pedro demorava quase tanto para chegar à região Norte, e mesmo entre Rio de Janeiro e São Paulo, por exemplo, eram necessárias quase três semanas para percorrer as distâncias terrestres, dependendo da quantidade de pessoas, mercadorias e mulas. Isso significa um enorme campo para o desencontro de versões e um obstáculo a mais para o fluxo de negociações, pois as respostas, quando recebidas, já estavam defasadas ante a rapidez com que a cena política se modificava nas capitanias, no Rio de Janeiro e em Portugal.

Ao mesmo tempo, eram enormes as oportunidades para o pleno exercício da liberdade política, tanto por autoridades radicadas no Rio de Janeiro quanto por diferentes interlocutores regionais, que manejavam experiências acumuladas desde o final do século XVIII, quando passaram a integrar a administração da então colônia e a ter acesso aos negócios públicos, condições ampliadas com a reorganização da corte no Centro-Sul e com o aumento significativo no número de Câmaras Municipais.

Assim, o início da Regência de d. Pedro foi marcado não só pela indeterminação das condições políticas e econômicas a serem enfrentadas no Rio de Janeiro e nas demais regiões do Reino do Brasil, mas também por uma notável diminuição da autoridade e da atuação que eventualmente o príncipe poderia ter. E isso por várias razões.

O primeiro motivo para o enfraquecimento da posição do príncipe era consequência direta do apoio que grupos políticos nas capitanias prestaram aos revolucionários em Portugal, com a formação de juntas de governo desligadas do Rio de Janeiro, como no Grão-Pará, em janeiro de 1821, e na Bahia, em fevereiro desse mesmo ano. Desde fins de 1820, a Junta de Governo do Reino fazia circular manifestos e decisões nos quais divulgava as intenções do movimento, visando encurtar o distanciamento entre a América e o Reino gerado pelas guerras e pela transferência da corte. Era acompanhada nesse trabalho por periódicos produzidos em Londres e pela imprensa, vinculada à revolução, editada em Lisboa e no Porto. Nesses manifestos e no discurso desses periódicos, afirmava-se que os revolucionários desejavam estabelecer uma nova ordem em Portugal e que estavam de braços abertos para receber seus "irmãos" do Brasil se esses compartilhassem os mesmos propósitos: remediar a "desgraça pública" e buscar a felicidade, "regenerando" a monarquia e o poder do "povo"[3] para construir um governo que respeitasse a liberdade e a "independência" da "nação portuguesa" e dos "cidadãos" que a compunham.[4] Nesse caso, a "independência da nação portuguesa" era interpretada como um ato na direção da quebra dos mecanismos de poder absolutista e como a instituição de uma nova ordem pelos cidadãos, retirando-se do rei a condição de "cabeça" do corpo político.

A descrição elaborada pelos liberais vintistas sobre a vida do "povo" em Portugal aparecia aos olhos de diferentes segmentos da sociedade no Brasil como um retrato das condições que eles também vivenciavam. Daí as inúmeras manifestações de adesão ao movimento do Porto que foram surgindo no Norte e no Nordeste, mas também no Rio de Janeiro, com a reunião das tropas e de populares em 26 de fevereiro de 1821. Os documentos vindos de Portugal mencionavam como causas da revolução, entre outras, a pobreza do "povo", a desorganização da agricultura e do "comércio nacional", o peso dos impostos, o monopólio do poder decisório nas mãos do rei e de alguns ministros, os privilégios da gente rica que fora aquinhoada com títulos de nobreza e grandes extensões de terra, os diminutos soldos das tropas, a carestia, os parcos rendimentos dos funcionários públicos e a dívida do Estado para com negociantes.

Múltiplos setores da sociedade americana se identificavam com essas questões. Mas sobretudo três aspectos do discurso dos revolucionários vintistas causaram profunda impressão, mobilizando forças políticas e tropas: a "regeneração" da monarquia por meio de um governo que atendesse aos anseios da população livre, formada por cidadãos dotados do direito de eleger representantes que fizessem as leis que deveriam regê-los, impondo limites ao Poder Executivo e à Coroa; a proposta de rever e retomar regulamentações que protegessem a produção agrícola e o comércio "nacional" da concorrência estrangeira, especialmente britânica; e a perspectiva de rearticular os vínculos entre as capitanias e Portugal, criando-se um novo Império, fundamentado em princípios constitucionais que se opunham aos que a corte portuguesa vinha defendendo desde antes de 1808.

As palavras do movimento vintista foram apropriadas e reinterpretadas na América por soldados, caixeiros, funcionários, comerciantes, pequenos produtores e também por negociantes enriquecidos, reinóis recém-chegados e membros da chamada nobreza da terra. Isso fez com que surgisse um amplo leque de projetos políticos que ganharam repercussão por meio da imprensa, notadamente após março de 1821. Nessa ocasião, o governo joanino, ao acompanhar decisão da junta revolucionária do Reino, estabeleceu a liberdade de imprensa, favorecendo também a instalação de tipografias particulares, o que suspendeu a ação da censura e quebrou o monopólio exercido pela Impressão Régia, denominada a partir de então Tipografia

Nacional. À medida que o debate e o conhecimento do que se passava em Portugal e no Rio de Janeiro se espalhava, nas capitanias eram deflagrados movimentos pela organização de juntas de governo provisórias, eleitas pelos mesmos cidadãos que deveriam indicar seus representantes às Cortes de Lisboa.[5]

Em sua maioria, essas juntas de governo estavam dispostas a atuar com plena autonomia política, administrativa e financeira, sem subordinação ao Rio de Janeiro e a Portugal. Essa foi a segunda razão que levou a Regência do príncipe a perder sustentação política e particularmente econômica, pois os recursos antes encaminhados para manter a corte foram suspensos pelos novos dirigentes locais.

Em abril de 1821, acompanhando o que havia acontecido no Grão-Pará, forças políticas no Maranhão elegeram um governo propenso a uma vinculação com as Cortes de Lisboa. O mesmo aconteceu no Piauí, em maio. Também em abril, mas sob a influência do debate platino em torno da república e de princípios federalistas, foi composta uma junta na Cisplatina e um novo governo no Rio Grande de São Pedro. Em Goiás, as notícias sobre a revolução e a partida de d. João VI chegaram na mesma época, provocando tal confrontação entre lideranças políticas locais que se verificou uma divisão entre o norte e o sul da capitania. Em São Paulo, um novo governo foi eleito em maio, enquanto em Minas Gerais as eleições para uma Junta Governativa ocorreram em setembro. Em Pernambuco, o governo comandado pelo general Luís do Rego Barreto manteve-se no poder até meados de 1821, mas nem mesmo a forte presença militar conseguiu impedir a contestação ao poder que ele e seus apoiadores exerciam, desde a repressão à Revolução de 1817. No interior da capitania, em Goiana, iniciou-se um movimento de rebeldia, o que abriu caminho para a destituição do então governador e sua substituição, em outubro de 1821, por uma junta composta por ex-integrantes daquele movimento.

Ainda nos primeiros meses de 1821, diante das notícias de apoio e adesão que chegavam das capitanias do Brasil, a Junta do Reino e as Cortes, reunidas desde janeiro, decretaram medidas de grande repercussão. Em março, foram promulgadas as Bases da Constituição da Nação Portuguesa, entendida como a reunião dos portugueses de "ambos os mundos".[6] No mesmo mês, as Cortes resolveram perdoar os réus presos por opiniões políticas contrárias ao absolutismo que não tivessem cometido crimes violentos, como assassinato, o que representou a libertação de centenas de participantes de 1817 encarcerados na Bahia, engrossando as fileiras de liberais e setores que apoiavam os vintistas em Portugal. Em abril, numa afronta direta à Regência nomeada por d. João VI, as Cortes decidiram que eram legítimas as juntas de governo formadas nas capitanias em adesão ao movimento constitucional. Nesse mesmo decreto, modificou-se o estatuto administrativo das capitanias que aderissem à revolução, transformando-as em províncias com reconhecida autonomia de governo civil, estabelecendo-se, porém, um comando específico para as tropas.

As juntas de governo atuavam sob condições de poder muito relativas, a despeito de representarem um aprendizado e uma experiência política de enorme valia para os cidadãos, pois pela primeira vez no Brasil havia governos e representantes legislativos eleitos. Entretanto, a organização e o funcionamento desses governos ocorreram em meio a confrontos de opinião e de poder. Na maioria das províncias, as condições locais não se apaziguaram, sucedendo-se várias composições de governo entre 1821 e 1823, dadas as vinculações de grupos provinciais com a movimentação política em Portugal e com as articulações que d. Pedro e seus auxiliares procuravam construir para firmar sua autoridade como referência no Reino do Brasil e como mediador das relações entre as partes da monarquia portuguesa.

Essas articulações nos levam ao terceiro motivo pelo qual a figura do príncipe, ao menos durante o ano de 1821, encontrava-se esvaziada de reconhecimento e centralidade política. As manifestações das tropas e do "povo" em fevereiro de 1821 e, notadamente, os episódios dramáticos de abril envolvendo a reunião dos eleitores fluminenses para indicar os deputados às Cortes evidenciaram a atuação de vários grupos políticos no Rio de Janeiro que, mesmo divergentes em relação ao perfil do novo governo a ser formulado pelas Cortes, demonstraram enorme ligação com os revolucionários portugueses e com a proposta de reconstruir os laços entre os dois Reinos. Esses grupos, que passaram a atuar fortemente na imprensa, tinham deixado claro desde abril seu descontentamento com a permanência, no Rio, de d. Pedro e parte dos auxiliares de d. João VI, sobretudo o conde dos Arcos, pois os viam como opositores às mudanças que pretendiam imprimir à província fluminense.

Além de defenderem a "união" com Portugal e com os demais domínios portugueses, eles consideravam fundamental que, após o juramento da corte à futura Constituição em fevereiro de 1821, fossem organizadas eleições para a formação de uma Junta de Governo provisória no Rio de Janeiro, o que excluiria o príncipe. Era uma forma, também, de distinguir a administração da cidade e da província de um eventual núcleo de poder que representasse o Reino, o que descortinava novos espaços de atuação para os interesses desses sujeitos históricos. Sem confiar no constitucionalismo do príncipe e valendo-se das experiências norte-americana e das ex-colônias espanholas, eles rascunhavam uma estrutura governativa de caráter "federativo" ou "confederativo" entre as províncias, a corte fluminense e o Reino de Portugal.[7] E propunham uma revisão das leis e regulamentações em vigor referentes à produção agrícola, à posse e propriedade da terra, à questão da mão de obra indígena, à concorrência estrangeira e à ocupação da Cisplatina, entre outros temas. Aderiam, assim, às grandes linhas de atuação que os liberais vintistas indicaram em seus manifestos e nas bases da futura Constituição.

Por meio de periódicos como o *Revérbero Constitucional Fluminense*,[8] esses grupos procuravam expressar as expectativas de um amplo espectro social: pequenos e médios proprietários de lavouras de exportação e abastecimento, negociantes e gente do comércio com diferentes níveis de riqueza e inserção no mercado interno e nos negócios de exportação, funcionários de repartições, militares e pequenos produtores rurais e urbanos, como artesãos, engajados nas milícias, todos críticos das ambiguidades da política joanina e contrários ao que denominavam "monopólios" políticos e econômicos exercidos por quem ocupava, desde 1808 pelo menos, cargos decisórios na corte do Rio de Janeiro.

Opunham-se, desse modo, aos membros das mais importantes famílias fluminenses e aos nobres e burocratas imigrados radicados no Rio. Esse segmento reunia proprietários de engenhos e lavouras de café e negociantes chamados de "grosso trato". Esses últimos comandavam, com embarcações próprias, a navegação de cabotagem, o tráfico de escravos, os negócios de importação e exportação, bem como as atividades relacionadas a seguros marítimos, atuando muitas vezes em parceria com ingleses. Ao investir em atividades agropecuárias, essas famílias proprietárias expandiram seus interesses para o sul de Minas e para o Vale do Paraíba, vinculando-se, por relações familiares e de negócios, a produtores e tropeiros mineiros e paulistas que, por sua vez, também encontravam na baía de Guanabara e no mercado consumidor carioca meios para ampliar sua riqueza e posição.[9]

Diante das manifestações de rua e da notória repercussão das propostas revolucionárias, esses poderosos grupos mercantis começaram a traçar planos para que o retorno de d. João a Portugal não significasse o abandono das políticas que até então tinham sustentado o projeto de um grande império comercial no Atlântico Sul. Não estavam propriamente preocupados com o Reino de Portugal, e sim com a interferência das Cortes e do projeto constitucional que estas propunham no encaminhamento dos conflitos sociais e políticos no Rio de Janeiro e nas demais províncias. Ainda que tivessem ligações eventuais com absolutistas, o ponto central do seu posicionamento era a organização de um Império constitucional no Brasil, capaz de manter vínculos com a África, garantir a inserção da produção americana no mercado mundial e moldar redes políticas e mercantis que articulassem as várias regiões da América portuguesa ao Rio de Janeiro, adensando a centralidade que a cidade-corte havia exercido durante o governo joanino.

Esse grupo mantinha nas mãos os principais cargos dirigentes da Regência, como os do Erário, do Banco do Brasil, da Intendência Geral de Polícia e das repartições da guerra e do comando de tropas. Ao contrário dos demais atores políticos, previa que a concretização de seu projeto significava a separação do Reino europeu. O que, ao menos durante o ano de 1821, era uma perspectiva que não estava evidente nos debates no Rio de Janeiro e, notadamente, entre os protagonistas das juntas governativas provinciais. Entretanto, quando d. João deixou o Brasil, deixou também no horizonte a possibilidade de que esse grupo pudesse sustentar a Regência e um projeto de Império atrelado à figura de d. Pedro.

Ao nomear o filho para substituí-lo, ainda que provisoriamente, na sede do Reino Unido, d. João sabia que essa decisão deveria a princípio ser reconhecida pelas Cortes Constituintes. Mas esse reconhecimento era incerto, tanto pelos desdobramentos desconhecidos que uma revolução poderia trazer quanto por problemas já identificados — havia informações na corte do Rio de Janeiro de que os mentores do movimento no Reino europeu estavam entre aqueles que não aceitaram a criação do Reino Unido e colocavam sob suspeita o rei e seus ministros, vistos como defensores do absolutismo e partidários de interesses mercantis enraizados na América. Ao deixar o príncipe no Brasil, d. João indicava que não estava disposto a concordar facilmente com os objetivos dos chamados vintistas.

Por outro lado, a despeito de exigirem o retorno da família real e da corte à Europa, os membros da junta em Portugal e muitos dos deputados portugueses eleitos para as Cortes logo se deram conta de que justamente alguns de seus principais adversários, como a nobreza hereditária e o clero, poderiam ser fortalecidos com a presença do rei em Lisboa. Isso dificultava ainda mais a realização das metas da revolução: erguer um governo constitucional e representativo sob bases jurídicas e políticas que aniquilassem as práticas do Antigo Regime. Eles não acreditavam que d. Pedro permaneceria na América, pois o retorno da corte implicaria, em tese, uma nova reorganização da sede da monarquia, dessa vez na Europa. O novo governo do Brasil, na visão das Cortes, seria a princípio objeto da deliberação dos representantes eleitos pela nação portuguesa. Assim, a presença do príncipe no Rio de Janeiro, comunicada oficialmente em julho de 1821, quando d. João VI chegou a Lisboa, estava envolvida em uma trama complexa, tecida, desfeita e rearranjada por muitos personagens dos dois lados do Atlântico. D. Pedro era um deles.

A dinâmica da política

O período da Regência de d. Pedro coincidiu com a definição mais clara dos projetos políticos nos quais era discutido o futuro do Reino do Brasil e de um possível Império Português "regenerado" pela revolução. Mediada pela imprensa, a discussão de propostas sobre o perfil do novo governo a ser elaborado pelas Cortes e pelos representantes da "nação" vinha acompanhada, porém, pela gradual perda de eficácia das leis e do controle exercidos pelas autoridades estabelecidas, o que gerou incertezas, mas, igualmente, um campo aberto para a desorganização das práticas tradicionais e o agravamento dos conflitos, tanto no Rio de Janeiro quanto nas províncias onde forças políticas locais disputavam espaços de poder. Essa situação provocou o aumento nos preços dos gêneros de abastecimento, o entesouramento de moedas de ouro e prata, com a consequente diminuição das moedas em circulação, a maioria de cobre e falsas, o atraso no pagamento dos soldos e dificuldades na arrecadação de impostos. Nas províncias do Nordeste, a concorrência de outras áreas coloniais havia rebaixado os preços do açúcar e do algodão, comprimindo as receitas de exportação. O que não acontecia no Centro-Sul, graças ao café e a outros produtos, como o anil. No entanto, na corte do Rio de Janeiro as condições financeiras eram muito graves. O príncipe viu minguar as receitas enviadas de outras regiões para sustentar a corte e ainda enfrentava a insolvência do Erário, que devia enormes somas a particulares e não conseguia levantar empréstimos para cobrir despesas corriqueiras, como o abastecimento do palácio.

Isso não quer dizer que a produção e o comércio estivessem paralisados. Pelo contrário, o que estava em questão era a atuação de diferentes setores proprietários que, ante o enfraquecimento das autoridades, tinham mais liberdade para agir de acordo com seus interesses e os de seus congêneres em Portugal e na Cisplatina, por exemplo. Com isso, ampliavam patrimônios, em terras e escravizados, e aumentavam lucros em detrimento da população livre, consumidores e pequenos empreendedores. Esses, por sua vez, recorriam às Câmaras e às leis do século XVIII voltadas para a garantia de preço justo dos alimentos, buscando a aplicação de penalidades aos responsáveis pelo corte do abastecimento de gêneros alimentícios e a repressão a monopolistas e atravessadores. Mas tudo isso só fazia aumentar queixas, descontentamentos e revolta.

Esse clima de conflagração era ainda mais intenso em cidades populosas, como Salvador, Belém, Recife e Rio de Janeiro. Nesses locais, a experiência política se avivava com a circulação de notícias, boatos e impressos nos quais se divulgavam decisões de governo e se digladiavam as mais diferentes interpretações sobre o que se passava em Lisboa e sobre as possibilidades da recomposição dos laços com Portugal. Era, sem dúvida, uma situação revolucionária. Ordenamentos sociais antigos não funcionavam mais como antes de 1820, mas uma nova ordem nem sequer estava esboçada. Aliavam-se a liberdade de imprensa e a novidade de eleições com um horizonte de incertezas e temores em que se projetavam "corcundas", "monarquistas constitucionais" e "republicanos".

Essas expressões tinham sentidos variados. Passaram a fazer parte do vocabulário social e da cultura política da época, sendo usadas para designar opositores ou parceiros de luta, dependendo do interlocutor e do objetivo a ser atingido. Assim, nas publicações vinculadas à defesa de uma "monarquia constitucional" no Brasil, eram geralmente chamados de "corcundas" aqueles que estavam presos ao absolutismo e à legislação colonial, tinham "pés de chumbo" no passado e se recusavam a aceitar transformações de ordem política e social, sobretudo em relação à cidadania da população livre. O problema era que nem todos os "monarquistas constitucionais", ou os que se apresentavam no debate com essa qualificação, pensavam de igual forma e defendiam as mesmas metas.

Alguns grupos, como os que organizaram juntas governativas na Bahia e no Grão-Pará, entendiam monarquia constitucional a partir dos manifestos da junta revolucionária em Lisboa, acrescentando a eles a liberdade política e administrativa dos governos locais que participariam da "nação portuguesa", vinculando-se, mas sem subordinação, a um centro de poder sediado em Portugal. Essa não era a postura de "monarquistas" radicados na corte, por exemplo, que não abriam mão da centralidade do Rio de Janeiro, em termos da articulação dos poderes provinciais a um núcleo comum de decisões no Reino.

Entre uns e outros, porém, havia diferentes matizes. Os grupos que davam sustentação ao governo da Regência se apresentavam como "monarquistas constitucionais", mas eram tachados de "corcundas" por seus opositores em vários periódicos e folhetos. A questão era que nutriam sérias restrições às propostas dos revolucionários de 1820 relativas à autonomia de governos provinciais e ao enfraquecimento da figura do rei e do poder por ele exercido, contrariando outras vertentes em debate. Não que fossem necessariamente absolutistas ou conservadores. Ao contrário, em virtude da dimensão dos negócios em que estavam envolvidos — expansão das fronteiras agrícolas, tráfico negreiro, abastecimento interno, investimentos financeiros —, miravam a possibilidade de um Estado monárquico capaz de unificar o mercado interno, balizar a inserção do Brasil no mercado internacional de gêneros e centralizar decisões políticas, o que envolvia procedimentos eleitorais, administração de províncias e municípios, e, notadamente, a ampliação de redes de comunicações que permitissem a presença do Estado mesmo nas localidades mais distantes da corte.

Em contrapartida, havia setores que se qualificavam como "monarquistas", a exemplo dos redatores do *Revérbero*, no Rio, e do *Semanário Cívico*, na Bahia,[10] mas apoiavam plenamente o constitucionalismo dos revolucionários em Portugal, o qual valorizava o espaço de atuação do Legislativo e a liberdade política de governos locais, oferecendo resistência a um Estado centralizado do qual ainda poderiam emanar tradições absolutistas. Embaralhando as discussões, os adversários desses políticos, especialmente a partir de 1822, os chamavam de "republicanos" ou "radicais". Sobre o redator do *Semanário Cívico*, recaiu a pecha de "recolonizador", por manter-se aliado às Cortes.

O estudo do processo de Independência mostra-se, nesse sentido, muito complexo. Dependendo do interlocutor e do momento da luta política, as mesmas palavras ganhavam sentidos diferentes, dificultando a compreensão das implicações que determinadas medidas poderiam ter. Afirmar-se "monarquista" não significava necessariamente defender esse regime. Tampouco o conteúdo do termo pode ser associado ao que hoje conhecemos como monarquia. Por outro lado, se o perfil do governo que iria surgir da revolução era polêmico e favorecia muitas interpretações, tão ou mais polêmicas eram as questões atinentes aos princípios que poderiam sustentar uma nova configuração política e mercantil para as relações entre Brasil e Portugal.

Por isso, e para firmar posições, tanto "corcundas" quanto "monarquistas constitucionais" chamavam seus mais evidentes críticos de "republicanos". Na época, a palavra carregava múltiplos sentidos, podendo referir-se à Antiguidade greco-romana e às experiências políticas de Atenas ou Roma, ou então recuperar o significado com o qual foi usada nos séculos XVII e XVIII, referindo-se à "coisa pública" ou ao "bem do todo", em oposição ao despotismo no qual o objetivo do governo era o bem do rei.[11]

No debate nos anos 1820, porém, defensores e críticos da "república" tinham como referência principal a forma de governo constituída nos Estados Unidos após o movimento independentista. Um dos textos mais citados na imprensa era o de Thomas Paine, para quem somente em uma república haveria o governo do "bem comum", no qual todos seriam iguais perante a lei, submetidos a um mesmo poder erguido a partir do voto e das decisões dos representantes eleitos pelos cidadãos.

Nesse sentido, eram os cidadãos que concentravam o poder soberano para definir as leis que os regeriam e instituir o governo em consonância com a sociedade civil.[12] Ao lado desse entendimento mais amplo sobre o vínculo entre a sociedade e seus governantes, os chamados "republicanos" mostravam-se propensos a uma concepção federativa em termos das ligações com Portugal. Compartilhavam com seus críticos a premissa de que americanos e europeus eram equivalentes em direitos e cidadania, mas não acreditavam — ao menos em 1821 — que soluções centralizadoras, vindas de Lisboa ou do Rio de Janeiro, seriam capazes de consolidar o constitucionalismo nas províncias, tampouco no conjunto da "nação portuguesa".

Esse pensamento era evidente entre lideranças do Norte e do Nordeste. Para esse grupo, a defesa da revolução em Portugal e da autonomia federativa das províncias se contrapunha ao que designava como "separatismo" e "despotismo" do Rio de Janeiro, acusando os membros do governo de d. Pedro de pregarem o rompimento com Portugal para impedir o desenvolvimento do constitucionalismo no Reino do Brasil.[13] É importante sublinhar também que nessa época era muito grande a força de identidades locais. Os atores políticos se identificavam como baianos, pernambucanos, paulistas e maranhenses, por exemplo, articulando essas qualificações a uma identidade abrangente: o ser português. A Revolução de 1820 promoveu a politização dessas identidades e também o uso mais constante de termos como "brasiliense" e "brasileiro" para designar os nascidos e radicados no Brasil.[14] A força identitária dos localismos pode ser mensurada pela fala de Diogo Feijó, um dos mais importantes deputados de São Paulo nas Cortes, que em fevereiro de 1822, ao se apresentar ao plenário, afirmou: "Não somos deputados do Brasil [...]; porque cada província se governa hoje independente. Cada um é somente deputado da província que o elegeu".[15]

Em meio a essas discussões e às notícias sobre a organização, em várias províncias, de juntas governativas independentes, foram indicados no Rio de Janeiro, em maio de 1821, os deputados fluminenses às Cortes.[16] Dias depois, ao tomar conhecimento do decreto de março, que definiu as Bases da Constituição aprovadas em Portugal, mais uma vez tropas e "povo" se congregaram nas ruas da cidade, exigindo que d. Pedro jurasse novamente as Bases, alterasse a composição do ministério demitindo "absolutistas" e realizasse eleições para a organização de uma Junta de Governo na província fluminense, demonstrando que, naquele momento, ao menos para os mentores do "ajuntamento" militar, d. Pedro pouco representava.[17] Essa manifestação, em 5 de junho, apontava uma proximidade de atuação entre os liberais, defensores do movimento vintista, e importantes batalhões portugueses, sob o comando do general Jorge de Avilez. As tropas, chamadas de Divisão Auxiliadora, tinham chegado ao Brasil em 1817. Alguns batalhões foram deslocados para Pernambuco, mas boa parte ficara aquartelada no Rio de Janeiro para proteger o governo de d. João. Participantes das Guerras Napoleônicas, esses militares reencontraram-se no Brasil com muitos portugueses da Europa e da América que haviam se alistado para defender o Reino contra as invasões franco-espanholas.

Além do juramento à futura Constituição, d. Pedro demitiu o conde dos Arcos e ultimou os preparativos para a organização da Junta de Governo, que, reunida em 16 de junho, lançou uma proclamação enfatizando a "união indissolúvel" dos Reinos do Brasil e de Portugal e louvando a liberal Constituição que estava sendo elaborada em Lisboa.[18] Esse foi, aparentemente, o único documento publicado pela junta, que, tudo indica, perdeu sua razão de ser à medida que avançavam as tratativas de membros do governo para ampliar o escopo da Regência enquanto chegavam, de maneira fragmentária e por diferentes meios oficiais e não oficiais, deliberações vindas do Reino. Mesmo fragilizado, d. Pedro conseguiu manter-se à frente da Regência, permanecendo em posição de influenciar o jogo político e procurando, com o apoio dos grupos articulados à corte, controlar setores da administração essenciais para a manutenção do comércio, do abastecimento e da ordem pública.

É interessante observar que periódicos e folhetos que circularam no Rio de Janeiro entre agosto e outubro de 1821[19] relacionavam a unidade do futuro Império liberal português e a "independência nacional" à vitória da revolução. Porém, não deixavam de mencionar obstáculos à consecução dessa obra política, rememorando a experiência dos Estados Unidos, os graves conflitos armados que atingiam diferentes áreas da América espanhola[20] e a distância transoceânica que separava os debates parlamentares dos eventos que ocorriam nas províncias do Brasil. Acreditavam, no entanto, que as dificuldades poderiam ser superadas quando os deputados americanos tomassem assento no "congresso", o que começou a acontecer naquele mesmo período, quando chegaram a Lisboa os representantes de Pernambuco e do Rio de Janeiro.

A questão é que muitos deputados eleitos em Portugal não pensavam assim. Vários estudos[21] têm mostrado que as Cortes reuniam pessoas com posições discordantes e que diante das pressões da sociedade em Portugal, bem como frente à presença do monarca, que modificou o cenário dando alento aos adversários do vintismo, os deputados passaram não só a legislar como a interferir no Poder Executivo, tomando decisões sem que os representantes americanos tivessem se instalado. Muitos dos princípios que orientavam suas ações inspiravam-se na Constituição espanhola de Cádiz, de 1812, e na atuação dos liberais espanhóis das Cortes de Madri, reunidas em 1820, mostrando fortes vínculos entre as gerações de revolucionários que construíram as primeiras experiências liberais na península Ibérica.[22]

Desde o início dos trabalhos, um grupo de deputados se sobressaiu aos demais por atuar a favor de uma proposta que pode ser chamada de "integracionista". As notícias a respeito da adesão de lideranças americanas à revolução contribuíram para reforçar o entendimento de que o movimento constitucional e as transformações para modernizar o governo e a economia do Reino estavam atreladas à integração das províncias do Brasil a Portugal. Passando sobre a criação do Reino Unido e da Regência de d. Pedro, esses parlamentares, em proclamação de julho de 1821, deixaram claro que os destinos dos portugueses e dos "habitantes do Brasil" estavam ligados pela tradição, mas sobretudo pela adesão ao constitucionalismo. A nação era única, assim como o poder soberano que a governava. Nesse sentido, os representantes eleitos não estavam atrelados a este ou àquele lugar. Eram representantes da nação e podiam legislar em nome do todo. Mesmo admitindo que a nação era pluricontinental, para esses deputados só havia um modo de consolidar sua unidade: a centralização político-administrativa no Reino europeu.

A expressão simbólica desse entendimento está no novo padrão conferido aos símbolos nacionais. Em 23 de agosto de 1821, as Cortes criaram uma bandeira e um laço nacional para identificar o regime proposto pela Revolução de 1820. O laço seria utilizado obrigatoriamente, como braçadeira, pelos membros do Exército, da Armada e das hierarquias administrativas, e podia ser usado também pelos cidadãos que desejassem demonstrar em público sua adesão ao novo governo. A nova divisa da nação portuguesa, em azul e branco, recuperava tonalidades dos primórdios da monarquia lusitana. A bandeira constitucional tinha essas mesmas cores como fundo, sobre o qual ficava o escudo real português, encimado pela coroa. A flâmula resguardava o símbolo mais antigo da monarquia, mas, ao subtrair a esfera armilar, retirava o Brasil do desenho, desfazendo as divisas do Reino Unido.[23]

Essa construção política "integracionista" foi claramente enunciada em um decreto de 1º de setembro de 1821, no qual as Cortes, respondendo a demandas da Junta Provisória de Pernambuco, definia as atribuições que caberiam a esse governo, distinguindo o âmbito civil do âmbito militar. À junta competia administrar todos os aspectos da economia, da justiça e da polícia, mas haveria um comandante de armas, nomeado pelo Reino, para organizar a força armada. Ambas as instituições responderiam às Cortes. Um mês depois, em 1º de outubro, as Cortes decidiram estender essa mesma estruturação a todas as demais províncias que aderiram ao movimento constitucional. Outro decreto, da mesma data, determinava que o príncipe d. Pedro deveria regressar a Portugal, pois não havia motivo para sua permanência diante do novo perfil dos governos locais. Predominava nesse momento a interpretação de que seria possível recompor os laços com as províncias do Brasil, tornando-as províncias de Portugal. Nos meses seguintes, essa interpretação e as decisões adotadas nessa direção foram questionadas pelos deputados americanos que, aos poucos, iam tomando lugar naquele Parlamento e, da mesma forma, por deputados portugueses, diante das repercussões negativas das medidas. Além disso, começaram a chegar em Portugal, a partir de dezembro de 1821, contestações a esses decretos, da parte de governos provinciais que não desejavam perder a liberdade de atuação e tampouco se submeter a comandantes de armas cuja nomeação e controle estariam fora de sua alçada. A reação mais contundente, que modificou o panorama político no Centro-Sul do Brasil e em Portugal, veio do Rio de Janeiro e chegou às Cortes nos primeiros meses de 1822, quando os deputados, ainda sem saber o que se passava, deliberaram, em consonância com os decretos anteriores, sobre a extinção de todos os tribunais superiores e demais instituições de justiça que d. João havia criado no Rio de Janeiro.[24]

Do Fico à convocação da Assembleia de representantes das províncias do Brasil

Pode-se imaginar a celeuma provocada pelas decisões das Cortes. Em províncias como Grão-Pará e Bahia, os decretos aprofundaram os embates, pois não só envolviam a possibilidade de novas eleições para as juntas de governo como abriram a discussão a respeito das implicações de um comandante de armas indicado pelas Cortes e com autonomia perante os dirigentes locais. Também em Minas Gerais e em São Paulo as disputas ganharam novos contornos. Em Minas, grupos políticos divergentes, radicados em Vila Rica e em São João del-Rei, entraram em conflito aberto pelo controle do governo provincial. Nesse caso, os setores proprietários de São João del-Rei, em razão dos vínculos mercantis com o Rio de Janeiro, mostravam-se reticentes sobre os decretos das Cortes, avaliando seus desdobramentos internos. Em Vila Rica, predominavam apoiadores do vintismo, que, demonstrando concordância com as Cortes e com a derrocada do absolutismo, aproveitaram a ocasião para suspender o "padrão de infâmia" que pesava sobre Tiradentes e seus descendentes desde os fins do século XVIII.[25]

Em São Paulo, três grupos competiam pelo domínio do governo, a despeito das relações de parentesco e negócios que os entrelaçava. Um deles era formado por José Bonifácio, que chegara da Europa em 1819, seus irmãos e fazendeiros como Nicolau Pereira de Campos Vergueiro, reunindo pessoas ricas e "de consideração", influentes na capital e no porto de Santos, o mais importante da província. O segundo grupo era constituído por produtores e negociantes vinculados à região de Itu e São Carlos (hoje Campinas) que haviam apoiado a Revolução de 1820 e as propostas liberais do movimento, entre os quais se destacavam Diogo Feijó e Francisco de Paula Sousa e Melo. O outro grupo, próximo do antigo capitão-general João Carlos

Oyenhausen, agregava alguns dos mais ricos empreendedores locais, entre eles Francisco Inácio de Souza Queiroz, que também apoiava a revolução, mas passou a se contrapor aos demais por defender, a princípio, o alinhamento direto às Cortes.

Durante as tratativas para a eleição dos deputados, foi produzido o documento *Lembranças e apontamentos*, que se tornou famoso pela contribuição de José Bonifácio, expondo sugestões e recomendações a serem seguidas pelos representantes paulistas em Lisboa.[26] O documento ganhou projeção porque, no mesmo momento em que chegavam de Lisboa os decretos de outubro, propunha a configuração de uma monarquia dual que reconstruísse as relações entre os dois Reinos, reconhecendo a equidade entre ambos e a existência de dois Poderes Executivos, um no Rio de Janeiro e outro em Lisboa, que atuariam em conjunto com o Poder Legislativo da nação portuguesa.[27]

As reações mais contundentes aos decretos de outubro ocorreram no Rio de Janeiro, alterando as articulações que a Regência vinha tentando manter com lideranças das províncias mais próximas à corte. Na interpretação de poderosos grupos mercantis fluminenses, as decisões demonstravam que o projeto de monarquia constitucional que defendiam estava em risco e que era preciso agir rapidamente, pois o retorno de d. Pedro à Europa favorecia seus adversários mais diretos na luta política. Além de serem populares, os principais defensores das propostas das Cortes podiam contar com força armada, em especial a divisão comandada por Avilez. No entanto, muitos burocratas, funcionários e militares das tropas de linha também questionavam as decisões. Afinal, elas equiparavam o Rio de Janeiro às demais províncias e transferiam o centro político da monarquia para Portugal, o que punha em risco os cargos que ocupavam.

A divulgação dos decretos de outubro de 1821 nas páginas da *Gazeta do Rio de Janeiro*, em 11 de dezembro, desencadeou uma campanha pública por parte de ministros e conselheiros do príncipe, apoiados por proprietários e negociantes articulados à Regência, para dificultar a reconfiguração dos vínculos com Portugal e as Cortes e, sobretudo, impedir que se efetivassem no Rio os princípios liberais defendidos pelos revolucionários de 1820. Ganhava visibilidade, assim, um embate contundente entre forças políticas antagônicas, reproduzindo-se na corte as lutas já em curso nas províncias. Enquanto as forças leais ao príncipe defendiam a criação de uma monarquia constitucional no Brasil separada de Portugal e fundamentada em um liberalismo moderado,[28] as forças de oposição ao governo fluminense, que naquele momento desconsideravam a capacidade de mobilização e articulação política e até o carisma do príncipe, empenharam-se em fazer valer os decretos. A partida de d. Pedro descortinava oportunidades políticas únicas para negociantes e produtores do Centro-Sul que, mesmo tendo sido beneficiados pelo período joanino, pretendiam se assenhorear de cargos decisórios, encaminhar a união com Portugal e com os demais domínios portugueses e seguir as bases constitucionais das Cortes, fazendo com que o poder mudasse de mãos. Estava em jogo não apenas o mando político, mas divergências em torno das políticas econômicas a serem implementadas, particularmente no âmbito da liberação das relações de mercado internas ao Reino e da adoção de protecionismos que garantissem a capacidade competitiva dos produtores "nacionais" no mercado mundial, questões que também estavam na pauta de boa parte das lideranças políticas do Norte e do Nordeste.

Um dos principais veículos de imprensa postos a serviço do movimento para que o príncipe desobedecesse publicamente às deliberações das Cortes foi um folheto denominado *Dispertador Brasiliense* (sic), que era produzido pela Tipografia Nacional, mantida pelo governo, o que sugere ter sido por ele patrocinado, e circulou em 12 de dezembro de 1821. O texto anônimo[29] dirigia-se a d. Pedro e expunha argumentos que procuravam alertá-lo e aos leitores a respeito das "intenções funestas" das Cortes, supostamente alimentadas desde o início dos trabalhos legislativos, o que modificava o discurso propalado até então pelos membros da Regência. A despeito de se mostrarem indignados com a atuação de tropas e "povo", sobretudo nos episódios de fevereiro, abril e junho daquele ano, ministros e dirigentes da corte mostravam-se, aparentemente, favoráveis à unidade da monarquia.

O autor do folheto chamava a atenção para o fato de que, com a chegada do rei à Europa, os deputados do Reino tinham se sentido fortalecidos para "coagi-lo" a seguir seus propósitos e pôr em execução, antes que os representantes do Brasil ali tomassem assento, um plano para destruir a "consideração política" do país, desqualificando o Reino Unido e a Regência. Diante disso, o texto passava a discorrer sobre todos os possíveis prejuízos futuros que as Cortes imporiam às províncias e em especial ao Rio de Janeiro, rebaixando sua categoria de centro político do Reino. Previa-se a supressão da liberdade de comércio, a proibição da presença de estrangeiros, a destruição das "fábricas" de açúcar e anil, o aniquilamento da agricultura pela diminuição de consumidores externos e pela "falta de braços", tanto africanos quanto indígenas, e como resultado "as nossas belas e florescentes províncias reduzidas enfim ao universal estado de colônias".

Em uma linguagem passional e envolvente, o autor recuperava e invertia argumentos dos manifestos de 1820 que justificavam a revolução em virtude do "estado de colônia" a que se achava reduzido o Reino de Portugal. Estava lançada, assim, a interpretação de que as Cortes buscavam a "recolonização" das províncias e do Reino do Brasil, quebrando expectativas de inúmeros segmentos sociais diante do futuro promissor que a revolução anunciava. Atingia-se diretamente, em especial no Rio de Janeiro e nas províncias próximas, a ação dos defensores das Cortes. No texto aliava-se a ênfase em um suposto retorno da condição colonial a pretensões "perversas", pondo sob suspeita todas as propostas vintistas, entre elas as Bases da Constituição.

Foram essas as principais premissas que justificaram a movimentação em torno da permanência de d. Pedro no Rio de Janeiro. A princípio tratava-se de uma confrontação externa, entre os dois Reinos. Mas o cerne das ações visava, sobretudo, questões internas, abrangendo a soberania do governo da Regência e o fortalecimento de um núcleo central de decisões. O objetivo era contrabalançar a fragmentação ensejada pela ação das juntas provinciais, uma vez que lideranças do Norte e do Nordeste havia muito tempo desejavam se libertar do "despotismo" que o governo no Rio de Janeiro representava.

O próprio d. Pedro adotou iniciativas para sedimentar sua permanência. Ministros agilizaram o envio de mensageiros às províncias de São Paulo e Minas Gerais a fim de conquistar apoio político e militar para manifestações públicas que envolviam também a Câmara da cidade do Rio de Janeiro. Nas cartas ao pai, escritas com o propósito de se tornarem públicas, o príncipe expunha as dificuldades para governar sem recursos e sem reconhecimento, admitindo que seu raio de ação não ultrapassava a província fluminense. Mencionava o descontentamento com as Cortes e uma tentativa fracassada de proclamá-lo imperador em 12 de outubro, dia de seu nascimento. Sempre demonstrando fidelidade e respeito filiais, relatava que, graças a seus informantes junto às tropas, mantinha-se em alerta para com a divisão chefiada por Avilez. Ao longo da correspondência, entre fins de 1821 e início de 1822, ia pavimentando o caminho de sua própria decisão de ficar.

Os organizadores da manifestação procuraram vincular representações escritas, vindas de São Paulo e Minas Gerais, com um abaixo-assinado que recebeu mais de 8 mil assinaturas na corte e foi encaminhado ao presidente da Câmara do Rio de Janeiro, José Clemente Pereira, ainda em dezembro de

1821. A isso foram acrescidas representações de negociantes e de artífices que pediam a permanência de d. Pedro, considerada como meio seguro para consolidar a união com Portugal e impedir o alastramento da "anarquia" desorganizadora da produção e dos negócios. Ademais, o governo e seus aliados mobilizaram tropas de linha e milícias que foram extremamente importantes para a defesa e a segurança de d. Pedro quando os batalhões de Avilez ameaçaram se sublevar e provocar um confronto sangrento diante da divulgação da resposta afirmativa do príncipe aos pedidos para que ficasse. Graças à intervenção de Clemente Pereira junto aos oficiais da Divisão Auxiliadora, ao lado de quem lutara nas Guerras Napoleônicas, os batalhões atravessaram a baía de Guanabara e ficaram aquartelados em Niterói, justamente uma das regiões onde o presidente da Câmara tinha propriedades e negócios. O clima de tensão e desconfiança só diminuiu quando essas tropas embarcaram para Portugal em fevereiro de 1822, sem sofrer penalizações pela conduta que haviam tido. Nessa ocasião, em proclamação dirigida ao "povo" do Rio de Janeiro, Avilez justificava a conduta da divisão, colocando-se ao lado da legitimidade do governo estabelecido em Portugal para denunciar que o ato de desobediência do príncipe poderia resultar na divisão da monarquia.

Ainda que em cartas e outros manuscritos demonstrasse dúvidas sobre como agir, d. Pedro, com sua atitude, modificou a fisionomia dos conflitos e assumiu uma posição de liderança, galvanizando igualmente apoio popular. Remodelou o ministério com a incorporação de José Bonifácio e mostrou que a secessão da monarquia era uma das possibilidades políticas em jogo, mas não a única. O Fico, em 9 de janeiro de 1822, projetou a figura do príncipe, aumentando, porém, o nível das tensões e incertezas tanto no campo político das oposições quanto em Portugal.

Entre setembro e dezembro de 1821, chegaram a Lisboa os representantes de Santa Catarina, Maranhão, Bahia e Alagoas e, a partir de fevereiro de 1822, os deputados de São Paulo integraram-se aos debates. A essa altura, os chamados "integracionistas" haviam perdido espaço para os chamados "moderados", diante dos reclamos de descontentamento que as Cortes recebiam de inúmeros segmentos sociais em Portugal e das juntas provisórias no Brasil. Como as Cortes interferiam diretamente no governo do Reino, as discussões sobre medidas corriqueiras atropelavam a feitura da Constituição. Frustravam-se, além disso, as esperanças de respostas rápidas que os revolucionários haviam prometido para problemas graves, como a ocupação de terras vinculadas à Igreja e à nobreza, a retomada das linhas de comércio e das exportações de gêneros americanos para a Europa e a dívida pública, entre outras. A partir de março de 1822, o recinto das Cortes foi tomado por violentos debates provocados pelas notícias sobre a permanência de d. Pedro e a recomposição do poder da Regência no Rio de Janeiro. Enquanto alguns deputados do Reino, a exemplo de Manuel Fernandes Tomás, consideravam que "se o Brasil não quer unir-se a Portugal" era mais proveitoso acabar com as discussões e Portugal "cuidar da vida", outros, como Borges Carneiro, defendiam que as províncias não podiam ficar na dependência da Europa, pois se assim fosse "não faremos mais do que relaxar os vínculos de união quando os queremos segurar". Representantes do Brasil também apoiavam a posição de Carneiro, alegando não compartilhar da ideia de separação. Silva Bueno, de São Paulo, observava que "proprietários e grandes capitalistas queriam com certeza a união, nada tendo a lucrar com a desordem e a anarquia".[30]

Mesmo diante de confrontos aparentemente incontornáveis entre deputados portugueses e americanos sobre a atuação das juntas de governo, as lutas armadas no Grão-Pará, no Maranhão, na Bahia e em Pernambuco e a proposta de enviar tropas ao Brasil para forçar a obediência às Bases da Constituição, houve espaço naquele Parlamento para um consenso de que seria possível reajustar vínculos entre os dois Reinos. Foram representantes do Brasil que sugeriram a construção de uma "união federativa" entre as partes da monarquia portuguesa, fundada na autoridade do mesmo rei e da mesma Constituição. Eram reconhecidas, porém, delegações dos poderes Executivo, Legislativo e Judiciário nas províncias, bem como o estabelecimento de um núcleo de poder no Rio de Janeiro ao qual as províncias poderiam se vincular, mas sem necessariamente se subordinar. Prevendo a quase impossibilidade de uma integração política, deputados de Portugal e do Brasil voltaram-se para o debate sobre uma possível integração econômica, uma integração de mercados que poderia ser articulada a diversos níveis de autonomia provincial. Um dos fundamentos da união seria um "pacto comercial", cujo primeiro esboço foi apresentado para discussão em março de 1822 e nos meses seguintes obteve a concordância da maioria dos parlamentares do Brasil ali presentes. Nesse "pacto" — uma das principais expectativas dos defensores da Revolução de 1820 no Brasil — estavam contemplados direitos alfandegários, tarifas preferenciais para gêneros "nacionais", protecionismo à "navegação nacional", taxações para refluir o ímpeto da concorrência estrangeira e a uniformidade de pesos, medidas e moedas. A discussão envolvia o papel do Estado nessas políticas, demonstrando que práticas liberais, a exemplo da ampla liberdade de comércio, de produção e de circulação de capitais, mercadorias e pessoas, poderiam ser associadas a medidas protecionistas para garantir lucros a proprietários e negociantes "nacionais". Para os deputados das províncias do Brasil ali reunidos, mesmo entre os mais aguerridos defensores da autonomia provincial, os debates nas Cortes nada tinham de "recolonizadores".[31]

Nesse mesmo campo de discussões se colocavam os grupos políticos que, no Rio de Janeiro, se viram atingidos em seu discurso e na proposta de unidade entre os dois Reinos pelo êxito do movimento do Fico. A partir de janeiro de 1822, as publicações mantidas ou apoiadas pela Regência passaram a descrever as lutas políticas como se fossem antagonismos de caráter colonial, opondo, de um lado, defensores dos direitos do Reino do Brasil, instituído por d. João e representado pelo príncipe, e, de outro, partidários das Cortes, "recolonizadoras". Esse antagonismo, construído por uma argumentação convincente e amparada, em parte, na impossibilidade de se acompanhar aquilo que ocorria a léguas de distância, sombreava os múltiplos atores políticos e lançava o foco em uma disputa entre a Regência e os deputados portugueses, conectando a figura do príncipe a um governo liberal e à soberania do Reino do Brasil. Esse movimento de ações e palavras alterou a situação política, engrandecendo a figura de d. Pedro, promovendo liames entre lideranças paulistas, mineiras e fluminenses, e configurando as bases políticas, mercantis e militares para a declaração de Independência, associada à separação de Portugal.

Buscando obstar esse movimento, os liberais mais empenhados na defesa dos princípios de 1820 e da integração dos dois Reinos lançaram mão de uma medida que ganhou apoio no Centro-Sul e no Nordeste: a organização de uma Assembleia legislativa no Rio de Janeiro, que, por meio de representantes provinciais eleitos, atuasse em conjunto com as Cortes, tentando dirimir arestas para consolidar os vínculos entre os "portugueses de ambos os mundos".

Da convocação da Assembleia à aclamação de d. Pedro como imperador

Nos primeiros meses de 1822, o governo da Regência procurava manter em funcionamento a máquina pública e, ao mesmo tempo, aprofundar negociações com lideranças provinciais do Centro-Sul, preparando-se para anunciar a decisão do rompimento com Portugal, o que implicava apoio militar e garantias de que o abastecimento e a segurança da cidade seriam mantidos. Em fevereiro, o ministério expediu um decreto referente à composição de um Conselho de Procuradores das províncias do Brasil, eleitos pelos mesmos votantes e eleitores que haviam indicado os deputados às Cortes, para motivar lideranças provinciais a colaborarem com o governo do príncipe, atuando como se fosse um conselho de Estado ampliado.[32] As circunstâncias fizeram com que a decisão só pudesse ser implementada em abril, com a determinação de que fossem realizadas eleições provinciais. Apenas quatro províncias (São Paulo, Minas Gerais, Rio de Janeiro e Cisplatina) seguiram essa diretriz, evidenciando a gravidade dos confrontos em vários locais, as desconfianças para com a Regência e a própria indefinição da luta política no Rio de Janeiro.

Enquanto na Cisplatina e no Rio Grande de São Pedro prosseguiam os debates entre grupos políticos divergentes sobre a manutenção dos vínculos com Portugal, a articulação com o Rio de Janeiro e a adesão de Montevidéu ao projeto das províncias unidas defendido por Buenos Aires, no Grão-Pará a situação era de guerra.[33] O apoio de negociantes e proprietários de grande influência ao movimento de 1820 fez crescer entre outros importantes setores econômicos da província não só tendências absolutistas como independentistas. Funcionários graduados e reinóis havia muito radicados ali desejavam manter os vínculos com Portugal, mas preservando-se a ordem antiga. Já grupos mercantis com fortunas recentes, ligadas à ocupação de Caiena, pretendiam implantar no Grão-Pará sua própria interpretação dos princípios revolucionários. Cabe lembrar que um dos aspectos sociais mais relevantes da região era a grande presença dos chamados tapuios — indígenas destribalizados, resultado da desorganização das missões jesuíticas —, o que ensejou uma descaracterização das etnias locais, obrigadas a conviver nas mesmas aldeias. Os tapuios compunham a maior parte do contingente de homens livres da província, constituindo, junto com africanos escravizados, a mão de obra compulsoriamente utilizada nas lavouras e na exploração da floresta, e recrutada para formar as tropas de linha e as milícias. Em meio às disputas armadas entre constitucionais, absolutistas e independentistas — e antes que, a partir de fins de 1822, houvesse um gradual alinhamento ao "sistema do Rio de Janeiro", como o denominavam os políticos locais —, tapuios e escravizados agravaram a instabilidade política ao promover inúmeros focos de insubordinação e a formação de quilombos em meio à guerra civil.

Ao mesmo tempo, no Maranhão e no Piauí intensificaram-se os confrontos entre grupos constitucionais que defendiam caminhos diferentes, seja em relação à forma de governo local, seja diante de uma possível vinculação com Portugal, que parecia cada vez mais frustrada pelas notícias que chegavam das Cortes. E na Bahia iniciava-se a luta armada que atravessou todo o ano de 1822.[34] Em fevereiro, enquanto era eleita uma nova Junta de Governo, nos moldes do decreto de outubro de 1821, desembarcavam o brigadeiro Inácio Luís Madeira de Melo, para assumir o posto de comandante de armas, e as tropas que permaneceriam na província sob suas ordens. Sua posse foi contestada por comandantes de tropas locais e por membros do governo que se julgavam feridos em sua autonomia, o que provocou um embate vencido por Madeira e seus comandados. Esse evento abriu tal fissura no governo estabelecido em Salvador que uma parte dos políticos derrotados por Madeira compôs, com proprietários e negociantes radicados no Recôncavo da Bahia, um núcleo de oposição à junta da capital. A essa altura, chegavam as notícias sobre o Fico e também os relatos dos representantes da Bahia junto às Cortes a respeito das dificuldades de entendimento com deputados portugueses e, sobretudo, com os das províncias do Brasil. Eram questões que punham em dúvida a viabilidade tanto da construção do governo constitucional proposto pelos vintistas quanto dos vínculos com o Reino europeu.

Em Pernambuco, a Junta de Governo, composta por vários integrantes de 1817 e presidida por Gervásio Pires Ferreira, conseguiu estruturar uma administração autônoma e governou desde fins de 1821 até setembro de 1822, fazendo apelo a várias camadas da população por meio de conselhos locais. Mantinha, porém, articulações com o Rio de Janeiro, mas não com o governo da Regência. Interesses mercantis promoveram uma aproximação com os grupos que faziam oposição ao governo "despótico" radicado na capital carioca.[35]

Em todos esses lugares, debates e conflitos armados eram protagonizados pelos diversos segmentos que formavam aquela sociedade múltipla do ponto de vista social e racial, envolvendo o conjunto de homens e mulheres livres e libertos, assim como os contingentes escravizados. Embora a versão amplamente divulgada sobre a Independência sublinhe um suposto "continuísmo pacífico" na passagem da colônia à nação, estudos recentes demonstram que as guerras desse período ceifaram mais de 50 mil pessoas, entre militares e civis, deixando centenas de milhares feridas ou presas e processadas, muitas das quais optaram pelo exílio temporário na Europa ou na Cisplatina.[36]

Em meio a esse panorama, chegou oficialmente ao Rio de Janeiro, em março de 1822, o decreto de 18 de janeiro que determinava a extinção dos Tribunais de Justiça e outras repartições criadas por d. João, o que avivou ainda mais o descontentamento de funcionários, burocratas, tropas e setores proprietários com as Cortes. A situação foi enfaticamente explorada por periódicos como a *Reclamação do Brasil*, cujo redator, a cada edição, procurava consolidar a interpretação de que do Reino europeu não viria uma monarquia constitucional, mas o retrocesso ao estado de colônia, agravado pela fragmentação dos laços entre as várias regiões da América, sinal da destruição, pelos revolucionários portugueses, do Império que d. João VI havia fundado.[37]

Em abril, d. Pedro decidiu ir pessoalmente a Vila Rica, em virtude das enormes dificuldades dos apoiadores da Regência em apaziguar a província de Minas Gerais e vencer resistências ao futuro projeto constitucional que os dirigentes do Rio de Janeiro pretendiam concretizar. O evento dá a medida da situação em que se encontrava a Regência, pois a província de Minas era essencial ao fortalecimento do príncipe e a qualquer declaração separatista. Organizada com esmero, a viagem resultou em enorme ganho político para d. Pedro, que conseguiu deter as pretensões dos constitucionalistas ligados às Cortes, obtendo a certeza de que poderia contar com tropas milicianas leais, com recursos financeiros e com a continuidade do abastecimento de gêneros para a cidade e a corte.[38] Foi o êxito da viagem que motivou a implementação do decreto referente ao Conselho de Procuradores. No início de maio, d. Pedro decidiu proibir a adoção de qualquer medida das Cortes sem sua aprovação, tentando controlar, ainda que em parte, a ação de funcionários e militares das repartições do governo adeptos do vintismo.

Naquele momento, o problema maior era o Rio de Janeiro. Não estava fora dos horizontes a eclosão de conflitos armados na província fluminense, motivada pela resistência de muitos setores à separação, em razão de negócios e vínculos familiares, e por decisões das Cortes que não só propunham uma nova ordem política e social como se dispunham a recompor tradições pautadas na unidade do Império Português. Ademais, as Cortes respondiam a reivindicações de pequenos e médios proprietários, por exemplo, particularmente em termos de novas regulamentações para a posse e propriedade da terra, a desapropriação de áreas ocupadas por ordens religiosas e a liberação da livre circulação de mercadorias e pessoas sem o pagamento de impostos de passagem. Não foi sem motivações relevantes, portanto, que em julho de 1822 d. Pedro assinou um decreto suspendendo a concessão de sesmarias e assegurando a posse como meio de acesso à terra.

Os apoiadores da Regência tinham se fortalecido de modo considerável após o Fico e, especialmente, com a expulsão das tropas de Avilez. Em seu discurso, usavam argumentos em favor da valorização do Reino do Brasil, das ligações das províncias a um centro político que as unificasse e representasse no âmbito internacional e da relação de d. Pedro com a história da monarquia portuguesa e suas antigas glórias de conquista. Tal como os revolucionários de 1820 haviam feito em seus manifestos e proclamações, buscavam no passado referenciais culturais de grande abrangência, na tentativa de justificar e obter respaldo para algo absolutamente novo e indefinido. Tanto a separação de Portugal quanto a idealizada monarquia constitucional propalada pela corte eram decisões políticas tão revolucionárias quanto as das Cortes. Elas projetavam um futuro incerto, com enormes probabilidades de conflitos de longa duração, o que acabou por acontecer durante o Primeiro Reinado (1822-31).

O peso maior das contestações às Cortes estava, sem dúvida, na interpretação de que os decretos de outubro de 1821 ignoravam a condição de Reino Unido e determinavam a perda de projeção do Rio de Janeiro e do príncipe, constituindo um processo de "recolonização" voltado para destruir o que teria acontecido desde 1808. Mas as Cortes não focavam apenas a compreensão de que um novo Império Português deveria assentar-se sobre uma suposta "integração" compulsória entre suas partes, como pensava parcela dos deputados. Pelo contrário, deputados portugueses e americanos, a despeito das divergências, punham em discussão praticamente toda a legislação portuguesa em vigor, seguindo as experiências liberais das Cortes de Cádiz e de Madri.[39] Apesar das delongas nos debates, as Cortes de Lisboa tinham abolido privilégios da nobreza hereditária e do clero, estabelecendo o princípio de que o mérito e a competência deveriam reger o preenchimento dos cargos públicos. Criaram também a instituição do júri, de modo a que as sentenças fossem pronunciadas por uma comissão de cidadãos, organizada por eleições, em cada comarca. A defesa intransigente de liberdades veio acompanhada por intensa polêmica sobre os procedimentos eleitorais, propondo-se o sistema de eleições diretas para a composição do Poder Legislativo, formado por uma só Câmara, a dos deputados. Os homens livres ou libertos, desde que tivessem residência conhecida e emprego ou renda que sustentasse a si e sua família, mesmo sem saber ler e escrever, poderiam ser eleitores e eleitos, o que ampliava enormemente o espectro de cidadãos com direito de representação e de atuar nos negócios públicos.[40]

Pode-se entender, desse modo, as razões pelas quais a adesão às Cortes era tão grande da parte de pequenos proprietários, artífices, negociantes e produtores em ascensão, a grande maioria dos segmentos proprietários com direito a participar do processo eleitoral. Além da soberania dos cidadãos e dos procedimentos eleitorais, os deputados procuraram encaminhar o que se poderia chamar de "pacto comercial" entre os dois Reinos, envolvendo a supressão de regulamentações coloniais no mercado interno, a "nacionalização" do comércio entre os dois Reinos e uma revisão dos tratados com a Grã-Bretanha, o que abrangia a atuação de estrangeiros em vários ramos mercantis.

Compreende-se, assim, a preocupação do príncipe e de membros do governo em cercar-se de garantias para promover o rompimento definitivo com as Cortes. No entanto, os principais opositores dessa decisão e dos grupos dirigentes fluminenses também agiam de modo cauteloso, mas na direção contrária. Governo e oposições entendiam a Independência como o exercício da liberdade política pelos cidadãos reunidos sob um governo constitucional. Porém, enquanto o governo de d. Pedro associava essa condição à ruptura com Portugal e com as diretrizes das Cortes, para seus opositores somente a união com Portugal e a Constituição que as Cortes elaboravam seriam garantias da Independência.

Em abril de 1822, os grupos de oposição já haviam assimilado as lições do Fico, decisão que alcançou ampla repercussão junto a vários segmentos em todo o Reino, como indica o manifesto de 186 mulheres da Bahia datado de maio, dirigido a d. Leopoldina, felicitando-a por permanecer no Rio de Janeiro ao lado do marido.[41]

Os liberais ligados às Cortes foram obrigados a reconhecer a capacidade de articulação do príncipe, tanto que buscaram se aproximar dele, e não só por meio de órgãos da imprensa, a exemplo do *Revérbero*, ao qual se aliou o *Correio do Rio de Janeiro*, redigido pelo negociante João Soares Lisboa.[42] Valendo-se dos vínculos que mantinham com sociedades secretas, como a maçonaria, e com o presidente e os membros da Câmara carioca, esses liberais promoveram, em maio de 1822, a entrega a d. Pedro do título de "Defensor Perpétuo do Reino do Brasil", em uma demonstração do respeito e da confiança que nutriam por sua autoridade, mesmo tendo se revelado meses antes contrários ao Fico.[43]

Nos periódicos que redigiam, a crítica era dirigida aos ocupantes dos cargos decisórios na corte, mas não mais ao príncipe, apresentado agora como figura essencial na mediação com Portugal e avalista do constitucionalismo que todos pareciam desejar. Mesmo compartilhando com seus adversários sérias divergências quanto aos trabalhos das Cortes, esses jornais, ao contrário da *Reclamação do Brasil, O Espelho, O Regulador Brasileiro* e outros,[44] não exploravam diretamente o argumento da "recolonização". Mas descreviam e debatiam exemplos da história recente nos quais as relações entre antigas colônias e antigas metrópoles tinham provocado contradições violentas e movimentos independentistas. Exploravam, assim, primordialmente, confrontos envolvendo a Espanha e as antigas colônias espanholas na América, alguns dos quais ainda em andamento.[45]

Esses atores políticos que se qualificavam como "monarquistas constitucionais" haviam reconhecido, igualmente, a importância de carrear para a corte fluminense as demandas de lideranças provinciais, na tentativa de acabar com as guerras que se espalhavam sobretudo pelo Norte e pelo Nordeste, além de combater manifestações de antilusitanismo. Para pessoas como Clemente Pereira e Soares Lisboa, reinóis que mantinham fortes laços com portugueses recém-imigrados, assim como para outros setores proprietários ligados aos negócios de importação e exportação, os antagonismos entre "portugueses" e "brasileiros", além de complicarem a já difícil harmonização de interesses entre os dois Reinos, eram alimentados pelo argumento da "recolonização", amplamente explorado pelo governo da Regência. Para homens e mulheres pobres livres e libertos, tal argumento adquiria materialidade diante da presença marcante de reinóis recém-imigrados que ocupavam postos na administração e sobretudo no comércio a varejo como caixeiros, donos de tabernas e lojas de secos e molhados. Na grande maioria, tinham sido beneficiados por medidas do governo joanino como isenções de impostos e liberação do recrutamento para as tropas de linha.[46]

Entretanto, se a campanha contra a "recolonização" distanciava os grupos políticos em luta, não impedia que compartilhassem o empenho em não abrir mão da encruzilhada de rotas mercantis que o Rio enfeixava e que assegurava muitos de seus negócios. Em razão de sua importância econômica, o Rio de Janeiro era o lugar privilegiado para acolher a sede de um futuro governo central e a representação política do Reino, sem que necessariamente, ao menos para os liberais, as províncias perdessem autonomia.

Em maio de 1822, a proposta dos grupos políticos mais dedicados a erguer pontes com os liberais portugueses era exigir do governo da corte fluminense a convocação de uma Assembleia legislativa composta por representantes provinciais, eleitos conforme procedimentos ditados pelas Cortes, ou seja, eleições diretas, cuja principal missão seria implementar, no Reino do Brasil, a Constituição portuguesa e traçar as bases para a rearticulação dos vínculos econômicos e políticos entre os dois Reinos.

A movimentação em torno dessa proposta, que se tornou uma campanha pública de grande repercussão na capital carioca e em províncias como Pernambuco e Bahia, demonstrava uma mudança no discurso dos grupos de oposição ao governo da corte. Indicava que seu espaço de ação estava mais limitado, pois era cada vez mais difícil a defesa da unificação da monarquia portuguesa, não só pelos ganhos políticos que d. Pedro alcançara, mas sobretudo pelas notícias que chegavam de Lisboa dando conta dos fracassos nas negociações entre portugueses e americanos.

Em 23 de maio de 1822, manifestações de rua com o apoio de tropas marcaram a entrega solene da representação dos "povos do Brasil" a d. Pedro, solicitando a convocação imediata de uma assembleia e a realização de eleições. O documento, de modo semelhante ao do Fico, reuniu mais de 8 mil assinaturas, coletadas em uma das tipografias mais conhecidas da cidade, pertencente a Manuel Joaquim da Silva Porto.[47] Na representação, encaminhada pelo presidente da Câmara,

Clemente Pereira, afirmava-se que um povo era independente apenas quando punha em prática o direito inalienável da liberdade política, ou seja, o direito de formular as leis e definir o governo que iria regê-lo, o que lembrava expressões de Thomas Paine durante a Revolução Americana. A convocação de "uma assembleia geral das províncias do Brasil" marcava o momento da proclamação da Independência pelas províncias coligadas — Rio de Janeiro, São Paulo, Minas Gerais e Cisplatina —, assegurando-se, porém, as "justas condições da união" com Portugal e da organização de um novo Império Português.[48] Propunha-se desse modo a independência, porém sem a separação de Portugal e no âmbito de uma obra política federativa, discutida em várias oportunidades pelo *Revérbero* e exposta às Cortes por alguns dos deputados das províncias do Brasil. Argumentava-se que a deterioração dos vínculos entre os dois Reinos punha em perigo a articulação entre as províncias e dessas com a Regência. Diante da intransigência das Cortes, as províncias, segundo a representação, pretendiam assegurar as liberdades conquistadas pelo movimento constitucional, opondo-se tanto ao "antigo despotismo" quanto às "opressões" sofridas pelo governo do Rio de Janeiro durante o período joanino. A única alternativa para desfazer temores e desconfianças era, para esses interlocutores, organizar um Poder Legislativo eleito que, reunido na corte, respaldasse os atos da Regência, sustentasse decisões do ministério e conduzisse à recomposição dos laços com Portugal, com base na Constituição que as Cortes elaboravam.

O documento e o ato solene que o cercou foram objeto de críticas violentas dos partidários do governo da Regência. As mais contundentes vieram da *Reclamação do Brasil*, que acusava os mentores da proposta de serem seguidores dos revolucionários franceses jacobinos, dispostos a destruir a monarquia e a ordenação política do Reino do Brasil. Mas em junho de 1822 o governo da corte convocou os procuradores provinciais a comparecer ao palácio para deliberar sobre a questão da Assembleia. Reuniram-se, então, os representantes já eleitos das províncias do Rio de Janeiro, São Paulo, Minas Gerais e Cisplatina, que, com os ministros, votaram a favor da Assembleia, definindo-se dias depois as instruções para as novas eleições.

No entanto, o decreto da convocação, datado de 3 de junho de 1822, continha uma mudança importante em relação ao texto da representação, mostrando que os mentores da proposta, em especial Joaquim Gonçalves Ledo, tinham sido derrotados pelos demais conselheiros de Estado. Enquanto a representação concebia a Assembleia tomando como referência as Bases da Constituição de março de 1821, o decreto realçava o caráter "constituinte" do corpo de deputados provinciais a ser formado, abandonando os anteriores juramentos à Constituição e aos princípios defendidos pelas Cortes. Além disso, o decreto e as instruções para as eleições, publicadas em 19 de junho, acabaram por criar, ao contrário do que imaginavam os defensores da representação, condições mais sólidas para que a Regência declarasse a separação e para que fossem reforçadas a imagem do constitucionalismo de d. Pedro e sua disposição em negociar com lideranças provinciais até então refratárias ao governo do Rio de Janeiro, como as da Bahia, Pernambuco e Grão-Pará. Em 19 de junho, quando foram divulgados os critérios para as eleições à Assembleia, o quadro político era ainda mais grave. Segundo notícias de Lisboa, os deputados "moderados" haviam se insurgido contra as ações de d. Pedro, dificultando ainda mais uma possível conciliação de interesses entre os dois Reinos.

Os critérios eleitorais complementavam medidas que o governo da Regência vinha adotando desde maio de 1822 contra as Cortes e seus partidários. Paralelamente à recomposição de batalhões de milícias e à organização de novos batalhões de tropas de linha, ampliaram-se os poderes do Ministério do Reino, ocupado por José Bonifácio, que cuidava de assuntos internos como a segurança de estradas, os portos e a entrada e saída de estrangeiros. As tropas de Portugal em território do Reino foram declaradas inimigas, o que atingia a situação de Madeira de Melo, comandante de armas na Bahia, e tornou-se obrigatória a "adesão à união e independência do Brasil" para os pretendentes a cargos públicos na corte e nas chamadas províncias coligadas.[49] Eram disposições que escancaram como a separação de Portugal estava definida. Porém, a mais direta indicação do rompimento entre os dois Reinos encontra-se na descrição do procedimento eleitoral, definido em junho de 1822.[50]

Ao contrário do que pleiteavam os políticos que mobilizaram a campanha pela Assembleia, ministros e procuradores das províncias coligadas definiram que as eleições seriam realizadas em duas etapas, ou seja, seriam indiretas. A primeira etapa, realizada nas paróquias, indicaria os eleitores provinciais. Dela poderiam participar homens livres ou libertos casados ou solteiros com mais de vinte anos, domiciliados havia pelo menos um ano no distrito de votação, desde que tivessem ocupação reconhecida e não recebessem soldo ou salário. Estavam excluídos os que não tinham ocupação fixa, chamados "vadios", criminosos, religiosos regulares, como carmelitas e franciscanos, e estrangeiros não naturalizados. Os guarda-livros das casas de comércio, criados da casa real e administradores de fazendas e fábricas, mesmo recebendo salário, poderiam votar. A votação se daria por meio de listas escritas e, caso o votante não soubesse ler e escrever, deveria dirigir-se à mesa eleitoral e comunicar oralmente seu voto para que uma das autoridades o registrasse na lista.

Os eleitores paroquiais seriam indicados pela pluralidade de votos, mas deveriam cumprir algumas exigências para assumir a função: domicílio na província havia quatro anos, ter no mínimo 25 anos, ser homem "probo", sem "nenhuma sombra de inimizade à causa do Brasil" e ter decente subsistência por emprego ou bens. Eram esses eleitores que, reunidos nas comarcas, indicariam os deputados à Assembleia. A questão mais complexa estava nas exigências que o governo da Regência estabeleceu para ser representante da província: ter todas as qualificações do eleitor, às quais se acrescentava a de ter nascido no Brasil ou em qualquer parte da monarquia portuguesa, desde que residisse na província havia doze anos.

Essas determinações tinham endereço certo: impedir que recém-imigrados fossem eleitos deputados, pois parcela relevante dos reinóis chegara às regiões da América após 1815, depois do término das guerras na Europa, a exemplo do presidente da Câmara do Rio de Janeiro, Clemente Pereira, entre muitos outros. Na prática, o governo da Regência determinava a separação de Portugal. Em primeiro lugar, por excluir portugueses do exercício da cidadania; em segundo, por considerar que a Assembleia era constituinte, rompendo com os princípios da Constituição em elaboração no Reino europeu e com o compromisso de segui-los; e, enfim, por adotar uma exigência subjetiva para definir quem estava a favor ou não da "causa do Brasil", com o complicador de que essa expressão poderia ter sentidos díspares dependendo da paróquia, da freguesia e, notadamente, das pessoas que compunham as mesas eleitorais em cada uma das etapas.

Assim, a separação se realizava sobretudo no interior da sociedade, no âmbito das relações entre os múltiplos atores que a compunham e no âmbito do jogo da política entre grupos que disputavam negócios e mando, mas principalmente projetos de futuro para a nação. Antes da declaração de guerra às Cortes, a guerra foi declarada contra os setores sociais que não apoiavam o governo da Regência nem o projeto de monarquia constitucional que ele estava implementando. Desse modo, foi imposta uma pesada derrota aos grupos liberais de oposição e ao idealizado Império Português que até então haviam defendido. As reações violentas às instruções eleitorais surgiram também no Grão-Pará e na Bahia, mas isso não impediu que a Regência prosseguisse em seu intuito de formalizar perante as juntas provinciais e nações estrangeiras o rompimento com Portugal.

Em agosto de 1822, o governo fez circular dois manifestos, um dirigido "aos povos do Brasil" e outro "às nações amigas", particularmente Grã-Bretanha e Áustria, cujos enviados diplomáticos no Rio de Janeiro acompanhavam de perto os eventos graças à proximidade com ministros e com a família real. Desde abril de 1822, José Bonifácio passara a entabular negociações diplomáticas em Londres, tendo em vista justamente a possibilidade do reconhecimento da Independência.[51] No primeiro manifesto, o governo justificava a declaração de guerra às Cortes. Detalhava a interpretação de que tinham sido os deputados portugueses, com suas pretensões "recolonizadoras", os responsáveis pelo rompimento, e isentava d. João VI de qualquer envolvimento nas tramas que visavam desqualificar o Reino do Brasil. Por fim conclamava os "povos" a apoiar o movimento separatista em nome de uma articulação entre as províncias e em torno de um príncipe que se apresentava como constitucional e liberal. O segundo manifesto comunicava às principais nações com as quais o Reino do Brasil mantinha vínculos mercantis e diplomáticos as razões "justas e necessárias" que explicavam decisão tão impactante, reproduzindo-se a mesma interpretação a respeito das Cortes e da inevitabilidade da independência das "colônias" em relação às suas "metrópoles". O documento assegurava, por outro lado, a continuidade dos negócios e das atividades econômicas.[52]

Ainda em agosto, o príncipe decidiu viajar à província de São Paulo para, tal como ocorrera em Minas Gerais, desfazer conflitos locais que pudessem, naquele momento crucial, dificultar o andamento do governo regencial.[53] Era preciso congregar apoios militares e financeiros, bem como garantir que o porto de Santos permaneceria em articulação com o do Rio de Janeiro, como já vinha acontecendo havia anos, assegurando o abastecimento da capital do Reino. Enquanto isso, o ministério articulava, por meio de enviados especiais, possíveis acordos com grupos políticos em luta na Bahia e com a junta provincial em Pernambuco. Era preciso ampliar o leque de garantias que permitissem a oficialização do rompimento e buscar a resolução de conflitos internos que se entrelaçavam com a atuação das Cortes, a despeito da enorme distância que separava os dois lados do Atlântico. A questão central estava não propriamente na ingerência do governo de Portugal, mas na repercussão que a proposta constitucional das Cortes havia alcançado, por espelhar reivindicações de inúmeros setores de homens livres no Brasil.

A viagem, para além das motivações mais imediatas, foi providencial. Entre agosto e setembro, estavam em curso no Rio de Janeiro as eleições para a Assembleia, e o desagrado com as exclusões contidas nos procedimentos eleitorais era muito grande. Além disso, a mecânica das eleições deixava em aberto um enorme espaço para perseguições de toda sorte. Afinal, como provar a "adesão" à "causa do Brasil" se essa expressão, assim como a palavra "independência", podia adquirir significações diversas? Ao mesmo tempo, algumas das principais lideranças de oposição recuavam nas críticas à Regência, buscando acomodar-se às circunstâncias na tentativa de solidificar vínculos com d. Pedro, para assegurar espaços políticos e talvez uma participação no governo.

Foi durante essa viagem que d. Pedro, com o aval de d. Leopoldina, então no comando da Regência, e com o patrocínio do ministério, teria feito a declaração que ao longo do tempo se tornou tão famosa: "Independência ou morte". Não se sabe ao certo se essa declaração efetivamente aconteceu. Ao partir de São Paulo, de retorno ao Rio de Janeiro, em 8 de setembro, o príncipe dirigiu aos paulistas uma proclamação pedindo que se mantivessem em paz, sem confrontos armados, e que o ajudassem na enorme tarefa política que tinha pela frente. Nesse texto, ressaltou que o lema de todos os "brasileiros" deveria ser "Independência ou morte", mas não dedicou uma linha sequer a algum episódio que tivesse acontecido às margens do Ipiranga.[54]

Os protagonistas do processo histórico, naquele momento, não se ativeram à data de 7 de setembro. Pelo contrário, a chegada de d. Pedro ao Rio só fez aumentar articulações e preparativos em torno de sua aclamação popular como imperador. Ministros e enviados do governo buscavam convencer lideranças de Pernambuco a apoiar a separação e a autoridade de d. Pedro, consolidando os apoios de São Paulo, de Minas Gerais e sobretudo de grupos políticos que na Cisplatina defendiam sua incorporação ao Brasil.[55] Rapidamente, o ministério preparou decretos sobre as cerimônias de aclamação, marcada para 12 de outubro, e coroação do imperador, acertada para 1º de dezembro; sobre as comunicações oficiais dos acontecimentos a diplomatas e governos; e sobre a mobilização de tropas leais que guarnecessem a cidade e a corte. Paralelamente, foram definidos os novos símbolos do Império emergente.

Em 18 de setembro de 1822, d. Pedro assinou um decreto no qual estabelecia uma nova divisa para o Brasil e concedia anistia aos que haviam defendido antes daquela data opiniões contrárias à "independência política". Os "portugueses europeus" e "portugueses brasileiros" que abraçassem o novo "sistema" e estivessem dispostos a por ele lutar deveriam levar no braço esquerdo uma "flor verde dentro de ângulo de ouro com a legenda 'Independência ou morte'", substituindo-se, assim, a braçadeira azul e branca que distinguia os partidários das Cortes de Lisboa. Determinava-se também que deveriam deixar o Rio de Janeiro e as demais províncias, no prazo máximo de quatro meses, todos os que fossem contrários à nova "ordem de coisas". Esse "laço ou tope nacional brasiliense", como definia outro decreto da mesma data, acompanhava a criação de um novo escudo de armas, que diferenciava o Brasil do Reino de Portugal e Algarves. O desenho recuperava a lei de criação do Reino Unido, estabelecendo uma esfera armilar em campo verde atravessada pela cruz da Ordem de Cristo, sendo a esfera circundada por dezenove estrelas de prata em orla azul à qual estava sobreposta a coroa real. A esfera armilar seria decorada também com "emblemas da riqueza comercial" do Reino do Brasil: um ramo de café e outro de fumo, presos por um laço. Quanto à bandeira do Brasil, foi estabelecida a seguinte composição: "um paralelogramo verde e nele inscrito um quadrilátero romboidal cor de ouro" sobre o qual deveria ser aplicado o escudo de armas. Logo após a aclamação, em outubro, a bandeira sofreu uma primeira mudança: a coroa real foi substituída pela coroa imperial.[56]

Entretanto, enquanto era definida a nova bandeira e os preparativos para os festejos estavam em andamento, foi discutida na Câmara do Rio de Janeiro a possibilidade de d. Pedro, no ato da aclamação, jurar a Constituição que as Cortes tinham concluído em setembro, como um gesto de demonstração cabal de seu constitucionalismo, levando-se em conta que a maioria dos representantes das províncias do Brasil havia aprovado e assinado o documento.[57] A proposta, sustentada por vários liberais que ainda usufruíam de prestígio, embora derrotados em suas pretensões principalmente em relação à Assembleia e às eleições legislativas, gerou uma grave crise no governo, pois o texto constitucional de 1822 era o oposto do que os membros da corte fluminense e o príncipe defendiam.

O próprio d. Pedro foi o primeiro a se insurgir contra o procedimento. E se aparentemente as festas da aclamação desanuviavam o clima de confronto e tensões, logo após a cerimônia, e contando com o apoio de lideranças provinciais de Minas e São Paulo, o ministério promoveu um segundo movimento contra seus principais adversários, dessa vez de maneira ainda mais violenta.

Entre outubro e novembro de 1822, um processo criminal para descobrir e punir os "republicanos" que ousaram se rebelar contra as diretrizes do governo do imperador promoveram prisões, fechamento de jornais, acusações e o exílio de alguns dos principais atores do processo político da separação de Portugal.[58] Na sequência, o ministério implementou medidas para preparar a guerra não contra o distante Portugal, mas contra adversários que estivessem no Rio de Janeiro e em outras províncias. A contratação de mercenários e o envio de tropas para o Norte e o Nordeste visava intervir na luta armada e negociar pactos políticos que sustentassem a articulação das províncias com o governo do Rio.[59] Ao lado disso, a iniciativa da corte de mandar sequestrar bens de portugueses que não aderissem à separação, aliada à decisão de expulsar do território os suspeitos de atuação contrária à autoridade do imperador, contribuiu bastante para que as lutas políticas soassem como um conflito entre "nacionalidades", um embate entre "portugueses" e "brasileiros". No entanto, divergências e disputas eram protagonizadas por múltiplos setores sociais, que se apresentavam na cena pública ora como "corcundas", ora como "monarquistas constitucionais", ou ainda como "republicanos" ou defensores das Cortes. As questões que os antagonizavam estavam atravessadas por inúmeras circunstâncias nas quais se entrelaçavam modos de vida, padrões de riqueza e pobreza, redes de negócios e interesses, acesso à terra e relações de trabalho, mas também perspectivas de futuro em que o projeto político capitaneado por d. Pedro era uma das alternativas possíveis. Seguramente, nas províncias coligadas ela era a mais forte entre 1822 e 1823, até pela acolhida dada pelo governo da Grã-Bretanha à proposta da secessão da monarquia portuguesa, o que contemplava interesses britânicos e enfraquecia as posições de Portugal na África e na Ásia, dificultando também uma idealizada integração de Angola à corte do Rio de Janeiro.[60]

Em dezembro de 1822, quando da solenidade de coroação de d. Pedro, parte das oposições fora debelada graças ao encaminhamento dado à Assembleia e ao exílio de liberais de prestígio que, desde o ano anterior, tinham se projetado na cena política fluminense. Mas a guerra não havia terminado no Grão-Pará, na Bahia, no Maranhão, no Piauí e na Cisplatina. Tampouco encontravam-se anestesiadas as discordâncias em relação à condução dos negócios públicos proposta pelo imperador e pelos poderosos grupos mercantis que davam sustentação ao seu governo. Enquanto os festejos faziam crer que o Império estava instaurado e que a separação de Portugal recebera a "adesão" consensual da sociedade, como se fosse questão resolvida, os meses seguintes revelaram enormes dificuldades na elaboração dos tratados de reconhecimento. Além disso, o início dos trabalhos da Assembleia, em maio de 1823, fez ressurgir com todo o vigor projetos políticos que a declaração de Independência só momentaneamente havia derrotado.

5.
A monarquia constitucional e os cidadãos do Império

> [...] *quando os povos aclamaram o imperador, não foi para que ele governasse em absoluto* [...]. *Aclamaram o imperador na implícita e mesmo explícita condição de governar debaixo de uma Constituição. Mas quem há de fazer essa Constituição? A Assembleia Brasiliense é quem deve fazer essa Constituição. Isto é o que eu queria dizer, jurar S. M. I. a Constituição que fizer a Assembleia do Brasil* [...].
>
> Venâncio Henriques de Rezende, 1823[1]

Ao contrário do que geralmente vem sendo divulgado, a declaração de Independência e a proposta de se organizar no Brasil um Império constitucional liderado por d. Pedro não representaram um desfecho para o processo político. Ambas as decisões, emanadas da corte do Rio de Janeiro, eram sobretudo encaminhamentos que, embora respaldados por poderosos grupos políticos e mercantis radicados nas chamadas províncias coligadas, enfrentavam, ainda nos fins de 1822, sérias resistências, notadamente nas regiões em guerra.

Além disso, o intenso debate pela imprensa confrontava a opção monárquica com outras possibilidades históricas materializadas ou em construção nos espaços americanos, a exemplo da república nos Estados Unidos, da proposta de Bolívar de unificar o Vice-Reino de Nova Granada (que hoje compreende Colômbia, Venezuela e Equador) e da discussão entre federalismo e centralismo no Rio da Prata.[2] Vale lembrar que a independência da maior parte da América espanhola já estava definida quando foi oficializada a declaração de Independência do Brasil, o que ofereceu um campo de experiências a ser apropriado, remodelado ou rechaçado conforme se desenrolavam os embates entre as forças políticas nas províncias e na corte.[3]

Nesse sentido, o período entre 1822 e 1825 foi marcado por conflitos internos e negociações entre lideranças provinciais e o governo do Rio de Janeiro, na tentativa de se chegar a entendimentos que sustentassem a autoridade de d. Pedro e ao mesmo tempo atendessem a reivindicações locais e regionais, sem o que dificilmente a proposta de Império seria concretizada. Paralelamente, desenvolviam-se ações diplomáticas voltadas aos tratados de reconhecimento da Independência e do Império por parte de Portugal, das monarquias europeias e dos Estados Unidos. Uma terceira frente de atuação do governo, com consequências tanto internas quanto externas, foi a configuração político-jurídica do Estado e da nação emergentes. Era fundamental definir a Constituição que regeria as relações políticas e econômicas entre os cidadãos, bem como os princípios e limites que deveriam nortear o governo, os dirigentes e os vínculos deles com a sociedade em geral. Questão-chave, pois o reconhecimento internacional dependia da oficialização de uma estrutura de governo aceita pela maioria dos cidadãos.

Eram ações complexas, que desafiavam a capacidade de articulação e agregação de d. Pedro e seus ministros. Desde agosto de 1822 José Bonifácio estava em tratativas com o governo britânico em Londres. No caso de Portugal, a partir de fins desse ano um dos principais interlocutores era o marquês de Palmela.[4] Porém, de 1823 em diante, as áridas conversações com o governo português mudariam de tom.

Os trabalhos das Cortes Constituintes em Lisboa se encerraram em outubro de 1822, com a aprovação, um mês antes, da

Constituição da nação portuguesa promulgada pelo Legislativo. A maior parte dos deputados das províncias do Brasil assinou o texto. Outros, em especial os de São Paulo e da Bahia, recusaram-se a referendar o documento e abandonaram Lisboa, sem passaporte nem autorização das Cortes, buscando asilo em Falmouth, na Inglaterra, em virtude de manifestações públicas, dentro e fora do Parlamento, contra "brasileiros" que tinham provocado a cisão entre Portugal e suas ex-colônias da América. Antônio Carlos de Andrada, irmão de José Bonifácio, Diogo Feijó e Cipriano Barata estavam entre os mais visados. Redigiram e divulgaram em novembro do mesmo ano, por meio do *Correio Braziliense*, dois manifestos nos quais acusavam os deputados de Portugal de serem os grandes responsáveis pela separação entre as partes da nação portuguesa.[5] Ao mesmo tempo, enfatizavam seu empenho, durante os trabalhos das Cortes, na defesa da "pátria" e da "nação", referindo-se a duas dimensões identitárias que desempenharam papel importante em Lisboa e seriam retomadas durante a feitura da Constituição do Império.

A fratura da nação portuguesa, presenciada por esses deputados do ponto de vista do Reino europeu, foi um dos motivos mais fortes para que a obra política das Cortes de Lisboa fosse ali duramente criticada. A declaração de Independência aliada a questões internas ao Reino de Portugal, entre as quais o descontentamento de setores da nobreza, de militares e de boa parte dos negociantes ligados ao comércio do Atlântico Sul, abriu o caminho para que o regime constitucional fosse contestado por uma articulação política e militar que envolveu a rainha Carlota Joaquina e seu filho d. Miguel. Em fevereiro de 1823, um levante militar contra a Constituição recém-aprovada e seus defensores foi derrotado, mas em maio do mesmo ano as forças de oposição ao liberalismo, apoiadas pela Santa Aliança, derrubaram o Poder Legislativo, fecharam o

Parlamento e restabeleceram o governo monárquico em moldes anteriores à Constituição. D. João VI conseguiu se manter no trono, a despeito das pretensões de d. Miguel, porém, com a alteração na situação política, ampliaram-se as pressões para que fossem retomados os vínculos de "união" entre as partes da monarquia portuguesa, por meio de acertos dinásticos entre d. João e d. Pedro. Assim, enquanto os rumos das negociações diplomáticas de reconhecimento assumiam outro caráter — a ponto de o governo de Portugal enviar até uma missão ao Rio de Janeiro para que d. Pedro voltasse atrás na separação —, o Brasil tornou-se um dos principais refúgios para liberais portugueses perseguidos pela restauração do absolutismo, movimento conhecido como Vilafrancada.[6]

Esse panorama sobrecarregava as articulações do governo do Rio de Janeiro para conquistar o apoio de lideranças provinciais e, especialmente, assegurar uma trégua nos conflitos armados, que tornavam ainda mais delicada a convivência entre "brasileiros" e "portugueses" à medida que aumentava a imigração portuguesa. A resistência à separação, motivada pelo temor de que ligações familiares e vínculos comerciais lucrativos pudessem sofrer prejuízos imediatos ou se desfazer, coexistia com críticas à concorrência de portugueses na ocupação de cargos no funcionalismo ou no comércio, diminuindo espaços para os segmentos de homens livres.

Particularmente na Bahia, a força demonstrada por grupos mercantis contra o rompimento político com Portugal fez com que a guerra civil se estendesse até julho de 1823. Comerciantes e produtores aliados às tropas portuguesas defendiam posições no mercado interno e nas linhas de comércio que ligavam a Bahia aos domínios portugueses na África. Em posição contrária, lutavam produtores e negociantes de regiões interioranas e do recôncavo da baía de Todos os Santos, destacando-se as vilas da Cachoeira e de Santo Amaro da Purificação. Essas lideranças, que engajaram nas tropas libertos, escravizados e indígenas, ao lado de homens e mulheres livres de variadas condições de vida, mostraram-se propensas a acolher a proposta separatista e monárquica defendida pelas províncias coligadas. Identificavam a importância da convocação de uma assembleia de representantes provinciais, o que acenava para um pacto com a corte do Rio de Janeiro que fosse garantidor da autonomia política local e de um governo constitucional. No final de junho de 1822, a Junta de Governo das vilas sublevadas, sediada na vila de Cachoeira, reconheceu o "sistema da corte fluminense" e a autoridade do então regente d. Pedro. Isso permitiu a abertura de negociações com emissários do Rio de Janeiro e resultou na chegada a Salvador de tropas do Centro-Sul sob o comando do general Labatut, que promoveu um cerco à capital para vencer as tropas portuguesas e os liberais aliados ao projeto das Cortes de Lisboa. Mesmo assim, as lutas continuaram com intensidade. Em maio de 1823, aportava em Salvador a esquadra comandada por Lord Cochrane, enquanto tropas de linha e milícias chegavam por terra à Bahia. Tanto Labatut quanto Cochrane eram militares mercenários que já haviam atuado em guerras civis em diferentes regiões da América hispânica.[7]

Somente em 2 de julho de 1823 as tropas portuguesas se renderam e foram expulsas da Bahia. Muitos dos partidários das Cortes e da unidade da nação portuguesa deixaram Salvador. Alguns fugiram para outras províncias onde a resistência ainda era grande, como Maranhão e Grão-Pará. Outros zarparam para Lisboa e Porto, passando por Londres e Falmouth, pois a restauração da monarquia bragantina gerara um clima de perseguição aos liberais em Portugal.[8]

No Maranhão, os confrontos entre partidários de diferentes projetos liberais, que envolviam desde a defesa da proposta constitucional das Cortes até o apoio ao "sistema do Rio de Janeiro", estenderam-se pelos meses de julho e agosto de 1823, tal como aconteceu no Piauí. O predomínio dos grupos políticos e mercantis que passaram a defender o apoio à corte fluminense se deu a partir do bombardeio da capital, São Luís, pela esquadra de Lord Cochrane, que havia saído de Salvador.

Porém, tanto no caso do Maranhão quanto no do Grão-Pará, as circunstâncias eram bastante complexas. As resistências ao apoio a uma autoridade centralizada no Rio de Janeiro advinham de interesses econômicos ligados à exploração da floresta amazônica e à dominação sobre etnias indígenas, interesses que se ramificavam no Rio Negro, no Piauí e no interior da antiga América portuguesa, especialmente no norte de Goiás. Para muitos políticos e produtores da região, o mercado europeu, intermediado por negociantes de Lisboa e do Porto, era muito mais promissor para os produtos gerados pelo extrativismo do que as conexões com o Rio. Em razão desses vínculos com Portugal, lideranças do Grão-Pará imaginavam que as Cortes e o governo constitucional em Lisboa enviariam tropas e navios que pudessem sustentar a guerra e garantir uma vitória contra seus oponentes. Mas esse auxílio não se concretizou.[9]

Em agosto de 1823, chegava a Belém um navio de guerra comandado por John Grenfell, mercenário inglês a serviço da Marinha da corte fluminense que vinha do Maranhão, depois de ter ajudado Lord Cochrane a conquistar o alinhamento das autoridades de São Luís ao governo imperial. A força militar vinda da corte acabou assumindo peso decisivo para a definição, ainda que momentânea, do predomínio dos grupos liberais dispostos a suspender a guerra civil e a pactuar um acordo com o Rio de Janeiro. Entretanto, mesmo a concordância com a separação de Portugal e o reconhecimento da autoridade de d. Pedro, firmada por membros da Junta de Governo, em Belém, não impediu a continuidade de manifestações de contestação a essas decisões.[10]

Pelo contrário, confrontos de rua, de caráter antilusitano, eram frequentes, demonstrando que a conflagração entre diferentes segmentos sociais não havia terminado e se estenderia até pelo menos 1825. Um desses confrontos, em outubro de 1823, ficou marcado por agressões a portugueses, especialmente comerciantes de secos e molhados que tinham armazéns nas áreas portuárias de Belém, e pela violência da repressão imposta por Grenfell aos manifestantes e às tropas que os apoiavam. O comandante inglês mandou fuzilar em praça pública cinco dos envolvidos, depois de efetuadas várias prisões. Quase trezentos investigados pelos atentados a lojas e a comerciantes foram jogados no porão de um brigue de guerra estacionado no porto, denominado *Palhaço*. Sem água e sem ar durante dias, os prisioneiros morreram asfixiados. Grenfell não assumiu a culpa, nem Lord Cochrane, que também atuou no Grão-Pará, mas essas situações escancaram aspectos do arbítrio, da impunidade e da crueza das guerras de Independência.[11]

As lutas políticas assumiram outra fisionomia na chamada Província Cisplatina. Os projetos em debate naquela região envolviam ao menos três alternativas: a incorporação ao Império Português, acordada em 1821 com lideranças alinhadas ao governo joanino e a grupos mercantis, especialmente fluminenses; a integração às Províncias Unidas do Rio da Prata sob a liderança de Buenos Aires; e a declaração de independência da Banda Oriental. Mas, em fins de 1822, esse quadro se alterou. A decisão sobre o rompimento com o Reino de Portugal e a coroação de Pedro I como imperador fragilizaram os argumentos que tinham justificado a incorporação da Cisplatina ao Império Português. Com a separação, não estava claro se a corte do Rio de Janeiro manteria a proteção e a pacificação da Banda Oriental do Rio da Prata, como fora pactuado com o general Lecor, quando da ocupação de Montevidéu.

A presença de tropas portuguesas não obstou, entretanto, divergências de opinião e conflitos armados. Apesar do empenho de negociantes e produtores das províncias do Centro-Sul do Brasil, principalmente fluminenses, para fortalecer os laços de comércio com a região, as lideranças orientais pró-incorporação foram perdendo respaldo, pois não se efetivaram as medidas necessárias para organizar administrativamente o território ocupado e conferir a seus habitantes as mesmas condições constitucionais que as Cortes haviam definido para os "portugueses". Além disso, os governos de Buenos Aires, Santa Fé e Entre Ríos procuravam fomentar grupos armados para invadir e instabilizar a Banda Oriental. A partir de 1823, o quadro se agravou ainda mais. Para muitas das lideranças políticas das novas repúblicas na América, a vizinhança com o Brasil exigia precauções, sobretudo pelas heranças expansionistas, das quais a Banda Oriental era um exemplo. Além do quê, a movimentação de Buenos Aires solapava a defesa da incorporação ao Brasil, tanto que a Cisplatina foi a última província a aderir formalmente ao Império, em fevereiro de 1824, graças à forte presença do general Lecor. Mas essa decisão não garantiu a pacificação. As lutas armadas entre os atores políticos foram retomadas a partir de 1825, estendendo-se até 1828, quando a Banda Oriental proclamou a Independência, tornando-se a República Oriental do Uruguai.[12]

Todas essas circunstâncias, aqui traçadas em linhas gerais, podem ser consideradas uma moldura ou um pano de fundo onde se descortinaram as ações do governo e das oposições diante da tarefa de constituir naquele presente e para o futuro as bases conceituais e diretivas do Império. Tornava-se premente definir um pacto entre os cidadãos e destes para com a monarquia e o imperador, bem como um pacto entre o governo central e as províncias. O delineamento dessa obra política é o tema central deste capítulo, dedicado ao projeto constitucional de 1823, ao fechamento pela força armada da

Assembleia, em novembro desse mesmo ano, e à outorga da Carta de 1824, que vigorou durante todo o período imperial com modificações realizadas nas décadas de 1830 e 1840. Por meio da discussão de aspectos desses documentos será possível questionar dois dos pressupostos que cercam a compreensão do processo de Independência e de construção do Império: o de que a opção monárquica em torno de d. Pedro não se coadunava com os regimes liberais e constitucionais surgidos dos movimentos independentistas americanos; e o de que as práticas liberais eram incompatíveis com a escravidão, de modo que no Brasil o liberalismo seria uma espécie de fachada para encobrir a continuidade de instituições coloniais. Ambos os argumentos vêm sendo problematizados por uma ampla bibliografia, que nas décadas mais recentes tem demonstrado a pertinência de outros caminhos para a compreensão da sociedade e da política brasileiras no século XIX.[13]

A Assembleia de 1823: Debates e contendas

O início dos trabalhos da Assembleia, em abril de 1823, com as sessões preparatórias para a validação dos diplomas dos eleitos pelas províncias, deu novo formato a debates que vinham se desenvolvendo desde a deflagração da Revolução de 1820. As tratativas em torno da declaração de Independência e das cerimônias de aclamação e coroação de d. Pedro I, entre os meses de setembro e dezembro de 1822, respaldaram um movimento efetivo do governo para afastar, no âmbito das províncias coligadas, ainda que temporariamente, grupos políticos liberais articulados às propostas constitucionais defendidas pelas Cortes de Lisboa, voltadas sobretudo para o cerceamento dos espaços de atuação do rei e do Poder Executivo.

Apesar da popularidade dos representantes desses grupos liberais, a exemplo de Gonçalves Ledo, Januário da Cunha

Barbosa, Clemente Pereira e João Soares Lisboa, foram bem-sucedidas as ações do ministério para frear a vitória de manifestações contrárias à separação e a uma possível subordinação do imperador ao Poder Legislativo, como desejavam aquelas lideranças quando propuseram o juramento prévio do monarca à Constituição aprovada pelas Cortes. Na imprensa do período e, mais tarde, durante os debates na Assembleia, a responsabilidade por decisões, como o fechamento de jornais, prisões, processos, proibição de reuniões de sociedades maçônicas e exílios foi atribuída a José Bonifácio, que, especialmente em 1823, teve que se defender das acusações de ser "déspota", aliado a absolutistas e a um governo forte, e de intervenção contra as oposições e as liberdades recém-conquistadas.[14]

Gonçalves Ledo, Clemente Pereira e outros liberais denunciados pelo governo como "republicanos" estavam no exílio quando a Assembleia iniciou suas atividades. Porém a definição dos limites para o exercício do Poder Executivo não tinha deixado de ser um dos problemas centrais da Constituinte. Muito ao contrário, foi alvo de inúmeras discussões, ao lado das questões envolvendo a definição de quem seriam os cidadãos do Império.

Em abril de 1823, representantes de treze províncias estavam presentes às sessões: Rio de Janeiro, São Paulo, Minas Gerais, Pernambuco, Bahia, Ceará, Paraíba, Alagoas, Rio Grande do Sul, Rio Grande do Norte, Goiás, Santa Catarina e Mato Grosso. Eram pouco mais de cinquenta deputados, já que nem todas as bancadas compareceram integralmente. Mas isso demonstra a movimentação do governo da corte, de ministros e seus emissários, para agregar lideranças locais, atuação que teve continuidade e resultou na presença de mais de oitenta deputados nos meses seguintes, quase o número total de cem representantes previstos no decreto de convocação. Afinal, caberia a esses deputados definir não só os poderes de Estado como um pacto governativo entre o poder central e os poderes provinciais, sem o que o Império não se constituiria efetivamente.

Se muitos dos eleitos tinham uma atuação restrita às vilas em que residiam, outros haviam participado de movimentos contestatórios ao Antigo Regime, nos fins do século XVIII e durante o governo joanino, a exemplo de José de Rezende Costa, inconfidente mineiro, e Francisco Muniz Tavares e Venâncio Henriques de Rezende, revolucionários de 1817. Acrescente-se a isso a relevante experiência política desses atores nas eleições às Cortes e, principalmente, nas eleições das juntas governativas que administravam as províncias desde 1821. Também integravam a Constituinte ex-deputados às Cortes de Lisboa, como Muniz Tavares e Pedro de Araújo Lima, por Pernambuco, além de Antônio Carlos de Andrada, José Ricardo da Costa Aguiar, Francisco de Paula Sousa e Melo e Nicolau Pereira de Campos Vergueiro, por São Paulo. Por ainda não estarem acertadas as condições das incompatibilidades eleitorais, José Bonifácio e seu irmão Martim Francisco, que eram ministros quando das eleições à Assembleia, puderam ser indicados deputados, respectivamente pelas províncias de São Paulo e Rio de Janeiro, sem abandonar os cargos no Poder Executivo. Em contrapartida, mudanças no governo, em 1823, fizeram com que deputados como Manuel Jacinto Nogueira da Gama e José Joaquim Carneiro de Campos assumissem cargos ministeriais sem perder o mandato na Assembleia.

Todos esses deputados acalentavam projetos de futuro para o Brasil e para suas províncias, fundamentados na sua formação, nas vivências políticas, em interesses econômicos e de poder, mas, sobretudo, no conhecimento das experiências liberais europeias e americanas. Em muitos casos, traziam propostas absolutamente antagônicas e alimentadas pela luta armada e pelos conflitos sociais que se espraiavam pelo território, avivados por prevenções e suspeitas em relação ao governo do

Rio de Janeiro e ao imperador. Representantes de diferentes matizes liberais, como Antônio Carlos e Henriques de Rezende, tiveram que conviver com monarquistas de perfil conservador refratários à participação popular, a exemplo de José da Silva Lisboa. Mas viram-se todos diante de desafios semelhantes aos enfrentados pelos constituintes norte-americanos de fins do século XVIII, pelos deputados espanhóis e americanos reunidos em Cádiz em 1812, e depois em Madri em 1820, e pelos deputados reunidos em Lisboa entre 1821 e 1822. No caso, particularmente, dos liberais vinculados aos ideais das Constituições ibéricas, não estavam dispostos a se vergar às pressões imperiais.

Se, por um lado, as experiências americanas e as contendas ainda em curso, em especial na região do Prata, podiam inspirar proposições em relação à estrutura governativa do Império a ser construído, por outro, era inegável o peso das condições históricas peculiares provocadas pelos treze anos de permanência da família real portuguesa no Brasil e pelos vínculos dinásticos que pautavam as relações entre as cortes do Rio de Janeiro e de Lisboa, notadamente após a Vilafrancada. Essas circunstâncias, bem como as motivações que tinham levado à separação do Reino europeu, foram sublinhadas por d. Pedro I quando da abertura solene da Assembleia, em 3 de maio de 1823, data em que se comemorava também, naquela época, o descobrimento da Terra de Santa Cruz por Pedro Álvares Cabral. O que não era mera coincidência: o governo da corte procurava associar a construção do Império e a figura do imperador a uma redescoberta da América portuguesa, dessa vez como Estado e nação independentes.

Cabia aos deputados discutir as atribuições dos poderes de Estado, os mecanismos que regulavam o sempre instável equilíbrio entre Executivo, Legislativo e Judiciário;[15] as atribuições e limites dos membros de cada poder; as articulações entre poder central e poderes locais; as maneiras como seria exercida a governança de províncias e municípios; o tratamento a ser dispensado a portugueses já radicados e recém-imigrados, no que se referia ao pleno exercício da cidadania; a aplicação da justiça nos vários níveis em que a administração seria exercida; as forças de mar e guerra; o sistema de tributação; as formas das eleições; e principalmente a definição dos cidadãos do Império com seus respectivos direitos e garantias civis e políticas. A essa tarefa constitucional também estava atrelado o papel legislativo a ser exercido pela Assembleia, que tinha a responsabilidade de dar encaminhamento a questões urgentes, como a do perfil dos governos locais, enquanto a Constituição não estivesse elaborada e aprovada.[16]

O projeto de Constituição foi entregue a uma comissão composta por sete deputados: Antônio Carlos de Andrada (São Paulo), José Bonifácio (São Paulo), Antônio Luís Pereira da Cunha (Rio de Janeiro), Manuel Ferreira da Câmara Bittencourt e Sá (Minas Gerais), Pedro de Araújo Lima (Pernambuco), José Ricardo da Costa Aguiar (São Paulo) e Francisco Muniz Tavares (Pernambuco). Chama a atenção o predomínio de representantes de São Paulo, em particular a presença de José Bonifácio, que ocupou até julho de 1823 o Ministério do Interior e Estrangeiros. Isso sugeria a tentativa de salvaguardar interesses do governo relacionados ao texto constitucional, bem como de agilizar sua elaboração, pois a Constituição era instrumento decisivo nas tratativas pelo reconhecimento internacional.

Entretanto, enquanto o projeto estava sendo redigido para posterior apreciação e discussão no plenário, o que se deu apenas em setembro de 1823, os deputados se dividiram entre discussões de natureza legislativa e demandas que chegavam de diferentes regiões a respeito de assuntos que abrangiam desde a educação pública, a construção de pontes e estradas até a organização de tropas e a cobrança de impostos. A imprensa na corte e nas províncias acompanhava de perto os trabalhos, repercutindo e municiando os embates de opinião, a exemplo de Cipriano Barata com o periódico *Sentinela da Liberdade*.[17] Depois de voltar de Lisboa, onde havia representado a Bahia junto às Cortes, Barata, mesmo eleito para a Constituinte com votação expressiva, recusou-se a participar do colegiado, como forma de se rebelar contra a possibilidade de que os deputados acabassem se rendendo a princípios liberais alinhados ao fortalecimento da figura do monarca e à centralização política das decisões. Por meio da *Sentinela*, ele pretendia mobilizar os segmentos de votantes e eleitores contra qualquer tentativa que, a seu ver, pudesse representar a desorganização do "sistema liberal" implementado em 1821, mostrando-se particularmente contrariado com a perspectiva de que o imperador exercesse o poder de veto sobre decisões do Legislativo.

Desde os fins de 1822, vários periódicos tinham se voltado para a discussão dos futuros trabalhos da Assembleia, defendendo o respeito à soberania da nação, em nome do pleno andamento dos negócios públicos e privados, e, sobretudo, a compreensão de que o Poder Legislativo, por expressar a vontade e a opinião dos cidadãos, era o núcleo decisório de um governo constitucional. Assim se manifestavam os redatores do *Revérbero Constitucional Fluminense*, antes de serem processados pelo governo e optarem pelo exílio.[18] Na mesma ocasião, o redator de *O Regulador Brasileiro* se apropriava de argumentos de Benjamin Constant para propor que os limites entre os poderes de Estado fossem claramente explicitados, garantindo-se as liberdades individuais e a atuação da esfera privada contra os arbítrios tanto do Poder Executivo quanto de um Poder Legislativo que extrapolasse suas atribuições, a exemplo, segundo ele, do que havia acontecido com as Cortes de Lisboa. A monarquia a ser erguida no Brasil deveria, na visão do político francês, conciliar os direitos dos cidadãos com a figura de um monarca suficientemente forte para assegurar a harmonia entre o Estado e a nação e entre os poderes de Estado. Figura que, para o periódico, d. Pedro representava com maestria.[19]

Já João Soares Lisboa, mesmo tendo sido preso ao retornar do exílio em 1823,[20] retomou a publicação do *Correio do Rio de Janeiro* e passou a atuar de modo bastante ativo nos debates em torno da feitura da Constituição. Propunha a recuperação dos princípios da Constituinte portuguesa, bem como a prevalência da autonomia provincial ante a esfera de ação do governo central, apesar de realçar a importância da atuação do monarca como agente "vigilante" das autoridades em geral e dos membros do Executivo para que cumprissem seus deveres e respeitassem as liberdades individuais.

Entre maio e setembro de 1823, enquanto era formulada a proposta constitucional pela comissão encarregada da tarefa, os debates na Assembleia tiveram caráter legislativo e resultaram em um conjunto de decisões gerais.[21] Essas leis foram publicadas no mesmo dia, 20 de outubro de 1823, e procuravam normatizar procedimentos político-administrativos. A primeira delas estabelecia a forma como os decretos da Assembleia seriam promulgados, definindo-se que não haveria sanção imperial a esses instrumentos legais, pois se originavam de uma Assembleia Constituinte, munida de poderes para definir o pacto entre cidadãos e governo, não cabendo interferência do imperador. A decisão aprofundava fissuras e discordâncias entre deputados e d. Pedro abertas desde 3 de maio, ocasião em que, na cerimônia de inauguração dos trabalhos, o imperador deixara claro que a Constituição deveria ser digna dele.

O segundo decreto determinava a extinção do Conselho de Procuradores, criado em 1822, colegiado que ajudara a respaldar a convocação de uma Assembleia Constituinte. Doravante, e enquanto não houvesse a definição do texto constitucional, d. Pedro seria auxiliado por um conselho vinculado diretamente ao Executivo, composto apenas pelos ministros e secretários de Estado.

Outra medida dizia respeito à impossibilidade, durante o tempo de duração da Constituinte, de os deputados exercerem "qualquer emprego", com exceção de ministros e secretários de Estado, bem como do ocupante do cargo de intendente de polícia da cidade e corte do Rio de Janeiro. Estabelecia-se um princípio de incompatibilidade entre a atuação legislativa e a prática simultânea de emprego ou cargo, mas isentando-se integrantes do Poder Executivo, o que facultava, naquele momento, a presença atuante de ministros na Assembleia, contribuindo para embaralhar a prática desses poderes e ampliar a ingerência do Executivo no Legislativo. A questão era que o imperador e os ministros pretendiam explorar as divergências políticas entre os deputados, com o auxílio de seus notórios aliados na Assembleia, como José da Silva Lisboa.

Alguns deputados buscavam referências nas Cortes e nas juntas governativas, defendendo as autonomias locais ante um Estado centralizado. Outros, mesmo reconhecendo a relevância da autonomia administrativa local, estavam mais propensos a apoiar um Estado nacional centralizador que se impusesse aos conflitos sociais e encaminhasse o mais rápido possível a pacificação e a eliminação de regulamentações coloniais que, em sua visão, obstavam a plena inserção do Brasil na nova divisão do trabalho e da produção criada pela Revolução Industrial, sem que isso necessariamente levasse à supressão do tráfico de escravos e da escravidão.[22]

Não havia uma divisão nítida entre os deputados, e tampouco o predomínio de uma vertente liberal sobre outras, o que dava margem a muitas negociações. Assim, as discussões eram proteladas até que um consenso provisório fosse alcançado. A lei sobre a forma de promulgação dos decretos da Assembleia, que brecou o veto imperial, demonstrava a força dos liberais afinados com princípios das Cortes de Cádiz e de Lisboa e com salvaguardas contra todas as formas de poder absoluto. Entretanto, a extinção da figura dos procuradores provinciais e a compatibilidade, ainda que provisória, entre a função de ministro e a de deputado mostravam o peso de liberais que buscavam uma composição entre as prerrogativas monárquicas e a atuação do Legislativo. Aproximando-se de Constant, entre outros pensadores monarquistas, esses deputados temiam a ação "destruidora" dos chamados jacobinos, mas não queriam se desfazer das liberdades individuais e coletivas já alcançadas. Propunham limitações à extensão da cidadania, sublinhando, além disso, as funções mediadoras entre os poderes que caberia ao monarca exercer junto com as atribuições do Executivo.[23]

Ao longo dos debates, e diante das dificuldades de entendimento que foram surgindo a respeito do texto constitucional, os deputados concordaram em ampliar a vigência do conjunto de leis e ordenações pelas quais o Brasil era regido desde abril de 1821, quando do retorno de d. João VI a Portugal. Foram validadas também todas as deliberações adotadas por d. Pedro durante o período em que foi regente, tendo em vista a regulamentação dos "negócios do interior deste Império". O mesmo ocorreu com muitos decretos expedidos pelas Cortes de Lisboa que foram mantidos, especialmente os que se relacionavam a dívidas, a créditos junto ao Tesouro público e à atuação arbitrária da polícia. Os constituintes preocupavam-se, desse modo, em manter um lastro jurídico e legal em vigor para garantir a governabilidade e a continuidade da produção econômica.

Foi aprovada também uma nova forma de governo para as províncias, suspendendo-se os decretos das Cortes a respeito dessa matéria. Fundamental do ponto de vista do pacto que deveria reger as relações entre o governo central e os governos locais, o decreto da Assembleia, mesmo incorporando reivindicações de grupos liberais que lutavam pela autonomia provincial, expressava a posição do governo, estabelecendo princípios que foram retomados por ocasião da feitura da Carta de 1824.

O decreto determinou a abolição das juntas governativas eleitas entre 1821 e 1822 e definiu que o governo das províncias seria exercido por um presidente, nomeado pelo imperador, e por um conselho composto de seis membros, eleitos através dos mesmos procedimentos dos deputados à Assembleia. Frisava-se que só poderiam ser escolhidos para esse colegiado cidadãos com mais de seis anos de residência na província, o que implicava, tal como as instruções para a eleição dos constituintes, a exclusão de um contingente significativo de portugueses recém-imigrados. Caberia ao presidente, em conselho, tratar de todos os assuntos atinentes à produção, comércio, educação, governos municipais, obras e cobranças de impostos, entre outros. Uma corregedoria destinada à arrecadação das receitas provinciais seria responsável por sua remessa ao Tesouro público. Haveria ainda um comandante da força militar, nomeado pelo presidente e pelo Conselho.

O documento demonstrava que a Assembleia procurou enfrentar um problema de natureza política que fora bastante discutido nas Cortes portuguesas, concernente às esferas de poder a serem exercidas pelos municípios, pelas províncias e pelo poder central da monarquia. Nos Estados Unidos, por exemplo, essa questão demandara intensos debates entre federação e confederação, noções que circularam igualmente pelos discursos dos deputados, tanto nas Cortes quanto na Assembleia.[24] Ao mesmo tempo que alguns constituintes reconheciam que era o momento de fortalecer o poder central, promovendo vínculos mais efetivos entre as partes e a entidade representativa do todo, outros buscavam fazer face à heterogeneidade das províncias e da própria sociedade, rearticulando, mas de modo específico, as dimensões da "nação" e da "pátria do cidadão".

Nos debates em Lisboa, assim como nas reflexões de vários políticos no Brasil entre 1821 e 1822, como Frei Caneca, a "pátria do cidadão" não era necessariamente o lugar de nascimento, mas onde estavam enraizados bens, família e negócios.[25] A nação referia-se a uma coletividade ampla, na qual a convivência entre diferentes e desiguais era viabilizada pelo compartilhamento de um sentimento de pertença a uma comunidade imaginária, materializada a princípio na monarquia portuguesa e no soberano. Assim, a nação portuguesa agregava diversas pátrias, entrelaçando identidades: por exemplo, ser paulista e ser pernambucano conviviam com ser português.

No momento, porém, em que a Assembleia eleita detém a soberania para constituir uma nova entidade nacional e seus cidadãos são despregados da nação portuguesa, "pátria do cidadão" e "nação" confluem para delinear uma única identidade, a "brasileira", que se sobrepõe à heterogeneidade e à multiplicidade sociais, sem dissolvê-las. A "nação" passa a ser um elemento unificador das diferentes "pátrias", reforçando-se a relação da cidadania com o lugar de nascimento, mas, sobretudo, com o lugar de enraizamento de bens, negócios e família. Isso seria um argumento importante para justificar a integração à cidadania de portugueses já radicados no Brasil e, em particular, dos recém-imigrados, o que, todavia, não era consensual entre os deputados. Mas a discussão servia de pretexto para que autoridades e órgãos de imprensa, como o *Correio do Rio de Janeiro*, condenassem o antilusitanismo, muito presente nas principais cidades do Brasil naquele momento.

No entanto, os detalhamentos inseridos no decreto referente aos governos provinciais tinham implicações em outros aspectos essenciais à configuração da cidadania. O texto estabelecia também que ao presidente e aos Conselhos provinciais caberia promover a catequese dos indígenas, a colonização de estrangeiros e o "bom tratamento dos escravos", arbitrando-se "sua lenta emancipação".[26] Evidenciava-se de modo incontornável o quanto a definição dos cidadãos do Império se relacionava à escravidão. Ao mesmo tempo que os deputados jogaram para fora do âmbito constitucional a questão do tráfico internacional de escravos, deixando as discussões concentradas na diplomacia, debates acalorados decidiram que podiam ser cidadãos do Império os homens livres habitantes do Brasil e nele nascidos, os portugueses residentes no Brasil antes de 12 de outubro de 1822, os estrangeiros naturalizados e "os escravos que obtiveram carta de alforria", sem se discriminar se eram nascidos no Brasil ou na África.[27]

A concessão de cidadania a libertos e descendentes de africanos representava uma interpretação bastante inclusiva das práticas liberais que prevaleceram no projeto de 1823. Vale lembrar, entretanto, que no universo liberal daquela época o mundo dos homens livres contrapunha-se ao dos escravizados e que a ideia de igualdade estava articulada, de forma estrita, à propriedade. Era a propriedade de si mesmo e, notadamente, de bens e patrimônio que garantia a plena liberdade política aos homens livres, bem como a condição de igualdade entre eles como proprietários.[28] Essa cidadania inclusiva, despregada de condicionamentos raciais, visava incorporar politicamente a multiplicidade de pequenos e médios produtores rurais e urbanos que formavam a grande maioria da sociedade, articulando-se por redes de compadrio, dependência, produção e comércio, e também pela cultura política, às camadas mais ricas de proprietários e negociantes. Quando das eleições para as Cortes e para as juntas de governo, esses contingentes já haviam atuado, principalmente nas eleições primárias.

Nesse sentido, houve consenso entre os deputados quanto à exclusão de escravizados e indígenas do pacto social que então se delineava, mas a questão dos libertos gerou uma contenda com implicações sobre o futuro da escravidão. Deputados como José da Silva Lisboa, um ferrenho monarquista, defenderam o ponto de vista de que os libertos fossem cidadãos, sem diferença de lugar de nascimento, o que prevaleceu no texto do projeto de 1823. Essa era uma consideração de cunho antiescravista que venceu no plenário, a despeito de ser rechaçada posteriormente no texto na Carta de 1824. O objetivo era iniciar o processo gradual de emancipação dos escravizados e criar homogeneidade civil, política e jurídica entre os habitantes da nação.

Em contrapartida, deputados como João Severiano Maciel da Costa defenderam que a concessão da cidadania aos libertos deveria se restringir aos que tivessem nascido no Brasil. A diferença que propunha entre esses e os libertos nascidos na África envolvia a perspectiva de que não haveria prazo para a suspensão do tráfico internacional de escravos, prevendo-se, portanto, a entrada constante de "estrangeiros" no Império e a adoção necessariamente de políticas de controle social, entre as quais a referida distinção.[29] A proposta de Maciel da Costa em relação ao tema foi derrotada no plenário da Constituinte pelo argumento de Silva Lisboa, muito embora a perspectiva escravista que defendeu tenha sido recuperada na Carta de 1824.

Entretanto, outra argumentação defendida por Maciel da Costa acabou sendo vitoriosa no plenário da Assembleia: a que estabelecia uma diferença de qualificação entre cidadãos que votavam e poderiam ser eleitos e cidadãos que não poderiam votar ou que poderiam fazê-lo apenas nas eleições primárias, divisão que espelhava procedimentos definidos pelas Constituições de Cádiz e Lisboa. Foram considerados "membros da sociedade do Império do Brasil" os homens livres nele nascidos, os estrangeiros naturalizados, os portugueses residentes antes de 12 de outubro de 1822 e os escravizados com carta de alforria.[30] A todos esses estariam assegurados os direitos civis e as liberdades a eles associadas. Porém, segundo a proposta de Maciel da Costa, poderiam votar nas eleições primárias os brasileiros livres, os libertos nascidos no Brasil e os estrangeiros naturalizados, desde que tivessem rendimento líquido anual equivalente ao valor de 150 alqueires de farinha de mandioca, proveniente de bens próprios ou alugados, de comércio ou artes, estabelecendo-se exceções para caixeiros, criados de servir e religiosos.

Note-se que alqueire não era o nome dado apenas a uma medida de extensão usada em propriedades rurais. Naquela época, era também uma medida de peso: um alqueire de farinha correspondia a uma saca de trinta quilos, cujo valor variava de acordo com freguesias e províncias. É possível, no entanto, lançar a hipótese de que o preço médio de 150 alqueires de farinha chegasse a 100 mil-réis, valor posteriormente definido como piso de renda para os cidadãos na Carta de 1824. O projeto constitucional sublinhava que os libertos seriam votantes, não podendo ser eleitores ou eleitos para as diferentes autoridades eletivas, como deputados, senadores e membros dos Conselhos provinciais. E os homens livres que não se adequassem a todas essas exigências não poderiam atuar nos processos eleitorais.

A premissa fundamental defendida por Maciel da Costa, mas amplamente aceita pelos deputados, era a mesma que sustentava o entendimento de nação: pertencimento a uma comunidade na qual o indivíduo havia enraizado interesses, bens e família, o que se materializava em rendimentos anuais e na capacidade de pagar tributos, aspectos incorporados à Constituição dos Estados Unidos desde fins do século XVIII. O pressuposto de que os pobres estavam excluídos da entidade política designada "povo" havia se delineado desde o século XVII, na Grã-Bretanha, e foi mantido e reinterpretado pelos legisladores espanhóis e americanos de 1812 e pelos legisladores nas Cortes de Lisboa em 1822.

Quanto mais alto fosse o cargo na hierarquia legislativa, maior era o valor dos bens e rendimentos exigidos. Para ser eleitor, o rendimento líquido anual deveria ser o equivalente a 250 alqueires de farinha de mandioca; para ser deputado, além da propriedade de bens, era exigida uma renda anual equivalente a quinhentos alqueires de farinha de mandioca; e para ser eleito senador exigia-se o dobro dos rendimentos necessários para ser deputado. Estabeleciam-se, desse modo, distinções entre cidadãos ativos e passivos, definindo-se também o grau de participação e os contingentes excluídos, entre os quais se encontravam especialmente portugueses. Apesar de serem considerados cidadãos, os portugueses residentes antes de 12 de outubro de 1822 poderiam votar apenas nas eleições primárias, desde que cumprissem os requisitos de renda, mas dificilmente poderiam ser eleitores e se candidatar aos cargos de deputado ou senador, porque a Assembleia decidiu exigir para o exercício pleno da cidadania a comprovação de doze anos de residência no Brasil e vínculos matrimoniais com mulher brasileira.[31] Note-se que, em qualquer caso, o exercício da cidadania não estava condicionado à raça ou ao letramento. Os constituintes encaminharam politicamente a configuração da comunidade nacional, respondendo às demandas socioeconômicas e, em especial, às contrariedades geradas pela presença significativa de portugueses e sua constante imigração.

Os debates na Assembleia geravam, além da ampla repercussão na imprensa, situações contra as quais ministros e o imperador se insurgiram, e não só pela demora na definição dos termos do projeto constitucional. A despeito do arrefecimento da guerra na Bahia e dos encaminhamentos dos conflitos no Norte e no Nordeste, eram complexas as conversações em torno dos tratados de reconhecimento. E certas deliberações, como as referentes aos libertos e à situação dos portugueses, não contribuíam para o avanço dos acordos internacionais nem tampouco para encaminhar os conflitos entre "brasileiros" e "portugueses" que não estavam circunscritos a eventos localizados.

Por outro lado, o quadro político na corte a partir de meados de 1823 se alterou com a presença de liberais exilados que começaram a retornar ao Rio de Janeiro, inserindo-se novamente no debate público. Foi o caso, já comentado, do redator do *Correio do Rio de Janeiro*, que se mantinha em uma posição ambígua, ora apoiando o poder a ser exercido pelo imperador, ora denunciando ministros do governo imperial por serem arbitrários e desconsiderarem a liberdade de imprensa. A chegada de Gonçalves Ledo, Clemente Pereira e Januário da Cunha Barbosa coincidiu com duas situações interligadas: o agravamento das relações entre a Assembleia e o imperador e as repercussões da mudança ministerial em julho de 1823. A demissão de José Bonifácio e de seu irmão do ministério marcou a passagem de ambos para o campo da oposição, o que ficou demonstrado pela atuação no plenário e na imprensa. Um novo periódico, *O Tamoio*, escrito por apoiadores dos Andrada, passou a fazer campanha contra o governo, desequilibrando ainda mais as precárias negociações entre deputados e Executivo, entre "brasileiros" e "portugueses".[32]

Não há uma interpretação única sobre o afastamento dos Andrada do governo. Para alguns historiadores, a razão principal teria sido a posição antiescravista de José Bonifácio, contrária à da maior parte dos grupos dirigentes, explicitada em documento que defendia a extinção gradual do tráfico e da escravidão, o que o aproximava de José da Silva Lisboa nesse tema. Entretanto, é importante considerar que o próprio José Bonifácio reconhecia a dificuldade de, em 1823, implementar essas medidas. Em carta remetida em abril desse ano a Henry Chamberlain, enviado britânico ao Rio de Janeiro, o então ministro comentava a desumanidade do tráfico de escravos, mas alertava sobre a impossibilidade de pensar na sua abolição naquele momento. Era preciso garantir mão de obra para a lavoura antes de qualquer decisão a respeito, pois sem o trabalho escravo haveria uma crise na produção e consequências imprevisíveis para o Império. O que mais o preocupava, porém, era a provável reação da grande maioria dos produtores, que, sem o principal suprimento de trabalhadores para as lavouras, se voltariam contra o governo da corte, provocando uma rebelião que destruiria a estabilidade do imperador.[33] Reconhecia, desse modo, a multiplicidade de pequenos e médios proprietários ou rendeiros dos quais dependiam o abastecimento do mercado interno e parte significativa das exportações, e que compunham a enorme maioria dos cidadãos do Império.

No entanto, outros dois motivos para a demissão podem ser considerados. O primeiro deles seria a criação da Ordem do Cruzeiro por d. Pedro, para dar continuidade a uma prática instituída por d. João VI na direção de uma nobiliarquia brasileira, o que contribuiu para a formação de um grupo áulico, vinculado a antigos e novos membros da corte, especialmente portugueses.[34] O segundo e mais importante foi, sem dúvida, a interpretação, por parte dos Andrada e de vários deputados, de que para consolidar a separação era preciso tratar os portugueses recém-chegados como estrangeiros, inviabilizando sua integração às Forças Armadas e ao funcionalismo, o que teria provocado descontentamento entre os membros da corte.

Mas a posição dos Andrada contra a presença acentuada de portugueses em volta do imperador franqueou o caminho para uma rearticulação deste com Gonçalves Ledo, Clemente Pereira e Januário da Cunha Barbosa. Esses liberais, em especial Clemente Pereira, tinham vínculos com portugueses, sobretudo os que atuavam nos negócios de importação e exportação, e poderiam dar sustentação às decisões do governo. Isso significou também um recuo desses políticos na defesa dos princípios constitucionais das Cortes e uma aliança com deputados que queriam avançar na feitura de um documento constitucional liberal que defendesse amplamente liberdades individuais e coletivas, mas negociasse um espaço de atuação efetiva e simbólica para o monarca.

Todos esses ingredientes, aliados às pressões internas, geradas pelas guerras, e externas, envolvendo os termos dos tratados, mudaram o tom das desconfianças e animosidades entre d. Pedro e os deputados. A impaciência do imperador diante da ação de constituintes para limitar sua autoridade e seu campo de ação acabou gerando um clima de confronto, no qual qualquer pretexto poderia justificar o fechamento da Assembleia pelas tropas imperiais. Isso aconteceu em novembro de 1823, quando Cipriano Barata publicou na *Sentinela* uma matéria sobre a traição ao governo por parte de soldados portugueses. A repercussão saiu da esfera do bate-boca e dos insultos para manifestações de rua, com feridos, espancamentos e o envolvimento de tropas contrárias e favoráveis aos portugueses acusados. Entre 11 e 12 de novembro, os deputados atravessaram a madrugada em sessão aberta condenando as retaliações e a violência. A chamada "noite da agonia" encerrou-se com a entrega ao presidente da Assembleia de um decreto do imperador que fechava sumariamente os trabalhos em nome da "salvação nacional" e se comprometia a apresentar uma Constituição "muito mais liberal" do que o projeto em debate, a ser apreciada por outra assembleia convocada pelo governo.[35]

O fechamento da Assembleia, para além da imensa comoção e das gravíssimas consequências políticas que promoveu, inviabilizou a continuidade da discussão e da aprovação dos mais de 250 artigos do projeto constitucional. Entre eles, merecem destaque a relação de direitos individuais e liberdades garantidos aos brasileiros; a definição do Império como uno e indivisível, compreendendo as províncias e por federação o Estado cisplatino; a monarquia representativa como forma de governo, composta por poderes independentes e harmônicos — o Executivo, o Legislativo e o Judiciário; a composição do Poder Legislativo em duas assembleias: a Câmara dos Deputados e o Senado, sendo a definição dos impostos e o recrutamento militar iniciativas da Câmara, enquanto ao Senado caberia tratar os delitos de responsabilidade de ministros e demais servidores; a atuação legislativa do imperador no sentido de propor leis e decretos, mas sem poder de veto absoluto sobre matérias aprovadas pelo Legislativo; o poder do monarca em apenas adiar ou prorrogar as sessões legislativas, sem possibilidade de intervir e suspender os trabalhos da Câmara; e, por fim, artigos que previam a gradual emancipação dos escravizados, sua educação e "civilização", inscrevendo essas relações de trabalho nos termos de um contrato de natureza privada entre senhores e escravizados, o que vinha sublinhar, ao lado de outros artigos, o direito de propriedade. Vale lembrar que a cidadania remetia diretamente a esse direito e que, nos moldes propostos para os níveis de renda exigidos aos cidadãos ativos, bastava ser proprietário de um escravizado para se tornar votante e eleitor.

Boa parte do projeto de 1823 foi aproveitada pelos redatores da Carta de 1824. Porém os grupos liberais que mais defendiam a autonomia das províncias, a supremacia do Legislativo e a aproximação com as experiências americanas se sentiram violentados pelo fechamento da Assembleia, e vários deles tomaram em armas para lutar contra a configuração do Império e da monarquia proposta pelos dirigentes no Rio de Janeiro. De novo, foram derrotados. Mas quando o imperador precisou convocar o Poder Legislativo em 1826, os deputados da primeira (1826-9) e da segunda (1830-4) legislaturas não tinham esquecido os episódios de 1823 e tampouco a suspensão violenta de discussões que vinham se processando desde

1821 e interferiam no pacto entre os cidadãos e destes com o governo. Pelo contrário, souberam cobrar o que julgavam ser ações imperdoáveis do imperador — que, afinal, o levaram a abdicar, em 1831.

A Carta de 1824: Liberalismo, propriedade e relações de mercado

A 13 de novembro de 1823, um dia depois do fechamento da Assembleia e da convocação imediata de outra Constituinte, o imperador, por meio de uma proclamação, procurou explicitar os acontecimentos da véspera, quando acusou os deputados de "perjuros" por quebrarem o compromisso de defender a integridade e a independência do Império. D. Pedro questionava a soberania daquele colegiado e mostrava disposição em apresentar um texto constitucional de sua própria autoria. Ao mesmo tempo, afirmava que sua decisão não fora fruto do arbítrio ou do desejo de ofender a representação nacional. Tratava-se, a seu ver, de medida necessária, gerada pelo ambiente da Assembleia, pela "anarquia" que "facciosos"[36] tentavam promover, pondo em risco o equilíbrio entre os poderes de Estado, ameaçando o "sistema constitucional" e inflando a discórdia entre "cidadãos nascidos no Brasil e em Portugal". O governo, segundo ele, ao contrário do que divulgavam os deputados, não era despótico nem tramava a "união" com o Reino europeu. Fechar a Assembleia tinha sido um ato destinado a impedir uma guerra civil, argumentação que justificava o exílio de vários dos constituintes, entre eles os Andrada, criando-se uma narrativa na qual a culpa pela violência praticada contra os representantes provinciais era deles mesmos, incapazes que foram de conciliar as atribuições do Executivo e do Legislativo.

O imperador anunciava, então, a criação de um Conselho de Estado, formado por ministros e por "homens probos" especialmente escolhidos, para elaborar uma proposta constitucional a ser submetida às Câmaras Municipais para que a avaliassem e sobre ela enviassem manifestações e sugestões. O governo, além de externar a promessa de guiar-se por um texto constitucional mais liberal do que aquele que a Constituinte estava formulando, pretendia convencer a sociedade de que não haveria nenhuma imposição da corte do Rio de Janeiro ou do monarca e que a fonte de legitimidade do "pacto social" estaria na vontade soberana do conjunto de cidadãos manifestada pelas Câmaras e, posteriormente, avalizada por uma nova Constituinte a ser eleita, o que não ocorreu.

Ao lançar mão das Câmaras como entidades que poderiam intermediar os vínculos entre "povo" e monarca, o imperador recuperava tradições coloniais que faziam dessas instituições espaços para o exercício do direito civil de representação, mas nos moldes do Antigo Regime. O direito de representação não era equivalente à liberdade política e à prática da cidadania tal como as experiências liberais europeias e americanas demonstravam. Tratava-se de um subterfúgio que já havia sido tentado, mas sem sucesso, por d. João VI quando procurou driblar as pressões dos liberais em Portugal e, em especial, dos liberais fluminenses para que a Constituição a ser elaborada em Lisboa fosse jurada previamente por ele e pela corte. D. João e seus ministros pretendiam mobilizar as Câmaras para ouvi-las a respeito da nova ordem constitucional, mas tinham sido atropelados pelas manifestações de rua que exigiam o reconhecimento da Revolução de 1820.

Em fins de 1823, o embate entre o imperador, as forças políticas que o sustentavam e a Assembleia ocorreu sob condições diversas das de 1821. Mas, ao investir contra a soberania dos deputados, d. Pedro reinterpretava as tradições para conferir legitimidade à dissolução da Constituinte pela força. Rememorava um precedente: a invasão da praça do Comércio pelas tropas, em abril de 1821, para dispersar a assembleia de votantes e eleitores que exigiam a Constituição de Cádiz e a nomeação de representantes junto às Cortes. Além disso, a ação do governo pode ser vista como uma antecipação de dispositivos políticos e jurídicos que os membros da corte desejavam inserir na Constituição do Império, particularmente a possibilidade de o monarca dissolver o Poder Legislativo. A Carta de 1824 continha artigos nessa direção, facultando a d. Pedro esse poder de intervenção. Todavia, ao longo de todo o Primeiro Reinado, o imperador não pôs em execução essa possibilidade, apesar de tê-la nas mãos. Bastaram a experiência de 1823 e os custos políticos que essa causou.

A organização do Conselho de Estado, investido de poderes constituintes, exprimia uma recomposição das forças políticas articuladas ao governo de d. Pedro. O modo como o Conselho foi composto revela a perspicácia do monarca e de seus auxiliares mais próximos no sentido de, simultaneamente, reverter a seu favor proposições adotadas pela Assembleia e dar concretude ao argumento segundo o qual as reuniões dos representantes dos cidadãos tornavam-se inoperantes ou "tumultuárias" em razão de congregarem interesses e posicionamentos inconciliáveis, consumindo um tempo precioso que não podia ser desperdiçado diante de conflitos armados e questões internacionais que podiam prejudicar liberdades já conquistadas. Esse discurso visava desqualificar as oposições e, no caso, projetos liberais que discordavam da postura adotada pelos grupos dirigentes na corte. Deputados como Henriques de Rezende batiam na tecla de que quanto mais aperfeiçoados fossem os mecanismos constitucionais, mais amplamente a sociedade poderia usufruir de direitos e liberdades, o que demandava tempo e, claro, desgaste para o governo de d. Pedro. Isso revela o quanto projetos de Estado e nação, defendidos por segmentos proprietários divergentes, entrelaçavam princípios liberais e luta política pelo poder.

O argumento contrário à inoperância de colegiados constituintes já havia sido utilizado em outras ocasiões pelo governo da corte fluminense: para criticar a atuação das Cortes de Lisboa em termos das atribuições do poder real e da "recolonização" e para comparar os perigos do "despotismo" de um só governante com o desastre da "tirania" que poderia ser instaurada por uma assembleia disposta a assumir com exclusividade o poder soberano da nação. Em novembro de 1823, o redator do *Correio do Rio de Janeiro* valeu-se do mesmo argumento para atacar a "facção dos Andrada", que teria dominado a Constituinte, motivando violentas confrontações entre "brasileiros e portugueses", esgarçando as relações entre esses cidadãos e, sobretudo, distorcendo as funções daquele colegiado. O que demonstra, por outro lado, o forte entrelaçamento entre imprensa, grupos políticos na Constituinte e dirigentes da corte.

O suporte jurídico usado pelo governo para organizar o Conselho que deveria redigir a Constituição foi encontrado na legislação e no projeto da própria Assembleia: uma das leis de 20 de outubro de 1823 estabelecia que d. Pedro teria um Conselho de Estado, composto por ministros e secretários, para auxiliá-lo nos temas mais graves do Império. E artigos do projeto constitucional especificavam que ele poderia escolher e nomear cidadãos para, independentemente de cargos ministeriais, contribuir com a administração.

Valendo-se dessas disposições e da prerrogativa de nomear e demitir "livremente" ministros e secretários de Estado, d. Pedro escolheu a dedo os membros do Conselho, convocando alguns dos protagonistas mais poderosos do mundo dos negócios e da política no Rio de Janeiro e no Centro-Sul naquela época. Muitos tinham sido eleitos para a Constituinte, e o fato de terem aceitado a incumbência, bem como a rapidez com a qual realizaram o trabalho — pouco mais de um mês — faz supor que não só tenham concordado com a dissolução como, de dentro da Assembleia e com o apoio de órgãos de imprensa, tenham atuado fortemente para que aquele desfecho se concretizasse. Eram eles Manuel Jacinto Nogueira da Gama, José Joaquim Carneiro de Campos, o desembargador Antônio Luís Pereira da Cunha e José Egídio Álvares de Almeida, todos constituintes pelo Rio de Janeiro; e os novos ministros, indicados em 17 de novembro: João Severiano Maciel da Costa, constituinte por Minas Gerais; Luís José de Carvalho e Melo, constituinte pela Bahia; Clemente Ferreira França, magistrado; Mariano José Pereira da Fonseca, da burocracia da corte; João Gomes da Silveira Mendonça, constituinte por Minas Gerais; e Francisco Vilela Barbosa, representante fluminense junto às Cortes de Lisboa.

Para além de um confronto evidente entre os limites e atribuições dos poderes Legislativo e Executivo, articulado a uma luta de poder que atravessava a corte e as províncias, havia um embate de princípios no campo liberal, que externava projetos de futuro com diferentes repercussões sociais e econômicas. Sem dúvida, a cerrada oposição dos Andrada ao governo a partir do momento de seu desligamento do ministério, em julho de 1823, demonstrava um estremecimento nas relações entre setores proprietários paulistas e mineiros e o governo da corte. Mas, em contrapartida, liberais que no passado recente haviam sofrido perseguições, quando retornaram do exílio foram absolvidos e aproximaram-se novamente do imperador. A gravidade das circunstâncias, no entanto, pode ser mensurada pela campanha que *O Tamoio*, em novembro de 1823, moveu contra o governo, acusando-o de agir à revelia da opinião pública e dos desejos da nação. Os redatores lembravam que o rei Carlos I da Inglaterra fora decapitado porque o "povo" buscara pela violência o que havia pedido, mas não alcançado, por meios constitucionais. Nesse ambiente de tensão, o Conselho de Estado redigiu a Carta constitucional de 1824, assim denominada porque foi outorgada pelo imperador, e não votada e promulgada pelo Poder Legislativo.

O trabalho da Constituinte era inspirado em documentos europeus e americanos de fins do século XVIII e do início do XIX, como as Constituições francesas, os escritos federalistas norte-americanos e propostas elaboradas no México e em Cuba, apresentadas durante as sessões das Cortes de Cádiz e de Madri. O Conselho de Estado recuperou quase que inteiramente as propostas da Constituinte, adaptando-as aos objetivos do governo. Assim, o Império foi descrito como a associação política dos cidadãos brasileiros fundamentada em uma "monarquia hereditária constitucional e representativa". A essa nova comunidade nacional foram integrados os portugueses como cidadãos, estabelecendo-se como critério a residência no Brasil quando "da proclamação da Independência nas províncias" e desde que houvesse adesão à causa do Império. Como o reconhecimento da autoridade de d. Pedro e a separação de Portugal ocorreram em datas diferentes em cada província (desde 7 de setembro de 1822, em São Paulo, até 2 de julho de 1823, na Bahia), abria-se um leque de possibilidades para que os portugueses não fossem tratados como estrangeiros. Foram mantidos também todos os direitos e liberdades elencados no texto de 1823, entre os quais o direito de liberdade, o direito de propriedade, a liberdade de imprensa e expressão, a suspensão da censura, o direito à justiça, a supressão de prisões violentas e sem culpa formada, a proibição de torturas e a proibição de monopólios ou privilégios que impedissem o livre desenvolvimento da produção, do comércio e do trabalho. Não havia, porém, como ocorrera no projeto de 1823, menções específicas aos indígenas ou à gradual emancipação dos escravizados, o que significava que o texto constitucional dava proteção legal à escravidão.

O texto também reproduziu deliberações da Constituinte sobre os governos provinciais. Reafirmava a nomeação dos presidentes de província pelo imperador, mas criava Conselhos Gerais, de natureza consultiva, compostos por até 21 membros, dependendo da população provincial, eleitos pelos mesmos eleitores dos deputados, com mandato de dois anos. Sua missão seria assessorar e promover ações administrativas voltadas para a melhoria das condições econômicas e fiscais das províncias, ampliando sua integração ao Império e aos ditames do governo central. Enquanto os presidentes eram de nomeação política, em geral vindos de províncias diferentes das que deveriam comandar, podendo ser removidos sem prazo fixo, o Conselho possuía caráter permanente e dele seria escolhido um vice-presidente que residisse na província.[37]

Foram preservados também os procedimentos eleitorais, as eleições em dois graus e as condições definidas para o exercício da cidadania, sublinhando-se, na Carta de 1824, que no caso dos libertos apenas os nascidos no Brasil poderiam ser cidadãos votantes. Eles participariam das eleições primárias, mas não poderiam ser eleitores ou eleitos. Condição vinculada ao cumprimento do nível de renda exigido, que passou a ser em moeda corrente à época, em vez de ter como referência o valor das sacas de farinha de mandioca. Para ser votante, era necessária uma renda anual líquida de 100 mil-réis. Para ser eleitor e ter o direito de candidatar-se a deputado ou senador, a renda anual exigida era, respectivamente, de 200 mil-réis, 400 mil-réis e 800 mil-réis. Note-se, porém, que os valores estabelecidos para votantes e eleitores possibilitavam uma ampla participação dos homens livres e libertos, sem requisitos de raça ou alfabetização.[38]

O texto de 1824 é conhecido, sobretudo, pela maneira como os legisladores construíram a arquitetura política dos poderes de Estado. Ao lado do Poder Judiciário, composto por tribunais e juízes em várias instâncias e pelas carreiras de delegados e magistrados, e do Poder Legislativo, composto pela Câmara dos Deputados, renovada a cada quatro anos, e pelo Senado, vitalício e eleito por listas tríplices submetidas ao imperador, a Carta concentrou dois poderes no monarca: o Poder Executivo, que ele exercia através de seus ministros; e o Poder Moderador, exercido pelo soberano, interpretado como "pessoa inviolável, sagrada e irresponsável", que atuava com a assessoria de um Conselho de Estado, formado por membros vitalícios, escolhidos por ele próprio.[39] Da maneira como era definido, o Poder Moderador era considerado o elemento principal para a salvaguarda do equilíbrio entre os demais poderes, supondo-se que o imperador pudesse agir "acima" das contendas entre ministros e legisladores, por exemplo. Na grande maioria das repúblicas e das monarquias naquele período histórico, as atribuições do Poder Moderador apareciam arroladas junto ao Poder Executivo. No caso da Carta de 1824, d. Pedro no exercício do Poder Moderador poderia nomear senadores e magistrados, adiar ou prorrogar as sessões do Legislativo e, sobretudo, dissolver a Câmara dos Deputados, aliando-se a isso a possibilidade de exercer o veto absoluto sobre as leis promulgadas pelos representantes da nação.

É importante ressaltar que na imprensa da época, particularmente entre periódicos que defendiam o regime monárquico como o mais adequado para o Brasil, a exemplo de *O Regulador Brasileiro* e *Correio Braziliense*, o debate sobre o "poder real" estava associado aos escritos de Benjamin Constant e às propostas de restauração da monarquia na França, no período pós-napoleônico. A despeito de suas especificidades, esses periódicos estavam preocupados em comprovar que as liberdades individuais e a esfera de atuação privada não seriam tolhidas pelo regime monárquico constitucional. Ao contrário, a definição clara dos limites de cada um dos poderes, entre os quais o poder real, era uma garantia de que não haveria tiranias ou monopólios nas mãos de qualquer um dos poderes de Estado. A expressão "poder real" era interpretada, nesses periódicos, como uma metáfora do lugar a ser ocupado pelo monarca: chefe do Poder Executivo, chefe de Estado e com a iniciativa de propor leis.

Quando se aproximam essas observações da imprensa daquilo que acontecia na Constituinte, verifica-se a enorme preocupação de alguns deputados, como Antônio Carlos e Araújo Lima, com a atuação do monarca. Mesmo se posicionando como monarquistas, esses parlamentares pretendiam conter o exercício do arbítrio pelo monarca, o que os colocava sobre o fio da navalha: apoiavam uma monarquia, mas para bloquear a ação do rei maximizavam o Poder Legislativo temporário, a Câmara. Foi durante uma das sessões de debates sobre a configuração da monarquia que surgiu, por meio de argumentos do deputado José Joaquim Carneiro de Campos, posteriormente um dos redatores da Carta de 1824, a expressão "poder moderador". O deputado recuperou e interpretou considerações de Benjamin Constant,[40] um dos principais políticos da época a se deter sobre a importância da função "moderadora" que caberia ao monarca desempenhar.

Carneiro de Campos pediu a palavra para discorrer sobre as funções de um monarca durante uma discussão no plenário a respeito da sanção real sobre leis e decretos legislativos e, notadamente, sobre o texto constitucional. Contrariando Antônio Carlos e outros deputados, ele defendeu a sanção real, argumentando que negar esse poder ao monarca era negar também a própria monarquia, uma vez que era da natureza desse regime que o monarca contrabalançasse as resoluções do Legislativo e que o Legislativo temperasse a autoridade do monarca. Mais ainda, ao soberano caberia ocupar um lugar "vigilante" em relação aos demais poderes, para que não se sobrepusessem ou se enfrentassem. Campos frisou igualmente que o poder real não poderia ser confundido com o poder ministerial, mantendo-se em posição "moderadora", auxiliando o equilíbrio e a harmonia dos poderes de Estado. Defendia, assim, uma atividade política contínua do soberano, e não uma figura decorativa que só de maneira indireta, por meio de ministros ou conselheiros, exercesse o poder de decisão. A introdução de um quarto poder na Carta de 1824 estava em debate dentro e fora da Assembleia e do governo, era uma das possibilidades políticas que, se não recebia o endosso da maioria dos deputados, não estava descartada de modo algum, principalmente diante dos desafios enfrentados pelos dirigentes da corte no encaminhamento das guerras, no reconhecimento externo e na consolidação de vínculos com lideranças provinciais, em especial nas áreas conflagradas. Para o conjunto dos matizados segmentos proprietários, sobretudo os do Centro-Sul, articulados havia tempos ao governo da corte, existiam limites para as indefinições do Legislativo, dados pelas urgências da produção econômica e dos processos de acumulação de capitais, pela concorrência internacional a gêneros de exportação e pela preocupação de que as lutas armadas e de opiniões saíssem do controle das autoridades, conflagrando a sociedade em seu conjunto.

Como pode ser observado, o embate a respeito do perfil que a monarquia constitucional poderia adquirir envolvia muitos elementos, recuperados e inspirados em experiências liberais diferentes, mas estava atravessado por questões imediatas e cruciais: consolidar a autoridade do governo de d. Pedro para negociar interna e externamente os termos da Independência e da configuração do Império. A fluidez de alianças, as fragmentações políticas e a dificuldade de obter consensos, a exemplo do que acontecera na Constituinte, acabaram por promover um texto constitucional que agregava princípios teóricos amplamente difundidos e instrumentos de ação governativa, como pode ser interpretado o Poder Moderador. É possível considerar que a Carta de 1824 foi elaborada propositadamente de forma plástica, para possibilitar interpretações matizadas dependendo do momento, espelhando reivindicações de setores proprietários diferentes, o que deixava brechas para que os dirigentes da corte pudessem negociar e conquistar apoio até de adversários.

Sem dúvida, porém, o texto também foi usado para debelar e submeter opositores, da mesma forma como os grupos políticos contrários ao governo da corte se valeram dele para mobilizar resistências, críticas e manifestações de rua, promovendo rebeliões em várias províncias. Em dezembro de 1823, quando o documento foi publicado oficialmente, a Câmara do Rio de Janeiro solicitou, por meio de proclamações, que as demais Câmaras do Brasil, mesmo identificando discordâncias em relação à Carta, promovessem rapidamente seu juramento. Não há estudos específicos sobre como esses órgãos, de forma geral, reagiram ao texto. Mas houve contestações das Câmaras da Bahia, da cidade de Itu, em São Paulo, e sobretudo do Recife. Ali, o fechamento da Assembleia alimentou uma onda de protestos expressos, notadamente, no periódico *Typhis Pernambucano*, redigido por Frei Caneca.[41]

Na esteira das experiências geradas pela Revolução de 1817 e pelo constitucionalismo proposto pelas Cortes de Lisboa, particularmente em termos das eleições dos membros do governo provincial, vários segmentos proprietários, assim como produtores urbanos e homens livres e libertos, engajados nas tropas de linha e milícias, passaram a questionar não o Império em si, mas o modo de condução do governo do Rio de Janeiro em relação aos representantes da nação. Condenavam, de forma veemente, a imposição de uma Carta que quebrava a promessa de um pacto constitucional, no qual deveria predominar a autonomia das províncias em termos da governança local, da organização das Forças Armadas e, sobretudo, da cobrança de impostos e sua aplicação.

A Confederação do Equador foi deflagrada em janeiro de 1824, momento em que políticos e tropas recusaram-se a receber o presidente da província indicado pelo Rio de Janeiro e a jurar a Carta de 1824. Ao receber as notícias das ocorrências no Recife, a reação da corte foi imediata. O porto da capital foi bloqueado, e tanto a Marinha quanto o Exército imperiais, comandados por mercenários, como Lord Cochrane, e por brasileiros, como Francisco de Lima e Silva, foram mobilizados para a luta.

Embora o movimento tenha tido repercussão e ganhado força em várias províncias do Nordeste, como Ceará, Paraíba e Rio Grande do Norte, o ponto central das reivindicações não era um possível separatismo da região, e sim a revisão do pacto entre os cidadãos e o governo, tal como proposto pela Carta outorgada. Tratava-se de uma confrontação entre dois projetos de Estado, ambos liberais, porém um deles proposto pela corte e pelos grupos políticos do Centro-Sul, voltado para um centralismo político-administrativo, ao passo que a proposta apresentada pelas lideranças da Confederação ancorava-se no receio do retorno do absolutismo e se inspirava na experiência norte-americana e no que aqueles atores consideravam como federalismo: uma articulação de províncias autônomas em torno de um governo central com funções de representatividade externa e de propositura de políticas gerais, emanadas de um Poder Legislativo composto por deputados provinciais.[42]

O movimento reivindicatório e de luta armada atravessou o ano de 1824, tendo sido proclamado em julho desse ano um novo governo, que seria o eixo de poder das províncias confederadas. Enquanto isso, as forças do Império, tanto por terra quanto por mar, receberam a adesão de proprietários e negociantes locais, para quem a proposta da Carta de 1824 era mais atraente, pelas possibilidades que abria na direção dos tratados de reconhecimento externos e da integração gradual do mercado interno, com a modificação das regulamentações herdadas do período colonial. Apesar da resistência, os rebeldes foram derrotados e a revolta terminou com a prisão de centenas de participantes. Organizaram-se comissões militares para aplicar a justiça, o que foi feito de forma sumária, ampliando-se ainda mais as críticas ao imperador e aos rumos do governo. Mais de trinta prisioneiros foram condenados à morte, entre eles Frei Caneca e Padre Mororó. Em abril de 1825, a província de Pernambuco aparentemente estava pacificada, mas as repercussões foram enormes por todo o Império, em virtude da violência da repressão e do uso de comissões militares que atuaram como tribunais, precedente que avivou as desconfianças e temores em relação ao Rio de Janeiro.

Durante esse período, emissários da corte conseguiram obter do governo dos Estados Unidos o reconhecimento da Independência e do Império. Primeira nação a se manifestar nesse sentido, seu governo reproduziu com o Brasil a mesma atitude que tivera em relação às demais nações americanas. Sem dúvida, para além dos entendimentos no campo constitucional, estavam em jogo interesses econômicos muito claros, notadamente em virtude das pretensões norte-americanas de concorrer com a Grã-Bretanha na América e no Atlântico Sul. Eram os mesmos interesses que sustentaram a Doutrina Monroe, que, embora não fosse apoiada de todo pelo Congresso dos Estados Unidos, ficou conhecida como o posicionamento daquela nação contra possíveis interferências europeias no continente, visto na época como lugar privilegiado para experiências libertárias e inovadoras.[43] Ao mesmo tempo, ganhavam contornos definitivos os tratados de reconhecimento com Portugal e com o governo inglês, assinados em 1825.

Do ponto de vista dos grupos políticos que vinham sustentando o governo de d. Pedro, essas eram conquistas significativas para encaminhar internamente a consolidação do projeto de Estado e de nação pelo qual lutavam. Para compreender esse projeto e seu enraizamento, apesar das resistências, é fundamental reconhecer os vínculos entre relações mercantis e exercício da política. Em um momento histórico marcado pela concentração de negócios e da propriedade da terra, dada a inserção da economia nas condições internacionais, modificadas pela Revolução Industrial e pelo acirramento da competição entre as nações, o projeto de um império centralizado respondia às demandas dos grupos proprietários que mais diretamente atuavam nesse processo: os poderosos negociantes de grosso trato e proprietários de engenhos e lavouras de café do Centro-Sul e sobretudo do Rio de Janeiro. Sem dúvida, outros segmentos proprietários contribuíram, com suas lutas e com sua participação, para a institucionalização do Estado monárquico no século XIX. Mas não conseguiram superar a fragmentação de suas reivindicações na Independência e nos anos imediatamente seguintes, rivalizando, mas não suplantando, naquele momento, o protagonismo das famílias proprietárias escravistas fluminenses, cujas ramificações se estendiam por Minas Gerais e São Paulo.

Nesse sentido, as opções constitucionais de 1824 expressavam concepções e práticas de setores específicos da sociedade, o que demonstra a impossibilidade de se dissolver as articulações entre política, relações econômicas e formas de dominação social. Nesse perfil de Estado encontravam-se entrelaçados o liberalismo, o exercício da cidadania e a escravidão. O trabalho escravo, obediente e disciplinado, era essencial para a realização do lucro e da acumulação, representando os traços exteriores de um modo de produção de mercadorias que se estendia pelo Império, pela Europa e pelo restante da

América. Como vários estudiosos vêm demonstrando,[44] os inícios do século XIX foram marcados por reconfigurações globais, entre as quais o recrudescimento da escravidão, refundida ao mercado industrial e ao crescimento da produção de gêneros nas Américas. Até pelo menos meados do século, o tráfico e a escravidão estiveram articulados à formação do mercado de trabalho livre europeu e à expansão das fábricas. Assim, a sociedade imperial e o mundo dos negócios no Brasil não só eram dotados de enorme complexidade, como faziam parte de uma teia de relações internacionais que gerava riquezas e poder tanto para proprietários e negociantes locais quanto para produtores e negociantes ingleses, franceses e americanos. O Estado monárquico que a Carta de 1824 projetava era uma entidade política soberana a ser erguida em conjunto com a unificação do mercado interno, entendendo-se a sociedade civil como espaço de lutas políticas, de relações de poder e de trocas mercantis e simbólicas.

6.
A Independência do Brasil
Memória histórica e comemorações

> *Os acontecimentos são como a espuma da
> história, bolhas que, grandes ou pequenas,
> irrompem na superfície e, ao estourar,
> provocam ondas que se propagam
> a maior ou menor distância [...].*
>
> Georges Duby, 1993[1]

As observações desse reconhecido historiador francês convidam a refletir sobre as "ondas" provocadas pelas transformações que aconteceram na América portuguesa desde os fins do século XVIII. O processo de Independência ainda nos fascina e nos envolve. Naqueles anos se configuraram, tanto para os atores históricos quanto para as gerações que se seguiram, algumas das principais referências políticas e sociais que acabaram por definir o Estado imperial e a nação no Brasil do Oitocentos.

Eventos específicos podem apresentar um valor inestimável para a compreensão das circunstâncias e das condicionantes que contribuíram para a formação histórica brasileira. Disso são exemplos a chegada da corte portuguesa ao Rio de Janeiro, em 1808; a criação do Reino Unido de Portugal, Brasil e Algarves, em 1815; a oficialização do rompimento entre os Reinos do Brasil e de Portugal, em 1822; a outorga da Carta constitucional em 1824; e a abdicação de d. Pedro I, em 1831.

A grande repercussão desses acontecimentos, em virtude das impressões das testemunhas e da torrente de versões que provocaram, construídas à época e ao longo de duzentos anos, é um chamamento para investigar um pouco mais de perto os movimentos históricos abrangentes dos quais foram expressões. Além disso, como os eventos são produzidos e imortalizados por meio de um complexo jogo, raramente inocente, de lembranças e esquecimentos, cabe ressaltar que as "ondas" da Independência foram resultado dos episódios em si, mas, sobretudo, das memórias erguidas em torno deles e de seus protagonistas.[2]

Estudos recentes[3] têm discutido a força e a estabilidade de "consensos" e "verdades" em torno da Independência, disseminados em livros didáticos, redes sociais, infinitas páginas na web, meios de comunicação e obras de historiadores. A despeito das inúmeras e consistentes pesquisas e revisões que o tema recebeu nos últimos quarenta anos, das quais este livro é tributário, é preciso reconhecer a resistência de afirmações e suposições sobre a Independência e seus significados.

A maioria dos brasileiros parece ainda acreditar que a Independência, associada diretamente à separação de Portugal, foi apenas uma luta nacionalista entre brasileiros e portugueses, um conflito de caráter colonial, um acordo entre elites que garantiu uma transição política pacífica ou, ainda, um conjunto de decisões causadas por vontades individuais. Ora acontecimento glorioso a ser celebrado, ora episódio inserido em uma comédia ridicularizada inúmeras vezes em filmes e obras de divulgação, a Independência ainda conserva esses aspectos, apesar dos questionamentos levantados pela maior parte da historiografia atual sobre o período.

A questão é: por que as recentes interpretações que trazem novos olhares sobre a constituição da nação brasileira não conseguem abrir fissuras na cultura de história[4] que desde o século XIX envolve a Independência? Por que argumentos fundamentados na memória que os atores históricos deixaram de si próprios ainda hoje iluminam conhecimentos acumulados em torno daquela época?

Em primeiro lugar, é importante levar em consideração que uma temática histórica particularmente vinculada à identidade da sociedade brasileira, como a Independência, não está restrita aos domínios acadêmicos e aos especialistas. Saberes, representações e memórias sobre o passado atravessam os sistemas escolares, o mercado editorial, o universo midiático, as festividades cívicas e as polêmicas políticas, interagindo entre si. O resultado disso são convenções intelectuais de longa tradição, fortemente compartilhadas em termos sociais e culturais, capazes de resistir à reflexão crítica.

Em segundo lugar, é relevante atentar para o fato de que também o historiador não está imune às influências socioculturais de sua época e que, muitas vezes, seu trabalho acaba convergindo para as convenções que, de modo geral, a sociedade alimenta sobre o passado. O ofício do historiador está pautado em critérios, procedimentos metodológicos, referenciais teóricos, seleção e análise de fontes, porém essas condições não garantem plena autonomia em relação ao meio social e político no qual se insere.

Em terceiro lugar, a memória histórica, por mais contraditórias que sejam suas relações com a historiografia, desempenha poderoso papel político do ponto de vista da coesão social, sendo atualizada constantemente por meio de celebrações e rituais cívicos: construção de monumentos, desfiles de militares e escolares, moedas e selos comemorativos, bem como a reprodução, em diferentes suportes visuais e digitais, de pinturas históricas e retratos, por exemplo. Esse conjunto de elementos da cultura e do patrimônio cultural do país confere materialidade à memória histórica, compondo o que se pode denominar de "tradições inventadas".[5] Ou seja, um universo simbólico que tem força persuasiva e perpassa a sociedade de alto a baixo, sempre a desafiar o historiador na investigação, na problematização e na reconstituição do movimento da história.

Assim, a História da Independência[6] tem se configurado ao longo do tempo como uma complexa trama de entrelaçamentos e distanciamentos entre passado e presente. Tanto quanto os historiadores, múltiplos sujeitos da história atualmente se veem diante da confrontação, nem sempre percebida com clareza, entre memórias legadas pela tradição e interpretações críticas que propõem outras abordagens e perspectivas.

A partir desses aspectos, é possível apresentar algumas questões que se relacionam entre si e remetem a argumentos já discutidos nas páginas anteriores, evidenciando, porém, outras dimensões daquele processo. Como foi sendo construída a memória histórica com a qual aprendemos a conhecer a Independência do Brasil? Como foi definido o Sete de Setembro como data nacional? Qual é o peso da data de 7 de setembro de 1822 na consolidação da memória histórica que se consagrou?

A construção da História-memória[7]

Temática das mais complexas, a História da Independência manteve vínculos muito fortes com as memórias das gerações de políticos que construíram o Império. As ligações entre memória, política e narrativas sobre a História do Brasil consolidaram um enredo de enorme repercussão ainda hoje.

Desde 1820 vinham sendo expostas e debatidas versões divergentes a respeito dos movimentos políticos e sociais em curso na América portuguesa. A despeito de algumas dessas versões valorizarem a capacidade da sociedade de escolher seu próprio destino e construir uma obra política despregada das tradições portuguesas e monárquicas, o que prevaleceu, no século XIX, foi a narrativa histórica delineada pelo governo de d. Pedro I.

Em detrimento dos conflitos armados e da guerra de palavras e projetos que se desenrolavam em várias regiões e no

Rio de Janeiro, a interpretação que se sobrepôs às demais foi de que a Independência, associada diretamente à separação de Portugal, era fruto de um embate travado entre as Cortes de Lisboa e o governo do então regente. D. Pedro teria, por meio da atuação de ministros e conselheiros, como José Bonifácio, conseguido centralizar em torno de si a legitimidade necessária para declarar a ruptura com o Reino europeu e organizar uma monarquia constitucional, que teria recebido a adesão do conjunto de forças políticas radicadas nas diferentes províncias, mostrando-se como a única alternativa viável para a preservação da ordem social e para a configuração de uma nova nacionalidade.

Trata-se de uma versão de caráter conservador, pautada no apagamento do processo revolucionário deflagrado a partir de 1820, e no entendimento de que haveria uma continuidade histórica entre o período colonial e a emergência da nação, exemplificada tanto pela reorganização da sede da corte portuguesa no Rio de Janeiro, que teria lançado as bases do Estado nacional, quanto pela prevalência da opção monárquica com d. Pedro e a dinastia de Bragança à frente. Fundamenta-se sobretudo na desqualificação das oposições ao projeto monárquico vitorioso no Primeiro Reinado (1822-31), o que se refletiu na historiografia do século XIX em uma avaliação também negativa e depreciativa de políticos liberais de variados matizes que durante a primeira metade do Oitocentos pegaram em armas para lutar e revolucionar o regime ou modificar os princípios centralizadores nos quais ele em parte se amparava. Essa compreensão foi atualizada e revigorada por um setor importante da historiografia dedicada à Independência nas primeiras décadas do século XX, especialmente no momento do Centenário, em 1922, o que contribuiu para sedimentar o entendimento de que a República seria um desfecho evolutivo da luta contra as heranças coloniais, desenvolvida desde o Império.

Vários autores[8] chamaram a atenção para a concomitância com que os sujeitos históricos dos movimentos de Independência na América representaram seus próprios atos por meio de uma história que articulava lembranças e silenciamentos sobre episódios e personagens, registros que foram recuperados e aprofundados pelas gerações de políticos e intelectuais que se seguiram. Foi sendo elaborada, desse modo, uma História-memória que reúne saberes sólidos e resistentes a críticas, em especial por ter se constituído como um dos instrumentos de legitimação dos agentes do poder durante as primeiras décadas do Império, o que conferiu a essa narrativa um cunho de "verdade".[9]

As primeiras manifestações da elaboração dessa memória foram veiculadas nos decretos e manifestos produzidos durante o ano de 1822 pela Regência de d. Pedro, na correspondência de diplomatas europeus e norte-americanos radicados na corte, bem como em periódicos e folhetos alinhados ao governo, editados no Rio de Janeiro e em outras províncias.[10] No entanto, na construção da memória histórica e na projeção dos personagens que se consolidaram no século XIX, e que reverberam até hoje, talvez nenhum documento se compare ao discurso pronunciado pelo recém-aclamado imperador quando da abertura dos trabalhos legislativos, em 3 de maio de 1823.[11]

Naquela ocasião solene, d. Pedro dirigiu-se aos deputados provinciais saudando a importância da tarefa de formular uma Constituição para o Brasil. No entanto, não perdeu a oportunidade para alertá-los de que o texto constitucional deveria ser digno da sociedade, mas sobretudo digno do imperador, o que gerou inúmeras contestações a ele, de imediato e durante todo o período em que a Assembleia esteve reunida.

O discurso tinha também outros objetivos, em especial apresentar os motivos, as condições e a cronologia do movimento de Independência, realçando apenas um dos significados possíveis da palavra naquele momento: a identificação com o ato da separação de Portugal. Como foi observado nos capítulos anteriores, durante as lutas políticas e as guerras naqueles anos, nem todos os protagonistas utilizavam a associação entre Independência e separação do Reino europeu. Pelo contrário, o termo "independência", especialmente na imprensa que circulava pelas principais cidades, se referia à organização de um governo representativo e constitucional. Usavam a palavra tanto os grupos políticos que apoiavam os objetivos da Revolução de 1820 quanto aqueles que desconfiavam seja dos propósitos das Cortes de Lisboa, seja das pretensões do governo do Rio de Janeiro. A questão é que nem todos eles entendiam governo constitucional e representativo da mesma forma, disso decorrendo a violência e a longevidade dos conflitos que atravessaram as primeiras décadas do século XIX.[12]

Além disso, a despeito de ser muito comum nos dias de hoje o uso das palavras "independência" e "emancipação" como se fossem sinônimos, naquela época os significados dessas expressões eram diferentes. "Emancipação" apontava para a condição de autonomia política e administrativa, a exemplo do Reino do Brasil após 1815 e das juntas de governo provinciais eleitas a partir da Revolução de 1820. A "independência" era muito mais do que essa autonomia.[13] Representava que uma sociedade e os cidadãos pertencentes a ela detinham nas mãos, diretamente ou por meio de seus representantes, o poder de decidir seu destino e, sobretudo, o governo e as leis que deveriam regê-los. Foi esse entendimento que motivou a reação de deputados constituintes quando d. Pedro frisou que a Constituição deveria ser digna dele, o imperador, o que sugeria uma ingerência na atuação independente de cidadãos legitimamente eleitos.

Em seu discurso, d. Pedro inseriu o movimento separatista na dinâmica de uma luta que opôs colônia e metrópole, brasileiros e portugueses. Reportou o início do movimento à chegada, em 1808, da família real de Bragança ao Rio de Janeiro, indicando a data da elevação do Brasil à condição de Reino, decretada em 16 de dezembro de 1815, como o marco da superação do período colonial. Sempre lidando com as imagens segundo as quais, naquele momento, o Brasil era uma entidade homogênea e unificada, submetida à autoridade da corte fluminense, e o Império era uma realidade efetiva, d. Pedro responsabilizou as Cortes de Lisboa pela separação que os "brasileiros não desejavam", mas decidiram porque se viram vítimas de leis e tropas que visavam reconduzir as províncias à opressão. Propositadamente, omitiu o desenrolar das guerras na Bahia, no Maranhão, no Grão-Pará e no extremo sul, situações que desmentiam a afirmação de que o Império se encontrava consolidado e que o governo estabelecido no Rio de Janeiro era sustentado pelo conjunto das lideranças provinciais.

Assumindo o total protagonismo do governo e da separação de Portugal, em resposta a apelos feitos pelo "povo", d. Pedro ressaltou que os passos decisivos para a Independência tinham sido o Fico, em 9 de janeiro de 1822, quando, a pedido do "povo" e em defesa do Império, permaneceu no Rio de Janeiro, desobedecendo às Cortes de Lisboa; a expulsão de tropas portuguesas do Rio de Janeiro, em fevereiro; a atuação de um governo autônomo e empenhado em organizar recursos econômicos e militares para enfrentar as Cortes, por ele liderado; a viagem à província de Minas Gerais, em abril do mesmo ano, para derrotar o "arbítrio" do então governador; a viagem à província de São Paulo, em agosto, para desfazer um "partido de portugueses e brasileiros degenerados afeitos às Cortes"; a proclamação da Independência no "sempre memorável sítio do Piranga"; e a coroação como imperador, em dezembro de 1822. Fixava, desse modo, a data de 7 de setembro como a da proclamação da Independência, às margens do riacho do Ipiranga, na província de São Paulo. Foi essa afirmação do imperador que selou a memória do episódio e de sua própria figura como libertador. Ele não mencionou, entretanto, sua aclamação popular em 12 de outubro, tampouco os conflitos que envolveram a organização da cerimônia e o posterior exílio de alguns dos liberais mais conhecidos no Rio de Janeiro, em razão da devassa contra eles aberta pelo próprio governo.

D. Pedro recuperava e burilava argumentos a respeito das Cortes "recolonizadoras" já explorados em dois outros documentos de ampla circulação, produzidos com seu aval: os manifestos datados de 1º e 6 de agosto de 1822. Nesse sentido, as justificativas expostas para as ações do governo não só naturalizavam a separação de Portugal e o projeto monárquico constitucional defendido pelos grupos que o apoiavam, como faziam crer que os "povos" e províncias do Brasil tinham aderido às medidas adotadas no Rio de Janeiro, quando os apoios ao governo da então Regência eram fragmentados e ainda indefinidos em boa parte das províncias. O herdeiro da Coroa portuguesa apresentava-se como protagonista principal, reduzindo as dissidências a focos isolados e ínfimos de adeptos das Cortes, o que contribuiu para silenciar a árdua disputa entre forças políticas múltiplas e divergentes. Procurava ainda afastar, na ocasião em que estavam em andamento as tratativas de reconhecimento da Independência por potências estrangeiras, a imagem de uma ruptura revolucionária, pois fora a autoridade nomeada pelo rei de Portugal para comandar o governo no Brasil que teria conduzido o processo de rompimento entre partes do Império Português, salvaguardando-se a legitimidade dinástica. Argumentos muito favoráveis para convencer a Santa Aliança e as principais monarquias da Europa de que a separação visava resguardar as tradições monárquicas portuguesas, feridas pela atuação das Cortes.

A despeito dos antagonismos que se evidenciaram entre deputados, ministros e o imperador nos meses de funcionamento da Assembleia, foi da casa legislativa a sugestão de considerar, de acordo com a cronologia estabelecida pelo próprio d. Pedro, a data de 7 de setembro como dia de festa nacional, comemorativo do "aniversário da Independência brasileira", em todo o território do Império. Em setembro de 1823, a proposta referente à definição das datas comemorativas coincidiu com a iniciativa de membros do então governo provincial de São Paulo de erguer um monumento em memória ao Sete de Setembro e a d. Pedro no "lugar denominado Piranga". Mas nenhuma das duas decisões se concretizou naquele momento.[14]

Merece atenção a ênfase conferida, em 1823, ao dia 7 de setembro. Isso porque, em 1822, prevaleceu nos documentos do governo e nos periódicos que circulavam no Rio de Janeiro a interpretação segundo a qual os marcos do início de uma nova era no Brasil eram o dia 12 de outubro, natalício de d. Pedro e data de sua aclamação popular como imperador, e o dia 1º de dezembro, data da coroação de d. Pedro I.[15] Ele próprio registrou que o início da "gloriosa Independência do Brasil e a sua elevação à categoria de Império" deveriam ser balizados pelo "memorável dia 12 de outubro".[16] Em outro decreto, no qual o governo da corte definia o calendário de datas a serem comemoradas a partir de 1822, foram relacionados os dias 12 de outubro e 1º de dezembro e mantidas as datas dos aniversários de d. João VI e d. Carlota Joaquina, às quais se acrescentou o dia 26 de fevereiro, como o dia em que "S. M. Imperial", d. João VI, proclamou o "sistema constitucional" no Rio de Janeiro.[17] Nenhuma menção a 7 de setembro. Note-se, também, nenhuma justificativa para o título de imperador atribuído a d. João VI.

Decisões de governo e periódicos em 1822 mostram que entre os diferenciados protagonistas das lutas políticas não havia concordância sobre a data ou evento que pudesse expressar, de forma cabal, a Independência e o rompimento com as Cortes. Enquanto a 20 de setembro de 1822 o redator de *O Espelho*, jornal ligado ao governo, enaltecia a figura de d. Pedro e sua atuação política sem fazer referência a 7 de setembro ou a qualquer outro acontecimento para expressar a soberania do Brasil, o redator do *Correio Braziliense*, em outubro, considerava que a "independência político-institucional" fora declarada em 3 de junho de 1822. Na visão de Hipólito da Costa, foi a convocação da Assembleia Constituinte que permitiu a afirmação da liberdade e da soberania pelo "povo", medida de caráter legítimo, pois fora adotada pelo "príncipe, delegado do rei". O rompimento com as Cortes, para Costa, era o primeiro passo na direção de um entendimento entre lideranças locais e provinciais para selar a autoridade central sediada no Rio de Janeiro. Associava, assim, o direito dos cidadãos de exercer o poder de legislar com a legitimidade dinástica para definir o marco da Independência.[18]

Posicionamento diferente, no entanto, foi defendido por *O Regulador Brasileiro*, produzido no Rio de Janeiro e ligado ao ministério.[19] Em outubro de 1822, o redator estabeleceu, na sequência do que vinha sendo divulgado pelo governo, uma relação direta entre a Independência e a aclamação popular de d. Pedro, reafirmando a data de 12 de outubro. Note-se que, embora o *Correio Braziliense* e *O Regulador* defendessem a opção monárquica e a autoridade de d. Pedro, diferenciavam-se na definição da cronologia e na compreensão dos significados da Independência: o *Correio Braziliense* realçou os laços entre independência e governo representativo; *O Regulador* registrou o vínculo entre independência, emergência do Império e protagonismo de d. Pedro.

Surgiram, entretanto, razões políticas para uma valorização do dia 7 de setembro por parte do governo imperial, como representação simbólica do momento de fundação da nacionalidade e do Império. Isso não quer dizer que a construção da nação brasileira coincida com o momento da separação de Portugal. Pelo contrário, esse processo histórico e político não foi linear e atravessou as primeiras décadas do século XIX.[20]

Um dos principais motivos para que o dia 7 de setembro adquirisse importância reside nas complexas negociações para o reconhecimento da Independência e do Império do Brasil por parte de Portugal e da Grã-Bretanha.[21] As conversações transcorreram entre 1823 e 1825, e uma das questões mais polêmicas estava na substituição do princípio da aclamação dos povos, que justificaria a separação e o título de imperador a d. Pedro, pelo princípio de que a soberania do Brasil, assim como o título de imperador, seriam concessões do rei de Portugal a seu filho, o que já estava de certo modo subentendido no decreto de 18 de dezembro, a indicar os meandros da política e da diplomacia. Em vez da prevalência de que a soberania e a liberdade política eram conquistas da sociedade, os diplomatas, tentando encontrar uma maneira de se chegar a um acordo, recorreram ao argumento, apresentado pelo governo de d. João VI, de que a separação entre as partes da monarquia portuguesa representava a transferência do poder do pai para seu filho e legítimos sucessores. Era um encaminhamento que favorecia acertos diplomáticos, apesar de contrariar concepções expressas em documentos da corte do Rio de Janeiro e, sobretudo, na imprensa e nas manifestações políticas de rua que tiveram lugar naquela ocasião. Ou seja, houve um apagamento da aclamação popular a favor da imagem, já sublinhada por d. Pedro no discurso de maio de 1823, de que a separação, como parecia demonstrar o 7 de setembro, fora obra de sua vontade em prol do Brasil.

É preciso lembrar as graves circunstâncias políticas desses anos. Entre 1823 e 1825, a Assembleia foi fechada pela ação da força militar a mando do imperador, pondo um aparente desfecho ao enfrentamento entre diferentes projetos políticos e de poder, o que provocou inúmeras e veementes expressões de desagrado no Rio de Janeiro e nas províncias. Além disso, o imperador outorgou uma Carta constitucional, em 1824, sobrepondo-se aos trabalhos que os deputados eleitos vinham realizando, o que justificou, entre outras condicionantes, a eclosão da Confederação do Equador, em Pernambuco, na Paraíba, no Ceará e no Rio Grande do Norte.[22] Ou seja, os termos dos tratados de paz e aliança, bem como de comércio e amizade, assinados com Portugal e Grã-Bretanha, foram acordados sem a presença do Poder Legislativo atuante e sem liberdade plena de expressão na corte e nas províncias, pois as críticas à suspensão da Assembleia tiveram como contrapartida perseguições a adversários e fechamento de periódicos.

As cerimônias religiosas e públicas oficiais, entre 1823 e 1825, ainda privilegiaram o 12 de outubro, mas o 7 de setembro foi ganhando maior ressonância, seja no Rio de Janeiro seja, especialmente, na província de São Paulo. O governo imperial fez coincidir o anúncio dos tratados de reconhecimento da Independência com o dia 7 de setembro de 1825. A comemoração, cheia de pompa, teve missas, sermões religiosos, desfile de tropas, fogos de artifício, luminárias e ruas enfeitadas com tecidos e flores coloridas. Ocasião marcante para a autoridade do imperador, que não perdeu a chance, por meio das celebrações, de enfrentar as críticas das quais era alvo. Mas isso não amenizou a condição delicada em que o governo havia se colocado, em consequência dos episódios de 1823 e 1824. Pelo contrário, os tratados agudizaram ainda mais as relações entre governo e grupos políticos de oposição, pois foram decisões tomadas por meio de uma trama intensa de negociações ministeriais e pessoais tripartites, abrangendo Rio de Janeiro, Londres e Lisboa. O texto final do tratado com o governo português incluiu a transferência para o governo do Império das dívidas contraídas durante os treze anos de permanência da família real portuguesa no Rio de Janeiro, o que tornava quase insustentável a situação financeira da corte imperial. No caso dos tratados com a Grã-Bretanha, renovaram-se as cláusulas do acordo de comércio assinado em 1810 e foram incluídos artigos referentes à supressão do tráfico internacional de escravos no Atlântico Sul, contrariando interesses de alguns dos mais importantes setores mercantis de sustentação do governo. Acrescentou-se a essas exigências a oficialização de que a Independência fora uma concessão de d. João VI a d. Pedro I. Este mantinha, assim, a posição de herdeiro da Coroa portuguesa, o que melindrava ainda mais suas relações com diferentes setores sociais e ampliava as desconfianças sobre uma possível "reunião" futura das partes da monarquia portuguesa, caso d. João VI viesse a falecer.

Foi em 1826 que a Câmara dos Deputados, eleita em 1824, aprovou na primeira legislatura a introdução do dia 7 de setembro como "festividade nacional". A lei, de setembro daquele ano, instituiu o seguinte calendário de comemorações para o Império: 9 de janeiro, Dia do Fico; 25 de março, outorga da Carta constitucional; 3 de maio, data da abertura dos trabalhos legislativos; 7 de setembro, "aniversário da Independência"; e 12 de outubro, "natalício do imperador". Se essas efemérides encontravam ressonância no Rio de Janeiro e nas províncias de Minas Gerais e São Paulo, por exemplo, o mesmo não aconteceu na Bahia. Ali, a data mais importante era 2 de julho. Foi nesse dia, em 1823, que ocorreu a reconquista da cidade de Salvador pelas tropas e lideranças que haviam se alinhado ao governo do Rio de Janeiro, pondo termo aos conflitos armados. No entanto, apesar dos pedidos e pressões de lideranças provinciais, o dia 2 de julho não foi incorporado ao rol de festejos imperiais ao longo do século XIX. O que não impediu que, desde aquela época, se tornasse uma das festas populares mais significativas da Bahia.[23]

Também em 1826 foi divulgado na imprensa fluminense um relato detalhado do episódio que teria acontecido quatro anos antes, às margens do Ipiranga, no dia 7 de setembro de 1822. Escrito por uma testemunha ocular, o padre Belchior Pinheiro Ferreira, era a primeira vez que se divulgava uma crônica dessa natureza.[24] Sua narrativa, cheia de detalhes, serviu como referência para inúmeras representações da cena do "grito" nos séculos XIX e XX. Somente nos anos 1860 dois outros integrantes da comitiva — o tenente Francisco de Castro Canto e Melo, pai da marquesa de Santos, e o coronel Manuel Marcondes de Oliveira e Melo — tornaram públicas suas rememorações, pouco acrescentando à descrição feita por Belchior. Seu relato ressalta a indignação do então príncipe regente diante do conteúdo das mensagens que recebera da corte informando sobre a "perseguição" que deputados de Portugal moviam contra ele e o Brasil. D. Pedro, desembainhando a espada, conclamou o pequeno grupo que o cercava a arrancar do braço os laços de cores azul e branca, símbolo do governo constitucional inaugurado em 1820, e a jurar defender "a Independência, a liberdade e a separação do Brasil". Concisa, a narrativa flagrou o momento em que o príncipe, em um gesto dramático e impulsivo de vontade pessoal, teria decidido pelo rompimento com o Reino europeu.

Esse depoimento foi essencial para a construção do dia 7 de setembro como marco do processo histórico. Era uma confirmação de que o discurso de d. Pedro em maio de 1823 tinha fundamento. Afinal, em 1822, o lugar denominado Ipiranga era um arrabalde ermo e distante da cidade de São Paulo, a comitiva do príncipe era formada por poucas pessoas, todas envolvidas por vínculos pessoais e políticos com o jovem regente, e afora esse restrito grupo ninguém presenciara o evento.

Entretanto, se Belchior recuperou a cena, evitando que caísse no esquecimento, recortou-a pela mediação de condições políticas peculiares.

Valorizando o ato heroico do monarca, o relato ofuscou o intenso debate protagonizado por outros tantos agentes históricos e, de modo muito oportuno, reabilitou sua imagem como libertador, quando o governo e especialmente o imperador perdiam popularidade e viam aumentar as forças de oposição, bem como o temor de uma possível retomada dos vínculos com Portugal, questão que de fato se apresentou devido à morte de d. João, em 1826. Com a Câmara dos Deputados pressionando o Executivo quanto aos tratados de reconhecimento, as repercussões da desastrosa e sanguinária repressão à Confederação do Equador e o agravamento da guerra na região do Prata, as críticas a d. Pedro e a perspectiva de uma reviravolta política contagiavam o ambiente da corte e das províncias.

Pouco tempo depois, a versão de Belchior ganhou estatuto de episódio histórico inquestionável com o início da publicação, em 1827, da obra que pode ser considerada a primeira interpretação circunstanciada e documentada do movimento de Independência. Trata-se da *História dos principais sucessos políticos do Império do Brasil*,[25] elaborada por José da Silva Lisboa, atendendo a um pedido que o próprio imperador havia feito em 1825. Silva Lisboa foi encarregado de reunir documentos "extraídos de todos os arquivos da nação" para perpetuar a "memória" dos eventos que resultaram na fundação do Império. Esse político tinha acumulado larga experiência nos negócios públicos e, desde 1808, se mantivera muito ligado ao governo joanino e à Regência, como demonstram, entre outras publicações, as edições da *Reclamação do Brasil*. Aliando esses antecedentes a suas qualidades de literato, e valendo-se de inúmeros registros produzidos em Londres, em

Lisboa, no Rio de Janeiro e nas demais províncias, Silva Lisboa compôs uma narrativa minuciosa sobre os acontecimentos que tiveram lugar no Reino do Brasil e em Portugal, entre fevereiro de 1821 e março de 1823. O objetivo principal era celebrar o governo de d. Pedro e o modo como ele se tornou uma autoridade legítima e reconhecida para promover a separação de Portugal e organizar um novo império na América. Por todos esses elementos, a obra alcançou enorme projeção ao longo do século XIX, sendo fonte de referência para muitos historiadores até hoje.

Quando confrontada com o imenso e controverso leque de versões, propostas e mobilizações veiculadas em periódicos, folhetos e inúmeras outras fontes da época, a crônica composta por Silva Lisboa apresenta-se como uma reconstituição deliberada de cenas e personagens destinada a embasar a memória que d. Pedro havia traçado de si mesmo e de seu pai, afirmada na Fala do Trono de maio de 1823. Coerente e derivada de documentos chancelados por autoridades públicas, a *História* consolida os vínculos entre Independência e separação de Portugal e aprisiona o processo político na imagem de uma transição incruenta, continuísta e legalista, sustentando a convicção de que a sociedade foi mera espectadora diante do brilho de certas figuras, especialmente d. Pedro. Ao subtrair o espaço de atuação da sociedade, dos diferentes grupos políticos e de seus porta-vozes, faz crer que a cronologia dos eventos é ditada pela sucessão linear de medidas tomadas pelas autoridades, como se, no Brasil, a "revolução da Independência", como ele mesmo designou, fosse obra e graça do Estado monárquico, enraizado desde o governo joanino, mas cujas tradições e legitimidade remontavam aos primórdios da monarquia portuguesa.

A *História* engrandeceu a figura do herdeiro da monarquia portuguesa e reduziu a luta política a dois eixos de oposição:

um enfrentamento externo de cunho colonial, a opor as Cortes "recolonizadoras" a d. Pedro, este apoiado por "brasileiros" e "portugueses" radicados no Brasil; e um antagonismo interno entre monarquistas e republicanos, que se encerrou com a aclamação do Império e do imperador, única alternativa política, segundo Silva Lisboa, para a continuidade da ordem social e da configuração da nação legada pelo governo de d. João VI. A solidez dessa interpretação, matriz da história-memória que vem sendo replicada e atualizada de incontáveis maneiras ao longo do tempo, ajudou a consolidar a data de 7 de setembro como a da Proclamação da Independência e da abertura de uma nova era para o Brasil.

No entanto, isso não quer dizer que, durante sua edição, a obra tenha exercido hegemonia sobre o pensamento e a ação políticos. Pelo contrário, tanto a interpretação sobre o processo histórico quanto a valorização do Sete de Setembro e da figura heroica de d. Pedro foram duramente contestadas e suplantadas pelos grupos políticos liberais "moderados e exaltados" que conseguiram galvanizar apoios militares e populares para obrigar d. Pedro a abdicar e levar à vitória outro projeto de governo constitucional e representativo, a partir de 1831.[26]

Esses grupos passaram a dominar a Câmara dos Deputados especialmente na segunda legislatura (1829-32). Tinham forte enraizamento nos segmentos de pequenos e médios produtores rurais e urbanos, entre funcionários públicos e nas tropas de linha e milícias. Mas deles também faziam parte produtores de mais posses, todos dispostos a recuperar questões sociais e políticas que não tinham sido encaminhadas desde as Cortes de Lisboa, particularmente em termos das relações entre Executivo e Legislativo, no âmbito do exercício da cidadania e, sobretudo, no que dizia respeito à autonomia administrativa e política das províncias. O movimento civil e militar pela abdicação foi acompanhado por uma interpretação daquele momento político em que se acusava d. Pedro e seu governo de serem absolutistas e tiranos. Paralelamente à crítica a vários dos dispositivos constitucionais, em especial sobre o Poder Moderador e a possibilidade de ingerência do Executivo no Legislativo, esses grupos liberais que desejavam "republicanizar" a monarquia[27] consideravam que o imperador defendia apenas os interesses da dinastia de Bragança, no Brasil e em Portugal, protegendo "portugueses" em detrimento de "brasileiros". Por isso mesmo, argumentavam que a "verdadeira" independência não fora sacramentada em 7 de setembro, mas em 7 de abril, dia da abdicação, quando os "brasileiros" teriam efetivamente tomado para si o poder de governar sem resquícios do absolutismo e das heranças coloniais.

Durante o período regencial (1831-40) vigorou, então, outro calendário de festividades cívicas e religiosas, composto pelas seguintes datas: 25 de março, dia da outorga da Constituição; 7 de abril, dia da abdicação; 7 de setembro, dia da proclamação da separação de Portugal; e 2 de dezembro, dia do aniversário do herdeiro do trono, d. Pedro. Entretanto, as controvérsias em torno dos marcos da história nacional prosseguiram, notando-se, por um lado, a sedimentação do dia 2 de julho na Bahia, e do dia 7 de setembro sobretudo no Centro-Sul. Contribuíram para isso não só o alijamento dos "liberais exaltados" do centro do poder, como a mudança de tom dos integrantes do governo regencial, especialmente a partir de 1837, quando os "moderados" foram adquirindo um perfil mais conservador, em função das negociações e conciliações entre vitoriosos e derrotados do movimento de 1831. A partir dos anos 1840, é possível observar, por meio de variadas fontes, o engrandecimento das comemorações do Sete de Setembro como data da Independência.

Celebrando memórias: Monumentos, festejos, representações

Notadamente na década de 1840, após o movimento da Maioridade, o calendário de festejos públicos foi reduzido a três datas: 25 de março, dia da Constituição; 7 de setembro, dia da Independência; e 2 de dezembro, dia da coroação de d. Pedro II. Depois das guerras de Independência e das rebeliões do período regencial, os grupos políticos de variados matizes liberais depuseram as armas, em nome da negociação de um pacto que, ao mesmo tempo, consolidou os princípios monárquicos expostos na Constituição de 1824 e garantiu autonomia às lideranças provinciais, estabelecendo também um cenário de embate e competição político-eleitoral entre conservadores e liberais.[28] Sem dúvida, há vinculações entre a definição do perfil dos grupos dirigentes na corte do Rio de Janeiro, predominantemente conservadores, entre os anos 1840 e 1850, e o fortalecimento da interpretação de que fora o Estado imperial o avalista da construção da nacionalidade, o que se expressava, entre outras circunstâncias, na valorização do Sete de Setembro e do fundador do Império, d. Pedro I.

No Rio de Janeiro, capital e sede da corte, as cerimônias cívicas e religiosas, organizadas pelo governo, eram acompanhadas em geral pela decoração de ruas e praças centrais. Mas o Sete de Setembro não era marcado apenas por essas manifestações oficiais. Nessa data eram realizadas eleições para os diferentes níveis de governo e, de forma autônoma em relação às autoridades, eram comuns os festejos e desfiles realizados pelas chamadas sociedades patrióticas, que mobilizavam cidadãos de várias condições sociais. Contrapondo-se às cerimônias em locais fechados, como igrejas, as sociedades patrióticas promoviam festas populares de rua que muitas vezes terminavam em confrontos, especialmente porque, passados muitos anos após o Primeiro Reinado, ainda era bastante evidente o sentimento antiportuguês.[29]

Já em Salvador e no Recôncavo da Bahia, nem sempre os festejos oficiais do Império eram seguidos à risca. Pelo contrário, a festa principal acontecia no dia 2 de julho. As guerras de Independência tinham criado uma identidade baiana entre os segmentos sociais arregimentados para os combates, o que envolvera não só proprietários e negociantes enriquecidos, como tropas milicianas de pardos e pretos, africanos libertos, mulheres, indígenas e escravizados, alguns dos quais haviam conquistado a alforria depois da pacificação. Assim, a participação popular fora intensa, o que forjou uma memória em torno das guerras, reavivada por festas de rua que duravam dias e entrelaçavam tradições culturais de europeus, africanos e indígenas. Uma das partes mais importantes desses festejos era o desfile de carros alegóricos pelas ruas de Salvador, no qual se destacavam as figuras dos "caboclos", representações de indígenas com arco e flecha nas mãos que matavam serpentes simbolizando a tirania.[30]

Foi a partir da década de 1860 que as celebrações da Independência e do Sete de Setembro adquiriram outras dimensões, com a construção de monumentos que buscavam demarcar espaços urbanos e imortalizar em pedra e bronze a figura do fundador do Império. Nesse período, as tradições orais sobre o evento, gravuras e pinturas, as obras de historiadores e, especialmente, documentos produzidos pelo governo formaram um conjunto de referências que embasou a configuração e a difusão de representações materiais e visuais da Independência ainda hoje impactantes.

Essas realizações tiveram um peso decisivo na consolidação da história-memória traçada de 1821 a 1823, demonstrando a intenção deliberada de grupos dirigentes do Império e do próprio d. Pedro II de impedir que o desenrolar do tempo e a mudança nas gerações de políticos acabassem relegando ao esquecimento os fragmentos do passado que se desejava resguardar. Nesse sentido, os monumentos não foram obras pacíficas. Ao contrário, provocaram polêmicas no meio político e cultural, justamente porque eram direcionadas para salvaguardar certos saberes sobre as origens da nação em detrimento de outros. Assim, a memória de sujeitos históricos, como Joaquim José da Silva Maia, Frei Caneca e João Soares Lisboa,[31] vinha sofrendo apagamentos, ao mesmo tempo que d. Pedro I, José Bonifácio e José Clemente Pereira, por exemplo, eram colocados em posição de destaque.

Dois monumentos merecem especial atenção. O primeiro é a estátua equestre em homenagem a d. Pedro I, inaugurada em 1862, na atual praça Tiradentes, no centro da cidade do Rio de Janeiro, para celebrar os quarenta anos da Independência. O local conhecido como Campo de Santana passou a ser denominado praça da Constituição a partir de 1821, em virtude das manifestações de "povo" e tropa a favor da Revolução de 1820. Era, porém, um espaço emblemático, porque se deu ali, em 1792, o suplício de Tiradentes.

Era antiga a proposta de erguer na capital do Império um monumento a d. Pedro, mas, além de a Câmara Municipal da cidade alegar carência de recursos financeiros para a construção, havia sérias confrontações políticas sobre a data nacional — o embate entre 7 de abril e 7 de setembro atravessou todo o período regencial e não foi esquecido quando da inauguração da estátua, em 1862. O monumento apresenta d. Pedro montado em um corcel, com uniforme militar e segurando nas mãos a Carta de 1824. Representava-se, desse modo, a Independência e a fundação de um Império constitucional. A estrutura em bronze está apoiada em um suporte de pedra cercado por inúmeros simbolismos, notando-se a estreita relação entre grupos indígenas de várias etnias e diferentes regiões do território identificadas a bacias hidrográficas importantes, como as dos rios Amazonas, Paraná, São Francisco e Madeira.

O monumento demarca o espaço territorial do Brasil e o sujeito da história. D. Pedro não só teria proclamado a separação de Portugal, como se convertera no núcleo político de fundação nacional, materializado no Rio de Janeiro, atuando como polo de convergência de populações e dos diferentes quadrantes do território supostamente herdado da colonização. Assinala-se a continuidade entre a colônia e a nação, bem como a "transição" pacífica de um momento a outro, buscando-se sombrear as variadas possibilidades históricas existentes em 1822 e as guerras de armas e palavras que caracterizaram as décadas de 1820 e 1830.

Entretanto, as polêmicas geradas pelo monumento apontam que os debates travados no passado foram recuperados em 1862 por políticos de vários matizes, mas com outros sentidos. Ao lado das ressalvas de artistas e intelectuais sobre as concepções estéticas da estátua, houve tanto na imprensa quanto no Parlamento um intenso embate a respeito daquilo que o monumento simbolizava para a história do Brasil e para a experiência monárquica vivenciada nos anos 1860. Uma das críticas mais contundentes foi feita pelo político liberal mineiro Teófilo Ottoni, que, em carta pública, acusava o ministério conservador da época de falsear a história. Para ele, o monumento era uma tentativa de substituir o caráter popular e conflituoso do movimento independentista pela interpretação de que tinha sido a vontade pessoal do "ditador" d. Pedro que assegurara a separação de Portugal e a Constituição do Império. Ottoni fez questão de lembrar que revoltas coloniais, como a que foi protagonizada por Tiradentes em Minas Gerais no final do século XVIII, tinham germinado o caminho para a Independência e que a data nacional por excelência era 7 de abril, dia da abdicação.[32] Buscava denunciar, fazendo uso do monumento, as contradições do regime monárquico e a atuação do Poder Moderador, explicitando, assim, divergências entre o Partido Liberal e o ministério conservador.

Em face dessas colocações, endossadas também pela imprensa liberal, pode-se imaginar o alvoroço que cercou a festa de inauguração, agravado pelo fato de que a cerimônia, marcada para 25 de março de 1862, teve que ser adiada em razão das fortes chuvas que cobriram a cidade. Ninguém no governo desejava esse adiamento, pois a proximidade do dia 7 de abril punha em prontidão as tropas da polícia, prevendo-se conflitos e pancadaria nas ruas centrais entre grupos adversários. A inauguração ocorreu em 30 de março.

Porém, desde então, a estátua passou a ser alvo de inúmeras caricaturas, que, mesmo sem modificar o enredo exposto no monumento, procuravam ironizar o primeiro imperador, estabelecendo ligações entre o passado revisitado e a política no Segundo Reinado, como se não houvesse distância entre eles, o que mostra a impossibilidade de separar essa representação alegórica das circunstâncias nas quais ocorreram sua construção e inauguração.

Durante a década de 1870, interpretações antagônicas sobre a Independência e a fundação do Império continuaram a circular, a despeito da prevalência da história-memória que o próprio d. Pedro I havia esboçado. Obras como as do poeta Paulo Antônio do Valle identificavam o Sete de Setembro ao "grito" de d. Pedro na defesa da "liberdade de um povo oprimido". Em contrapartida, o redator do periódico paulistano *O Polichinelo* observava, em 1876, quando as agremiações republicanas começavam a adquirir certa projeção política, que "o 7 de setembro é a página mais sombria que se pode escrever no livro de uma história nacional; é a eterna condenação de um povo inteiro porque consentiu que no seio livre e democrático da América se assentasse um trono".[33]

Tanto quanto a estátua de Pedro I no Rio de Janeiro, polêmicas e desencontros marcaram a construção, na cidade de São Paulo, do Monumento do Ipiranga, na década de 1880. Decidiu-se por um projeto idealizado por Tommaso Bezzi, renomado arquiteto italiano. Em vez de uma escultura ou de um obelisco, optou-se por rememorar o Sete de Setembro por meio de um majestoso edifício, um palácio de inspiração renascentista, erguido no lugar onde, supostamente, d. Pedro teria proclamado a Independência. A obra de alvenaria procurava evidenciar, de forma material e simbólica, o lugar no qual a nação teria se originado. Os políticos, cafeicultores e industriais que patrocinaram o monumento tinham como objetivo demonstrar, entre outros aspectos, de que modo a história justificava a gradual centralidade política e cultural que São Paulo vinha adquirindo, em termos nacionais, desde o início do século XIX, quando a lavoura cafeeira se tornou o principal produto de exportação do Império.

Sempre ameaçado pelas polêmicas que opunham conservadores, liberais e republicanos na política provincial, o monumento era visto por muitos como um desperdício de recursos públicos em um edifício de duvidosas finalidades utilitárias, seja pela localização, nos arrabaldes da cidade, seja pelo perfil arquitetônico. Essa discussão contaminou também a encomenda de uma pintura histórica com o objetivo de complementar visualmente a demarcação do "grito". Depois de muitas idas e vindas, a comissão encarregada pelas obras contratou Pedro Américo de Figueiredo e Melo, artista já consagrado na época. Foi esse pintor que criou, entre 1886 e 1888, o painel *Independência ou morte*, representação visual que, de maneira sistemática, vem sendo divulgada como fosse a "imagem" do famoso "grito".

O tempo consumido nos debates em torno do edifício acabaram provocando uma situação inusitada: imaginado para celebrar o Império, a monarquia constitucional e d. Pedro, o monumento ainda não estava concluído quando a República foi proclamada, em novembro de 1889. O palácio-monumento adquiriu, então, outros sentidos. A memória e a tradição comemorativa criadas durante o Império foram ressignificadas logo nos primeiros anos do novo regime, até porque nessa ocasião havia o predomínio político dos chamados jacobinos, militares e civis que pretendiam romper em termos históricos e políticos com a monarquia. Assim, o Sete de Setembro, identificado a outros protagonistas da história do Brasil, como Tiradentes e os revolucionários de 1817, foi articulado à proposta republicana de um "renascimento da nação", pautado nos princípios de liberdade e igualdade, na educação pública do "povo" e em sua preparação para o exercício da cidadania — promessas e perspectivas que, ao longo das décadas seguintes, se transformaram em esperanças não alcançadas pela grande maioria da sociedade.

O edifício foi apropriado pelo governo do estado de São Paulo em 1893, para se transformar em instituição de ciência e instrução, um museu público denominado Museu Paulista, mais conhecido como Museu do Ipiranga.[34] Transformou-se em um poderoso recurso na difusão de uma nova leitura da história, que fez do Sete de Setembro um dos marcos republicanos da superação das condições impeditivas do "progresso moral e material" do país: a "ignorância", a exclusão de parcelas da população do universo do trabalho regular e disciplinado e a distância entre a ciência e sua aplicação na atividade econômica geradora de lucro. O museu foi escolhido também, apesar da distância do centro da cidade naquela época, como local de grandes manifestações cívico-militares em torno da principal data nacional. A imprensa e o sistema escolar criaram com o tempo uma prática de peregrinação ao sítio originário da Independência, bastante popular até hoje.

Desse modo, em São Paulo e notadamente no Rio de Janeiro, capital da República, as celebrações em torno do Sete de Setembro atualizaram e ampliaram festejos que o Império já havia consagrado, conferindo sustentação ainda maior à História-memória erguida no século XIX. Foi nesse universo cultural, político e simbólico que dirigentes, empresários e intelectuais prepararam a celebração do Centenário, em 1922.

As lutas políticas e simbólicas do período entre o início da República e a década de 1920 modificaram o campo da historiografia brasileira em geral, o que afetou igualmente a história da Independência. Ao contrário do que ocorrera nos primeiros anos do regime, por ocasião do Centenário afirmava-se a República sem rejeições ou rompimentos com o passado monárquico, configurando-se uma leitura conciliadora com a experiência do Império. Houve, nessa época, uma aproximação de natureza política e historiográfica entre desiludidos com o regime, antigos monarquistas e republicanos de matiz conservador, ligados às oligarquias estaduais e a cafeicultores.[35] Em relação à Independência, predominaram a partir de então interpretações que valorizavam o legado do Império à nação e, ao mesmo tempo, criticavam o regime republicano pelo não cumprimento integral de promessas políticas e sociais feitas quando da proclamação de 15 de novembro de 1889.

O consenso pactuado entre políticos e intelectuais permitiu que, em uma época marcada pela expansão do nacionalismo, como os anos 1920 e 1930, houvesse uma vinculação entre o entendimento da positividade da monarquia na construção da nacionalidade e a necessária "evolução" do país. Esses laços entre monarquia e república, entre passado e presente, foram acompanhados também pela compreensão de que o saber histórico era, sobretudo, um saber ensinável, prestando-se à coesão social e à formação de uma consciência nacional coletiva. O que se expressou no sistema escolar, na produção de livros didáticos e filmes educativos, na literatura infantil e na valorização dos museus, especialmente os museus de História. Nesse contexto, ao lado da inauguração do Museu Histórico Nacional no Rio de Janeiro, foi preparada a remodelação do Museu Paulista durante a gestão de Afonso d'Escragnolle Taunay. Por ocasião do Centenário, o museu e o sítio do Ipiranga receberam decoração e tratamento urbanístico que se tornaram fundamentais na difusão da memória conciliadora da Independência, delineada, como observado, nas primeiras décadas do século XX.[36]

Acrescenta-se a isso a obrigatoriedade, a partir do Centenário, do hasteamento da bandeira nacional nas escolas nos dias de comemorações cívicas, como o da Independência e o da Proclamação da República, prática acompanhada pelo canto do Hino Nacional brasileiro. No caso específico do hino, a música fora composta em 1831 para acompanhar uma letra que celebrava a abdicação de d. Pedro I. Durante o Segundo Reinado, a mesma música com outra letra era executada, mas não cantada, para saudar d. Pedro II. Somente após a primeira década do governo republicano, e por meio de um concurso público que reuniu poetas e intelectuais, foi escolhida uma nova letra, a ser adaptada, porém, à mesma partitura escrita para a abdicação. É essa letra que vem sendo ensinada até hoje.[37]

O significado político dessa "conciliação" entre passado monárquico e expectativas de futuro da República pode ser avaliado por duas decisões do governo federal, adotadas por ocasião do Centenário: a suspensão do exílio da família imperial e seus descendentes e a transferência dos restos mortais de d. Pedro II e da imperatriz Teresa Cristina para o Rio de Janeiro, acompanhada pela organização de cerimonial público para receber os esquifes com honras de chefe de Estado. As urnas encontram-se enterradas na catedral de São Pedro de Alcântara, em Petrópolis.

Cinquenta anos depois, em 1972, quando dos festejos do Sesquicentenário da Independência, durante a ditadura militar, essa interpretação "conciliadora" da história do Brasil foi reafirmada nas negociações entre os governos brasileiro e português para que os restos mortais de d. Pedro I e de sua segunda esposa, d. Amélia, fossem transferidos para o Brasil. As urnas foram levadas para muitas das capitais e importantes cidades do Brasil, para receber homenagens públicas, formando-se uma espécie de cortejo fúnebre que pretendia ligar o país de norte a sul. Em setembro, os despojos foram enterrados na cripta existente abaixo do monumento ao Centenário, no Parque da Independência, em São Paulo. A cripta fora construída em 1954, por ocasião do IV Centenário da cidade, para acomodar os restos mortais de d. Leopoldina.

Todas essas cerimônias tiveram enorme repercussão popular, especialmente o cortejo fúnebre dos restos de d. Pedro I em São Paulo, transmitido ao vivo pelas emissoras de rádio e de televisão, que começavam a emitir imagens coloridas. Mas a repercussão não foi apenas do evento, e sim da memória histórica, que nessas comemorações foi ainda revigorada com o uso dos mais sofisticados meios de comunicação disponíveis.

Passados duzentos anos, a Independência continua a ser reavivada em meio a contradições interpretativas, além de encontrar-se associada à memória e à imaginação históricas profundamente incorporadas à cultura do país. Os registros do movimento da história, quer produzidos em 1822, quer gerados a cada momento de construção/reconstrução da nação e da nacionalidade desde o século XIX, são agentes ativos da política e da memória que condensa e encobre essas mesmas conexões.

Relações de poder marcam a produção, a sobrevivência e a circulação de registros, gravando as vozes dos sujeitos cuja vocalidade se sobrepõe à de outros atores, promovendo seu silenciamento. Assim, a voz de d. Pedro se sobrepôs à de muitos outros atores. Mas os apagamentos ou silenciamentos são reforçados por processos usados em arquivos, bibliotecas e museus, entre outros lugares de preservação, expressando modos diferentes de salvaguardar ou descartar vestígios do passado. Nesse sentido, é fundamental questionar as fontes — sua origem, destinação, autoria —, mas igualmente interrogar como e por que alguns vestígios e não outros foram escolhidos para compor coleções e acervos por meio dos quais se torna possível reconstituir circunstâncias históricas. Os silenciamentos não são efeito da ausência de evidências, mas dos modos como os vestígios do passado foram recolhidos, preservados e classificados, transformando-se em referências para a produção do conhecimento histórico. Os agentes do poder, no passado e no presente, enterram conflitos, aplainam diferenças e afirmam consensos, em busca de legitimação e de justificativas para a dominação que se dispõem a exercer sobre a política e a memória histórica.

Palavras finais

> *O passado não é livre. Ele é regido, gerenciado, preservado, explicado, contado, celebrado ou odiado. Quer seja comemorado ou ocultado, permanece uma questão fundamental do presente [...].*
>
> Régine Robin, 2016[1]

Depois da discussão de tantos aspectos e das inúmeras implicações que o processo de Independência acarretou, acredito que não caibam propriamente conclusões, mas a retomada pontual das principais questões que este livro procurou evidenciar, abrindo-se ainda mais as possibilidades de compreensão de eventos, protagonistas, memórias e repercussões históricas e políticas de situações que há duzentos anos permanecem em evidência.

O primeiro ponto a se destacar é a desvinculação entre a Independência e um único episódio específico que, conforme visto no capítulo 6, foi sendo construído, reconstruído e ressignificado desde o século XIX. Essa dissociação permitiu recuperar alguns dos significados que a Independência assumiu na década de 1820, superando-se a identificação imediata com a separação de Portugal, para inscrever aqueles acontecimentos no campo da política, da configuração do Estado nacional e da definição da cidadania e do seu exercício, com enormes ressonâncias sociais.

O segundo ponto a ser sublinhado é o de que a Independência, abordada como tema da política, pode ser analisada no âmbito de movimentos globais de transformação, em curso desde os fins do século XVIII. O movimento separatista entre Brasil e Portugal faz parte do processo de revoluções liberais que ocorreram tanto na Europa quanto na América. Vale dizer, o movimento separatista articula-se aos processos políticos, sociais e culturais que resultaram na formação das nações e dos Estados nacionais no mundo ocidental, o que não só aproxima os eventos que ocorriam na América portuguesa das demais experiências que eram suas contemporâneas como provoca o redimensionamento daquilo que o teria singularizado.

A Independência do Brasil apresenta, sem dúvida, muitas peculiaridades relacionadas não apenas às condições coloniais no século XVIII, tratadas no primeiro capítulo, como principalmente aos episódios que marcaram a reorganização da corte portuguesa no Rio de Janeiro, durante treze anos, entre 1808 e 1821, tema dos capítulos 2 e 3. Esse acontecimento foi qualificado por diplomatas e conselheiros reais como medida extrema frente às Guerras Napoleônicas, causadora de mudanças profundas nas vinculações de Portugal com seus domínios, tanto da América quanto da África.

Essas transformações, por outro lado, acabaram provocando uma situação singularíssima: em virtude do movimento revolucionário constitucional que ocorreu em Portugal em 1820 e da adesão a ele de boa parte das lideranças políticas da América, a separação não foi protagonizada por metrópole e colônia, a despeito de a memória histórica fixar-se nessa representação. Foram dois centros de poder que, no âmbito do chamado Império Português, se enfrentaram para decidir qual dos dois teria a prioridade de acolher a sede da monarquia e quais preceitos liberais e constitucionais regeriam o governo e as vinculações entre as partes desse Império. O rompimento foi se delineando diante das contradições de interesses, das incompatibilidades políticas e econômicas e, notadamente, pela incontornável situação em que uma parte do Império acabaria por se sobrepor à outra.

Entretanto, nem por isso circunstâncias tão complexas e peculiares deixaram de se revestir das mesmas condições históricas universais que envolveram a Independência dos Estados Unidos, as independências nas diferentes regiões da América espanhola e as revoluções europeias, entre 1789 e 1848. Isso quer dizer que a América portuguesa se integrava à dinâmica socioeconômica que marcou a emergência das relações de mercado liberais. Ao longo dos vários capítulos, procurei demonstrar a multiplicidade de atores que formava a sociedade, a diversidade de situações de vida e de riqueza e, em particular, a compatibilidade entre liberalismo e escravidão, bem como a inserção da produção agrícola das regiões brasileiras nas práticas capitalistas geradoras de lucro e acumulação.

Explorei essas questões recorrendo aos inúmeros estudos mais recentes sobre o período e sobre a História do Brasil, para propor interrogações a respeito de noções muito comuns em qualquer debate sobre o passado e o presente do Brasil. Como a de que a sociedade da época estaria "atrasada" em relação a outras nações e a de que, diferentemente da Europa e dos Estados Unidos, não teria havido liberalismo nem governo constitucional no Brasil do século XIX. Acredito que, em especial nos capítulos 4 e 5, minha argumentação e a reconstituição das linhas mais gerais dos processos históricos e políticos em andamento naquele período tenham provocado questionamentos e reflexões a respeito das opções adotadas pelos agentes históricos e pelas consequências que geraram em termos dos entrelaçamentos entre cidadania e escravidão, notadamente entre negócios públicos e interesses privados.

A memória da Independência que conhecemos, como discuti em seus aspectos mais amplos no capítulo 6, traduz dimensões das lutas políticas e das relações sociais, ancorando-se, de forma predominante, nas falas e interpretações dos atores, produzidas em meio aos confrontos que vivenciavam e dos quais buscavam fixar os sentidos a partir de seus próprios projetos e interesses. Um de meus objetivos foi apresentar elementos e argumentos para repensar e propor alternativas a essa memória, explorando o intenso debate em torno de outras possibilidades históricas para a construção da nação e do Estado nacional que acabaram derrotadas, modificadas ou esquecidas à medida que se consolidavam os grupos políticos e mercantis vitoriosos entre 1822 e 1831.

Por fim, cabe ressaltar que o processo de Independência não coincidiu com a emergência da nação e da nacionalidade, movimento de configuração histórica, territorial, social e cultural que adentrou o século XIX e foi se constituindo por meio da atuação de diferentes grupos políticos movidos por projetos de Estado e nação diferentes e por interesses contraditórios. No entanto, a Independência demarcou a construção de um novo governo e de um novo espaço para a realização da política e da cidadania, essenciais para aquele movimento de formação nacional.

As bases políticas e jurídicas da configuração do Estado e da nação foram implementadas pela Carta constitucional de 1824. É possível considerar esse documento como um desfecho provisório do processo político desencadeado em 1815, momento em que, com a elevação do Brasil a Reino Unido a Portugal e Algarves, o governo joanino criava algumas das condições fundamentais para o exercício do poder por parte de proprietários e negociantes, que, tornando-se dirigentes na corte do Rio de Janeiro, protagonizaram, junto com d. Pedro, decisões que resultaram na cisão entre as partes do Império Português e no predomínio, durante o Primeiro Reinado, da vertente liberal consagrada na Carta de 1824.

Ao leitor que acompanhou os vários percursos históricos que se entrelaçaram ao longo das páginas deste livro, deixo ainda uma observação: se o passado constitui uma questão do presente, como alerta a epígrafe que escolhi, a relação entre a Independência e o momento em que vivemos encontra-se entremeada tanto pelos saberes e representações que cercam aquele período quanto pelas expectativas que lançamos para o passado. Expectativas que se modificam em função das gerações, dos conhecimentos acumulados e do que desejamos para o futuro. Nesse sentido, compreender o passado é mais do que interrogar testemunhos, vestígios e memórias. É complicar o que parece simples, mantendo viva a atenção sobre as teias, muitas vezes invisíveis, que prendem a história à política. É desvendar caminhos que possam iluminar no presente e no futuro outras independências.

Notas

Indicando caminhos [pp. 11-5]

1. Deputado pelo Rio de Janeiro na Assembleia Constituinte, durante discussão a respeito da integração de portugueses à cidadania brasileira. *Diário da Assembleia Geral Constituinte e Legislativa do Império do Brasil, 1823*, ed. fac-sim. Brasília: Senado Federal, 2003, v. 3. Sessão de 26 de setembro, p. 117.

1. A América portuguesa no século XVIII [pp. 17-42]

1. Recomendação de d. Luís da Cunha ao diplomata Marco Antônio de Azevedo Coutinho sobre a possibilidade de d. João V fundar um império na América. Documento citado por Kenneth Maxwell em *A devassa da devassa: A Inconfidência Mineira — Brasil e Portugal (1750 e 1808)*, 2. ed. (Rio de Janeiro: Paz e Terra, 1978), p. 25.
2. *Criollos* e *chapetones* eram denominações utilizadas para diferenciar os descendentes de espanhóis nascidos na América, muitos dos quais mestiços, dos espanhóis europeus.
3. Parte importante das considerações aqui apresentadas encontra-se fundamentada em artigos da coletânea *O Brasil colonial: 1720-1821*, 4. ed., v. 3, organizada por João Fragoso e Maria de Fátima Gouvêa (Rio de Janeiro: Civilização Brasileira, 2019). Destaque especial merecem os artigos escritos por João Fragoso, Roberto Guedes, Nuno Monteiro, Márcio de Sousa Soares, João Paulo Pimenta e João Pinto Furtado. Consultar também Cecilia Helena de Salles Oliveira, *A astúcia liberal: Relações de mercado e projetos políticos no Rio de Janeiro, 1820-1824*, 2. ed. (São Paulo: Intermeios, 2020).
4. A Guerra dos Sete Anos foi um conflito de caráter mundial, envolvendo interesses e territórios das principais potências europeias tanto na Europa quanto nas áreas coloniais na América e na Ásia. Opôs a França de Luís XV, o Império Russo e a Espanha à Inglaterra, Prússia e Portugal. A grande vitoriosa foi a Inglaterra, que anexou territórios do atual Canadá à América do Norte, bem como parte das Antilhas, e ampliou sua área de influência na Índia.
5. Sobre o processo de independência das Treze Colônias inglesas na América, ver, entre outros, Mary Anne Junqueira, *Estados Unidos: Estado*

225

nacional e narrativa da nação (1776-1900), 2. ed. (São Paulo: Edusp, 2018). O tema será tratado nos capítulos finais deste livro.

6. São Domingos foi uma colônia francesa que ocupou a parte oeste da ilha de Hispaniola, no Caribe. Tornou-se a primeira colônia da América a proclamar a independência da metrópole e a primeira a abolir a escravidão negra. No século XVIII, possuía extraordinária importância econômica para a França pela produção de gêneros coloniais e também pelo peso do tráfico de escravos. O movimento, deflagrado por revoltas escravas, esteve inicialmente associado ao processo revolucionário francês. Ver Maria Ligia Prado e Gabriela Pellegrino, *História da América Latina* (São Paulo: Contexto, 2019).

7. Convencionou-se denominar Iluminismo um conjunto de concepções políticas e culturais construídas a partir do século XVII na Europa, centradas na compreensão de que as ciências e as tecnologias aplicadas de forma pragmática às relações econômicas e sociais poderiam transformar a estrutura do Estado e ancorar princípios de liberdade e igualdade, capazes de promover melhorias significativas na vida das pessoas e sociedades. Essas ideias, que exaltavam as luzes da razão, adquiriram feições particulares durante o século XVIII e, apesar de a princípio sustentarem as lutas políticas contra o absolutismo monárquico, foram apropriadas e reformuladas para justificar reformas que aperfeiçoassem instituições tradicionais. Daí a designação "reformismo ilustrado" para descrever ações adotadas tanto em Portugal quanto na Espanha, por exemplo, para mudanças que modernizassem as estruturas absolutistas, a fim de que pudessem ser preservadas. Ver Maria de Lourdes Viana Lyra, *A utopia do poderoso império: Portugal e Brasil: Bastidores da política, 1798-1822* (Rio de Janeiro: Sette Letras, 1994).

8. Tradicionalmente, os livros de História caracterizam a Inconfidência Mineira como um movimento de caráter republicano, precursor da Independência do Brasil. Nos últimos anos, porém, essa interpretação foi bastante contestada por pesquisas que evidenciaram dimensões até então pouco conhecidas desse movimento de contestação, inscrevendo-o no âmbito das vinculações conflituosas entre potentados mineiros e autoridades metropolitanas e coloniais, bem como em momento histórico assinalado por mudanças significativas nas próprias relações coloniais. Ver Kenneth Maxwell, *A devassa da devassa*, op. cit.; João Pinto Furtado, *O manto de Penélope: História, mito e memória da Inconfidência Mineira* (São Paulo: Companhia das Letras, 2002).

9. Sobre as relações entre interesses privados e negócios públicos no Brasil colonial no século XVIII, consultar Ana Paula Medicci, *Administrando conflitos: O exercício do poder e os interesses mercantis na capitania de São*

Paulo (1765-1822), tese (Doutorado em História) (São Paulo: FFLCH-USP, 2010); e Renato de Mattos, *Política, administração e negócios: A capitania de São Paulo e sua inserção nas relações do Império português (1788-1808)*, dissertação (Mestrado em História) (São Paulo: FFLCH-USP, 2009). Apesar de focarem especificamente a capitania de São Paulo, essas pesquisas lançam interpretações sobre a sociedade e a política coloniais na segunda metade do século XVIII.

10. Importantes referências sobre a política metropolitana na segunda metade do século XVIII podem ser encontradas em Kenneth Maxwell, *A devassa da devassa*, op. cit.; João Pinto Furtado, *O manto de Penélope*, op. cit.; e Maria de Lourdes Viana Lyra, *A utopia do poderoso império*, op. cit. Consultar também Fernando Novais, *Brasil e Portugal na crise do antigo sistema colonial (1777-1808)* (São Paulo: Hucitec, 1979).

11. Ver, especialmente, Cecilia Helena de Salles Oliveira, *A astúcia liberal*, op. cit., cap. 2.

12. Sobre as condições dos indígenas ao longo do século XIX no Brasil, consultar os estudos de Fernanda Sposito. A autora sugere que as mais de trezentas etnias indígenas existentes naquela época representavam uma população esparsamente distribuída de mais de 650 mil indivíduos, que não passavam despercebidos pela prática constante de exploração do seu trabalho. Praticamente todos os artistas viajantes que estiveram no Brasil no período joanino registraram suas fisionomias e costumes. Ainda segundo a autora, a questão central na época era menos a desapropriação das terras ocupadas por essas etnias e mais um processo civilizatório de dominação visando a extração de mão de obra. Fernanda Sposito, "Los pueblos indígenas en la Independencia". In: João Paulo Pimenta (Org.), *Y dejó de ser colonia*. Madri: Sílex, 2021, pp. 197-228.

13. O sistema de sesmarias foi criado em Portugal no século XIV, com o objetivo primordial de estimular a produção agrícola em terras abandonadas. Consistia na cessão de terras a lavradores, pelas autoridades, para que fossem demarcadas, limpas e cultivadas. A prática foi transposta para a América colonial, tornando-se o ordenamento principal para a ocupação do território até o final do século XVIII. Ver Márcia Motta, *O direito à terra no Brasil: A gestação do conflito, 1795-1824*, 2. ed. (São Paulo: Alameda, 2012).

14. "Comissários volantes" eram comerciantes itinerantes, em geral ingleses, mas em muitos casos portugueses, que compravam e vendiam mercadorias pessoalmente na América, promovendo o contrabando ou atuando por fora das linhas de comércio legais e reconhecidas. Sua atuação foi estudada por Kenneth Maxwell, entre outros autores.

15. A expressão "Antigo Regime" foi criada e divulgada pelos revolucionários franceses de fins do século XVIII, que assim passaram a designar a ordem

política, econômica e social contra a qual se insurgiram. Geralmente, e de modo muito sumário, a expressão é usada para designar regimes políticos absolutistas vigentes na Europa entre os séculos XVI e XVIII, pautados por forte intervenção do Estado nas relações econômicas e sociais e por uma hierarquia de privilégios e exclusões definidos pela tradição e pelo nascimento. Uma avaliação detalhada sobre os modos como a sociedade colonial foi atravessada por práticas e mentalidades do Antigo Regime português encontra-se em João Fragoso, Maria Fernanda Bicalho e Maria de Fátima Gouvêa (Orgs.), *O Antigo Regime nos trópicos: A dinâmica imperial portuguesa* (Rio de Janeiro: Civilização Brasileira, 2001).

2. A reorganização da monarquia portuguesa na América, 1808-14 [pp. 43-68]

1. Documento citado por Maria Fernanda Vieira Martins no artigo "Conduzindo a barca do Estado em mares revoltos: 1808 e a transmigração da família real portuguesa", em João Fragoso e Maria de Fátima Gouvêa (Orgs.), *O Brasil colonial*, op. cit., v. 3, p. 693.

2. Consultar, especialmente, Maria Sylvia de Carvalho Franco, *Homens livres na ordem escravocrata* (São Paulo: Instituto de Estudos Brasileiros-USP, 1968); Alfredo Bosi, *Ideologia e contraideologia* (São Paulo: Companhia das Letras, 2010); Maria Stella Martins Bresciani, *O charme da ciência e a sedução da objetividade*, 2. ed. (São Paulo: Ed. Unesp, 2007); Izabel Andrade Marson, *Política, história e método em Joaquim Nabuco: Tessituras da revolução e da escravidão* (Uberlândia: Edufu, 2008); István Jancsó (Org.), *Brasil: Formação do Estado e da nação* (São Paulo: Hucitec, 2003); id. (Org.), *Independência: História e historiografia* (São Paulo: Hucitec, 2005); João Paulo Pimenta, *A Independência do Brasil e a experiência hispano-americana (1808-1822)* (São Paulo: Hucitec, 2015); e Izabel Andrade Marson e Cecilia Helena Salles Oliveira (Orgs.), *Monarquia, liberalismo e negócios no Brasil: 1780-1860* (São Paulo: Edusp, 2013).

3. Maria de Lourdes Viana Lyra, "A transferência da corte, o Reino Unido luso-brasileiro e a ruptura de 1822". *Revista do Instituto Histórico e Geográfico Brasileiro*, Rio de Janeiro, ano 168, v. 436, pp. 45-73, maio/jun. 2007. Esse estudo, bem como Viana Lyra, *A utopia do poderoso império*, op. cit., são referências fundamentais para reconstituir os eventos desse período.

4. É importante esclarecer que o termo "império" pode ter muitos significados. Entretanto, é possível considerar que, até inícios do século XIX, especialmente no âmbito do Reino de Portugal, essa palavra, inspirada sem dúvida na obra política erguida pelos romanos na Antiguidade, referia-se a uma forma de poder centralizador, capaz de reunir realidades

políticas conflitantes e divergentes. Assim, o Império Português, centralizado na Europa, em Portugal, compreendia realidades díspares e populações diferenciadas, compostas por meio de conquistas e expansionismo territorial. O Império, a partir de princípios políticos e culturais, possuía dimensão pluricontinental, mas sua "cabeça", seu centro diretor, estava no lugar onde residia o poder, simbolizado pelo rei. Ver Paolo Colliva, "Império", em Norberto Bobbio e Gianfranco Pasquino, *Dicionário de política*, 12. ed. (Brasília: Ed. UnB, 1999), v. 1, pp. 621-6.

5. Nesse caso, houve o envolvimento não só de gente de "consideração" da capitania como também de soldados, alfaiates, pequenos comerciantes e produtores, homens livres pobres e libertos em torno de propostas de radical alteração do governo local. Ver István Jancsó, *Na Bahia contra o Império: História do ensaio de sedição de 1798* (São Paulo: Hucitec; Salvador: Edufba, 1976).

6. Ver João Pinto Furtado, *O manto de Penélope*, op. cit. Consultar também Ana Cristina Araújo, "Um império, um reino e uma monarquia na América: As vésperas da Independência do Brasil", em István Jancsó (Org.), *Independência*, op. cit., pp. 235-70.

7. Ainda é muito divulgada a interpretação segundo a qual as manifestações contestatórias às autoridades metropolitanas, especialmente nos fins do século XVIII, foram precursoras da Independência e se apresentavam como movimentos nacionalistas, no sentido da existência, naquele período, de algo que pudesse representar a "nação brasileira". Esse entendimento foi superado por inúmeras pesquisas, algumas já mencionadas, que demonstraram duas situações: a configuração das nações e dos nacionalismos foi um processo histórico longo e nem sempre linear, considerando-se que somente na segunda metade do século XIX é possível falar em nacionalismo e identidade nacional; o processo de Independência do Brasil (assim como aconteceu no restante da América espanhola) não coincidiu com a construção da identidade nacional "brasileira", tampouco com a construção de uma unidade territorial e nacional. Sobre essas questões, consultar Maria de Lourdes Viana Lyra, *A utopia do poderoso império*, op. cit.; e João Paulo Pimenta, *A Independência do Brasil e a experiência hispano-americana (1808-1822)*, op. cit.

8. Sobre as significações abrangentes da abertura dos portos, ver Renato de Mattos. *Política e negócios em São Paulo: Da abertura dos portos à Independência* (São Paulo: Intermeios, 2019).

9. Sobre o conjunto de instituições implementadas por d. João durante seu governo no Brasil, entre 1808 e 1821, consultar, entre outros, o *Dicionário do Brasil joanino*, organizado por Ronaldo Vainfas e Lúcia Bastos Pereira das Neves (Rio de Janeiro: Objetiva, 2008).

10. Sobre o tema, consultar, entre outros, João Paulo Pimenta, "O Brasil e a 'experiência cisplatina': 1817-1828", em István Jancsó (Org.), *Independência*, op. cit., pp. 755-90.

11. Sobre o tema, consultar Antônia Fernanda Pacca de Almeida Wright, *Desafio americano à preponderância britânica no Brasil: 1808-1850* (São Paulo: Companhia Editora Nacional, 1978).

12. Denis Bernardes, "Pernambuco e sua área de influência: Um território em transformação (1780-1824)". In: István Jancsó (Org.), *Independência*, op. cit., pp. 378-409.

13. A Casa da Suplicação era o tribunal de mais alta instância em Portugal, diretamente ligada ao poder real. Ver Keila Grinberg, "Casa da Suplicação", em Ronaldo Vainfas e Lúcia Bastos Pereira das Neves, *Dicionário do Brasil joanino*, op. cit., pp. 75-7.

14. Ver *Coleção das leis e decisões do governo do Brasil*, volumes referentes aos anos de 1808 e 1820 (Rio de Janeiro: Imprensa Nacional, 1886-9). Os documentos estão disponíveis em formato digital na página da Biblioteca Nacional do Rio de Janeiro.

3. A criação do Reino Unido e o debate em torno da configuração do Império Português [pp. 69-98]

1. Carta de Lei de 16 de dezembro de 1815, instituindo o Reino Unido de Portugal, Brasil e Algarves. *Coleção das leis do Brasil*, v. 1815.

2. A proposta de Silvestre Pinheiro Ferreira foi analisada por Maria de Lourdes Viana Lyra, *A utopia do poderoso império*, op. cit.; e Ana Cristina Araújo, "Um império, um reino e uma monarquia na América: As vésperas da Independência do Brasil", em István Jancsó (Org.), *Independência*, op. cit.

3. Sobre o período revolucionário na Espanha e as experiências liberais na Espanha e na América, ver Ivana Frasquet Miguel, *Tiempo de política, tiempo de constitución: La monarquía hispánica entre la revolución y la reacción (1780-1840)* (Madri: Comares, 2018); e Manuel Chust e Ivana Frasquet, *Las independencias de América* (Madri: Los Libros de La Catarata, 2009).

4. Maria de Lourdes Viana Lyra e Ana Cristina Araújo analisaram em detalhe o documento e suas implicações. Cabe esclarecer, conforme explicita Viana Lyra, que a inclusão de Algarves no título do Reino Unido decorria de uma tradição que remonta aos primórdios da fundação da monarquia em Portugal. Quando, em 1249, foi conquistado o último território em poder dos árabes, denominado Al-Garb, esse passou a ser considerado um segundo reino da Coroa portuguesa. Ver Maria de Lourdes Viana Lyra, "A transferência da corte, o Reino Unido luso-brasileiro e a ruptura de 1822", op. cit., p. 54.

5. Como observou Alberto da Costa e Silva, entre 1808 e 1821 os domínios portugueses na África incluíam a fortaleza de São João Baptista de Ajudá e o território atual de Angola, porém o controle se restringia a áreas do litoral, pois no interior havia muitos reinos africanos que intermediavam o comércio de cativos. Na Guiné, assim como em Moçambique, a presença portuguesa se restringia a algumas vilas e entrepostos. O Reino de Portugal controlava também o arquipélago de Cabo Verde e as ilhas de São Tomé e Príncipe. Na maior parte desse território a principal atividade era o tráfico de escravos. Ver Alberto da Costa e Silva, "África", em Ronaldo Vainfas e Lúcia Bastos Pereira das Neves, *Dicionário do Brasil joanino*, op. cit., pp. 36-40.

6. Ver, especialmente, Alain El Yossef, "La esclavitud y el tráfico negrero en la Independencia", em João Paulo Pimenta (Org.), *Y dejó de ser colonia*, op. cit., pp. 229-66; Rafael Marquese e Ricardo Salles (Orgs.), *Escravidão e capitalismo histórico no século XIX: Cuba, Brasil, Estados Unidos* (Rio de Janeiro: Civilização Brasileira, 2016); e Guilherme de Paula Costa Santos, *A convenção de 1817: Debate político e diplomático sobre o tráfico de escravos durante o governo de d. João no Rio de Janeiro*, dissertação (Mestrado em História) (São Paulo: FFLCH-USP, 2007).

7. Cabildo era o nome dado na América espanhola às corporações municipais que cuidavam dos diferentes aspectos da vida coletiva dos súditos. Eram equivalentes às Câmaras Municipais na América portuguesa.

8. Ver João Paulo Pimenta, "O Brasil e a 'experiência cisplatina': 1817-1828", em István Jancsó (Org.), *Independência*, op. cit., pp. 755-90.

9. José Gervasio Artigas (1764-1850) nasceu em uma família de estancieiros e militares em Montevidéu e envolveu-se nas lutas políticas da região, primeiro contra os ingleses e, a partir de 1810-1, contra as pretensões centralizadoras de Buenos Aires e expansionistas da corte portuguesa no Rio de Janeiro. Defendia propostas políticas inspiradas na Constituição norte-americana, pleiteando a organização de uma federação na região platina que garantisse a soberania da Banda Oriental. Ronaldo Vainfas, "José Artigas". In: Ronaldo Vainfas e Lúcia Bastos Pereira das Neves, *Dicionário do Brasil joanino*, op. cit., pp. 269-70.

10. A expressão "cisplatina" se refere "à parte de cá do rio da Prata", indicando a região de Montevidéu e cercanias situada do lado dos territórios ocupados pelos portugueses.

11. Consultar João Paulo Pimenta, "O Brasil e a 'experiência cisplatina': 1817-1828", em István Jancsó (Org.), *Independência*, op. cit.; e Maria Ligia Prado e Gabriela Pellegrino, *História da América Latina* (São Paulo: Contexto, 2019).

12. Ver Luís Francisco Munaro, *O jornalismo luso-brasileiro em Londres (1808-1822)*, tese (Doutorado em História) (Rio de Janeiro: PPGH-UFF, 2013).

13. O *Correio Braziliense*, ou *Armazém Literário*, foi editado em Londres entre 1808 e 1822, por Hipólito José da Costa Furtado de Mendonça, nascido na Colônia de Sacramento, no Uruguai, e radicado em Londres desde 1805. Apesar da censura, circulava pelas principais cidades do Brasil e em Portugal e seu redator atuou fortemente no debate em torno da reorganização da corte no Rio de Janeiro e dos desdobramentos que o evento acarretou. Consultar, entre outros, Isabel Lustosa, *Insultos impressos* (São Paulo: Companhia das Letras, 2000); e Lúcia Bastos Pereira das Neves, "*Correio Braziliense*", em Ronaldo Vainfas e Lúcia Bastos Pereira das Neves, *Dicionário do Brasil joanino*, op. cit., pp. 102-5.

14. Análise detalhada sobre a cerimônia de aclamação e suas implicações sociais e políticas encontra-se em Emílio Carlos Rodriguez Lopez, *Festas públicas, memória e representação: Um estudo sobre manifestações políticas na corte do Rio de Janeiro, 1808-1822* (São Paulo: Humanitas, 2004).

15. Sobre a Revolução de 1817, consultar Maria de Lourdes Viana Lyra, *A utopia do poderoso império*, op. cit.; e Denis Bernardes, "Pernambuco e sua área de influência: Um território em transformação (1780-1824)", em István Jancsó (Org.), *Independência*, op. cit.

16. Ver Lucia Bastos Pereira das Neves, "Da. Leopoldina", em Ronaldo Vainfas e Lúcia Bastos Pereira das Neves, *Dicionário do Brasil joanino*, op. cit., pp. 126-7.

17. Consultar Maria de Lourdes Viana Lyra, "A transferência da corte, o Reino Unido luso-brasileiro e a ruptura de 1822", op. cit.; e id., *A utopia do poderoso império*, op. cit. Ver também Juliana Gesuelli Meirelles, "La corte en Brasil y el gobierno de Juan VI de Portugal (1808-1820)", em João Paulo Pimenta (Org.), *Y dejó de ser colonia*, op. cit., pp. 73-120.

18. Em virtude das tradições portuguesas, a coroa real fez parte do ritual, mas sempre colocada ao lado do monarca, e não sobre sua cabeça. Descrição detalhada de todas as partes da cerimônia encontra-se em Emílio Carlos Rodriguez Lopez, *Festas públicas, memória e representação*, op. cit. Consultar também Jacqueline Hermann, "Aclamação", em Ronaldo Vainfas e Lúcia Bastos Pereira das Neves, *Dicionário do Brasil joanino*, op. cit., pp. 27-31.

19. Ver Ana Cristina Araújo, "Um império, um reino e uma monarquia na América: As vésperas da Independência do Brasil", em István Jancsó (Org.), *Independência*, op. cit.; Maria de Lourdes Viana Lyra, "A transferência da corte, o Reino Unido luso-brasileiro e a ruptura de 1822", op. cit.; e id., *A utopia do poderoso império*, op. cit. Consultar também Kirsten Schultz, *Versalhes tropical: Império, monarquia e corte real portuguesa no Rio de Janeiro, 1808-1821* (Rio de Janeiro: Civilização Brasileira, 2008).

20. Sobre os processos políticos na Espanha e o triênio liberal 1820-3, ver Manuel Chust e Ivana Frasquet, *Las independencias de América*, op. cit.

21. Sobre a Revolução de 1820, consultar Maria de Lourdes Viana Lyra, "A transferência da corte, o Reino Unido luso-brasileiro e a ruptura de 1822", op. cit.; id., *A utopia do poderoso império*, op. cit.; Ana Cristina Araújo, "Um império, um reino e uma monarquia na América: As vésperas da Independência do Brasil", em István Jancsó (Org.), *Independência*, op. cit.; João Paulo Pimenta, *A Independência do Brasil e a experiência hispano-americana (1808-1822)*, op. cit.; e Cecilia Helena de Salles Oliveira, *A astúcia liberal*, op. cit., bem como István Jancsó (Org.), *Brasil*, op. cit.; e id. (Org.), *Independência*, op. cit.

22. As Cortes Constituintes convocadas pela Junta de Governo revolucionária quebravam a tradição da monarquia em Portugal. Em primeiro lugar, porque não foram convocadas pelo rei. Em segundo, porque seriam formadas a partir de eleições envolvendo o conjunto da população livre, quando as Cortes tradicionais eram compostas pela nobreza, pelo clero e pelo povo, conforme práticas do Antigo Regime. Além disso, tinham caráter constituinte, e não apenas deliberativo, podendo, portanto, definir um novo governo fundamentado em princípios opostos ao absolutismo monárquico então vigente.

23. Sobre o processo político no Grão-Pará e Rio Negro, ver André Machado, "As esquadras imaginárias: No extremo norte, episódios do longo processo de Independência do Brasil", em István Jancsó (Org.), *Independência*, op. cit., pp. 303-44.

24. Sobre a capitania da Bahia, consultar Thomas Wisiak, "Itinerário da Bahia na Independência do Brasil, 1821-1823", em István Jancsó (Org.), *Independência*, op. cit., pp. 447-74; e Walquiria R. Tofanelli Alves, *Expectativas para a "nação portuguesa" no contexto da Independência: O projeto de Joaquim José da Silva Maia (1821-1823)*, dissertação (Mestrado em História) (Campinas: IFCH-Unicamp, 2018).

25. Os procedimentos eleitorais eram fundamentados nos princípios da propriedade e da liberdade. Poderiam votar os homens livres, acima de 25 anos, com residência fixa e conhecida, bem como analfabetos e libertos. Estavam excluídos da votação os escravizados, os deficientes, os devedores à Fazenda Real, os criminosos e os que não tivessem emprego, ocupação ou modo de vida reconhecido. Praticamente toda a população masculina e livre poderia votar nas duas primeiras fases da eleição, que era indireta: os cidadãos reconhecidos pelas autoridades municipais indicavam entre si compromissários; esses se reuniriam nas freguesias para indicar os eleitores que comporiam os chamados "eleitores de comarca", os quais, por sua vez, reunidos nas capitais das capitanias, indicariam, dentre eles, os deputados. Para ser eleitor e ter direito de candidatar-se a deputado havia exigências bem mais definidas: ser proprietário, ter instrução

e apoiar publicamente a causa da revolução. Em cada uma das etapas o voto era público e por aclamação, registrado pelas mesas eleitorais. Consultar Cecilia Helena de Salles Oliveira, *A astúcia liberal*, op. cit. Ver também Márcia Regina Berbel, *A nação como artefato: Deputados do Brasil nas Cortes portuguesas* (São Paulo: Hucitec, 1999).

4. Guerra de armas e palavras [pp. 99-146]

1. Panfleto manuscrito, Rio de Janeiro, *c*. setembro de 1821, em José Murilo de Carvalho, Lúcia Bastos e Marcello Basile (Orgs.), *Às armas, cidadãos!: Panfletos manuscritos da Independência do Brasil (1820-1823)* (São Paulo: Companhia das Letras; Belo Horizonte: Ed. UFMG, 2012), p. 128.

2. Estudos recentes, voltados para o levantamento, identificação e análise dessa enorme produção, mostram que em Portugal, apenas no ano de 1821, mais de 39 novos periódicos começaram a ser editados. No Rio de Janeiro e na Bahia, entre 1821 e 1822, havia mais de vinte novos diários e semanários. Vários outros surgiram em Pernambuco, no Maranhão e no Pará. Ao lado deles, passou de quatrocentos o número de folhetos ou publicações avulsas manuscritas e impressas que circulavam nas principais cidades do Reino do Brasil e chegavam aos locais mais distantes pelas rotas de comércio terrestres e de cabotagem. Ver ibid. José Murilo de Carvalho, Lúcia Bastos e Marcello Basile organizaram também *Guerra literária: Panfletos da Independência (1820-1823)* (São Paulo: Humanitas; Ed. UFMG, 2014), 4 v.

3. A palavra "povo" foi usada de maneira bastante ambígua nessa época. Ao mesmo tempo que foi adotada para se referir à maioria da sociedade, à multidão de gente livre com perfil social e racial muito diversificado, na maior parte dos periódicos que lutavam pelo constitucionalismo ela designava a parcela da sociedade que, para além do direito civil de representação, possuía a condição de cidadão, ou seja, usufruía a liberdade de participar dos negócios públicos, em razão das propriedades e bens que havia acumulado. Nesse sentido, o termo incluía não só proprietários de grandes fortunas, mas também pequenos e médios produtores rurais e urbanos, assim como artesãos, funcionários públicos e homens livres ou libertos com rendimentos fixos. Consultar, entre outras, a obra de Hannah Arendt, *Da revolução* (Rio de Janeiro: Vértice, 1978).

4. *Manifesto da nação portuguesa aos soberanos, e povos da Europa.* Lisboa: [s.n.], 1820. Disponível em: <www2.senado.leg.br/bdsf/handle/id518749>. Acesso em: 2 jun. 2022.

5. A relação completa dos representantes das províncias do Brasil eleitos para as Cortes, que somavam noventa deputados, encontra-se em

Fernando Tomaz, "Brasileiros nas Cortes Constituintes de 1821-1822", em Carlos Guilherme Mota (Org.), *1822: Dimensões* (São Paulo: Perspectiva, 1972). É importante destacar que os deputados eleitos pelas províncias de Minas Gerais e do Rio Grande de São Pedro não chegaram a tomar assento, devido às condições políticas geradas pelo Fico. Além disso, os deputados foram chegando às Cortes de modo fragmentado, entre agosto de 1821 e agosto de 1822. Vale destacar que o número de deputados dependia da população de cada capitania, contando-se a população em geral, e não apenas os homens livres. O censo utilizado para definir esse número foi o de 1808, muito defasado em relação à população em 1821, o que gerou inúmeras reclamações no Rio de Janeiro e em outras localidades. Sobre o tema, consultar Márcia Berbel, *A nação como artefato*, op. cit.; e Manuel Emílio Gomes de Carvalho, *Os deputados brasileiros nas Cortes de Lisboa* (Brasília: Senado Federal, 1979).

6. Em decreto de 10 de março de 1821, que começou a circular nas capitanias e no Rio de Janeiro a partir de fins de abril, as Cortes relacionavam uma declaração de direitos à organização de uma monarquia constitucional, composta por três poderes de Estado. Na declaração de direitos foram especialmente relevantes os direitos de liberdade, propriedade, liberdade de expressão e de imprensa, a supressão da censura, a igualdade entre todos os cidadãos, os direitos de petição e de representação, o direito à segurança individual e limites impostos às decisões de juízes, estabelecendo-se que prisões poderiam ser executadas apenas com culpa formada. *Coleção das leis do Brasil. Cortes Constituintes de Lisboa*, v. 1821. Disponível em: <www2.camara.leg.br/atividade-legislativa/legislacao/colecao-anual-de-leis>. Acesso em: 2 jun. 2022.

7. Marisa Saenz Leme problematizou os significados dessas expressões no período, mostrando que tanto no Rio de Janeiro quanto na Bahia e em Pernambuco, por exemplo, vários políticos, ao destacarem a importância da autonomia provincial, concebiam o Estado como uma união igualitária entre suas partes, o que seria perfeitamente compatível com uma monarquia. Assim como os cidadãos livres e iguais pactuavam o governo que deveria regê-los, também haveria espaço para a conformação de pactos entre instâncias diferentes de poder articulados por um ou mais centros diretivos. Ver Marisa Saenz Leme, *Monopólios fiscal e da violência nos projetos de Estado do Brasil independente: Um contraponto entre imprensa "liberal-radical" e "liberal-moderada"*, tese (Livre-Docência) (Franca: Unesp, 2020).

8. O *Revérbero Constitucional Fluminense* foi um dos jornais mais estudados do período da Independência, em razão da memória erguida em torno da publicação e seus redatores: Januário da Cunha Barbosa e Joaquim

Gonçalves Ledo. Historiadores do século XIX associaram o periódico à defesa intransigente da separação de Portugal, mas estudos recentes mostraram que o jornal e seus mantenedores possuíam vínculos muito fortes com os revolucionários em Portugal e lutaram, até quando o espaço político da corte permitiu, para a união entre os dois Reinos e para a concretização do projeto constitucional das Cortes. Ver Cecilia Helena de Salles Oliveira, *A astúcia liberal*, op. cit., 2020.

9. Vera Lúcia Nagib Bittencourt estudou em detalhe a configuração das bases políticas e econômicas de sustentação à Regência de d. Pedro. Suas reflexões, em grande parte das quais se inspira este capítulo, são fundamentais para compreender o Fico e os vários desdobramentos ensejados pela permanência do príncipe no Rio de Janeiro. Ver *De alteza real a imperador: O governo do príncipe d. Pedro, de abril de 1821 a outubro de 1822*, tese (Doutorado em História Social) (São Paulo: FFLCH-USP, 2007).

10. Sobre a atuação do *Semanário Cívico* e de seu redator, Joaquim José da Silva Maia, nas lutas políticas da Bahia, consultar Walquiria Rezende Tofanelli Alves, *Expectativas para a "nação portuguesa"*, op. cit.

11. Contribuição fundamental para a compreensão das concepções de república nos séculos XVIII e XIX é o artigo de Modesto Florenzano, "República (na segunda metade do século XVIII — História) e republicanismo (na segunda metade do século XX — historiografia)" (*Revista Clio*, Lisboa, v. 14/15, pp. 33-52, 2006). Disponível em: <historia.fflch.usp.br/sites/historia.fflch.usp.br/files/Republica%20e%20republicanismo.pdf>. Acesso em: 2 jun. 2022.

12. Sobre as concepções de sociedade civil, de cidadania e de república no início do século XIX, consultar Hannah Arendt, *Da revolução*, op. cit.

13. Ver Denis Bernardes, "Pernambuco e sua área de influência: Um território em transformação (1780-1824)", em István Jancsó (Org.), *Independência*, op. cit.; Walquiria Rezende Tofanelli Alves, *Expectativas para a "nação portuguesa"*, op. cit.; e Marcelo Cheche Galves, *"Ao público sincero e imparcial": Imprensa e Independência no Maranhão (1821-1826)* (São Luís: Café & Lápis; Uema, 2015).

14. Sobre questões envolvendo o complicado movimento histórico de configuração de uma identidade nacional no Brasil, ver István Jancsó e João Paulo G. Pimenta, "Peças de um mosaico: Ou apontamentos para o estudo da emergência da identidade nacional brasileira" (*Revista História das Ideias*, Coimbra, v. 21, pp. 389-440, 2000).

15. Sobre a posição de Feijó e dos deputados da bancada paulista junto às Cortes, consultar em especial Márcia Berbel, *A nação como artefato*, op. cit.

16. Para representar a província, os eleitores do Rio de Janeiro escolheram portugueses do Reino, como o bispo de Coimbra e o bispo de Elvas, e

fluminenses, alguns dos quais já residentes em Portugal, a exemplo de Custódio Gonçalves Ledo, com a justificativa de agilizar a participação nas Cortes. Ver Fernando Tomaz, "Brasileiros nas Cortes Constituintes de 1821-1822", em Carlos Guilherme Mota (Org.), *1822*, op. cit.

17. Sobre a Regência de d. Pedro e as metamorfoses que a figura do príncipe sofreu entre 1821 e 1822, consultar Vera Lúcia Nagib Bittencourt, *De alteza real a imperador*, op. cit.

18. Proclamação da Junta Provisória ao povo fluminense em 16 de junho de 1821. *Coleção das leis do Brasil*, v. 1821, parte I. Disponível em: <www2.camara.leg.br/atividade-legislativa/legislacao/colecao-anual-de-leis>. Acesso em: 2 jun. 2022.

19. Conferir as edições do *Revérbero Constitucional Fluminense*, bem como folhetos produzidos no Brasil e em Portugal a favor da revolução, publicados em José Murilo de Carvalho, Lúcia Bastos e Marcello Basile (Orgs.), *Guerra literária*, op. cit.

20. Sobre o tema, consultar, entre outras obras, Ivana Frasquet e Andréa Slemian (Orgs.), *De las independencias ibero-americanas a los estados nacionales (1810-1850)* (Madri: Vervuert, 2009).

21. Ver Márcia Berbel, *A nação como artefato*, op. cit. Consultar, em especial, Zília Osório de Castro, *Dicionário do vintismo e do primeiro cartismo (1821--1823 e 1826-1828)* (Lisboa: Assembleia da República, 2002).

22. Márcia Regina Berbel, "Autonomia e soberania nacional às vésperas das independências ibero-americanas, 1810-1824". In: Marco Pamplona e Ana Maria Stuven (Orgs.), *Estado e nação no Brasil e no Chile ao longo do século XIX*. Rio de Janeiro: Garamond; Faperj, 2010, pp. 29-60.

23. Decreto de 23 de agosto de 1821. *Coleção das leis do Brasil. Decisões das Cortes Constituintes*, v. 1821, parte I. Rio de Janeiro: Imprensa Nacional, 1889. Disponível em: <www2.camara.leg.br/atividade-legislativa/legislacao/colecao-anual-de-leis>. Acesso em: 2 jun. 2022.

24. Os decretos das Cortes referentes à administração das províncias do Brasil estão na *Coleção das leis do Brasil. Decisões das Cortes de Lisboa*, v. 1821 e 1822. Disponível em: <www2.camara.leg.br/atividade-legislativa/legislacao/colecao-anual-de-leis>. Acesso em: 2 jun. 2022.

25. Ver Ana Rosa Cloclet da Silva, "Identidades políticas e a emergência do novo Estado nacional: O caso mineiro", em István Jancsó (Org.), *Independência*, op. cit., pp. 515-56. Quando Tiradentes foi condenado e executado por crime de "lesa-majestade", à sentença foram acrescentadas a exclusão e a indignidade sociais. A memória do condenado e de seus descendentes estava, assim, comprometida para sempre. A medida foi suspensa pelo governo da província em 1821.

26. Sobre os eventos em São Paulo entre 1821 e 1823, ver Augustin Wernet, "O processo de Independência em São Paulo", em Carlos Guilherme Mota (Org.), *1822*, op. cit., pp. 340-54; e Aparecida Vanessa Delatorre, *São Paulo à época da Independência: Contribuição para o estudo do chamado movimento "bernardista", 1821/1823*, dissertação (Mestrado em História) (São Paulo: FFLCH-USP, 2003).

27. *Lembranças e apontamentos do governo provisório da província de S. Paulo para os seus deputados, mandadas publicar por ordem de Sua Alteza Real, Príncipe Regente do Brasil*. Rio de Janeiro: Tipografia Nacional, 1821. Disponível em: <digital.bbm.usp.br/handle/bbm/4175>. Acesso em: 2 jun. 2022.

28. É fundamental considerar que a luta política no Rio de Janeiro e nas demais províncias expressava o confronto entre projetos liberais e que a possível derrota de uma proposta não significava a derrota do liberalismo, mas o predomínio de determinada vertente de pensamento liberal. O "liberalismo moderado" dos partidários da permanência do príncipe apontava para uma monarquia constitucional em que era reconhecido o poder do monarca, tanto no Executivo quanto no Legislativo, buscando-se, principalmente, a contenção do poder da Câmara dos representantes da sociedade, o que contrariava o projeto de seus mais diretos adversários. Ver Théo Lobarinhas Piñeiro, "Os projetos liberais no Brasil Império" (*Passagens*, Rio de Janeiro, v. 2, n. 4, pp. 130-52, 2010).

29. Segundo Isabel Lustosa, o autor do folheto seria José da Silva Lisboa, que, a partir desse momento, por meio de periódicos de curta duração e outros folhetos no mesmo tom, se tornou um dos maiores divulgadores do projeto de organização de um Império no Brasil comandado por d. Pedro. Mantivemos o nome da publicação conforme edição de 1821. Ver Isabel Lustosa, *Insultos impressos*, op. cit. O folheto foi publicado em José Murilo de Carvalho, Lúcia Bastos e Marcello Basile (Orgs.), *Guerra literária*, op. cit., v. 2.

30. Fernando Tomaz, "Brasileiros nas Cortes Constituintes de 1821-1822", em Carlos Guilherme Mota (Org.), *1822*, op. cit., pp. 78-9, 89.

31. Sobre os debates nas Cortes acerca de um pacto comercial e federativo, ver Márcia Berbel, "A retórica da recolonização", em István Jancsó (Org.), *Independência*, op. cit., pp. 791-808. Sobre o caráter político do conceito de "recolonização", consultar também Antônio Penalves Rocha, *A recolonização do Brasil pelas Cortes: História de uma invenção historiográfica* (São Paulo: Ed. Unesp, 2000).

32. Decreto de 16 de fevereiro de 1822. *Coleção das leis do Brasil*, v. 1822. Disponível em: <www2.camara.leg.br/atividade-legislativa/legislacao/colecao-anual-de-leis>. Acesso em: 2 jun. 2022. De modo geral, designava Conselho de Estado o conjunto de auxiliares de um monarca, composto

por ministros e secretários de Estado. A proposta apresentada no decreto, em tese, ampliava o escopo dos agentes políticos que teriam acesso aos negócios públicos.

33. Sobre as condições políticas e a guerra no Grão-Pará, consultar André Machado, "As esquadras imaginárias: No extremo norte, episódios do longo processo de Independência do Brasil", em István Jancsó (Org.), *Independência*, op. cit., pp. 303-44. Ver também José Alves de Souza Jr., *Constituição ou revolução: Os projetos políticos para a emancipação do Grão-Pará e a atuação política de Filippe Patroni (1820-1823)*, dissertação (Mestrado em História) (Campinas: Departamento de História-Unicamp, 1997).

34. Sobre a guerra na Bahia, ver Walquiria Rezende Tofanelli Alves, *Expectativas para a "nação portuguesa"*, op. cit. Consultar também Thomas Wisiak, "Itinerário da Bahia na Independência do Brasil, 1821-1823", em István Jancsó (Org.), *Independência*, op. cit., pp. 447-74; e Zélia Cavalcanti, "O processo de Independência na Bahia", em Carlos Guilherme Mota (Org.), *1822*, op. cit., pp. 231-50.

35. Sobre Pernambuco e sua área de influência no período, que compreendia Paraíba, Rio Grande do Norte e Ceará, consultar Denis Bernardes, "Pernambuco e sua área de influência: Um território em transformação (1780-1824)", em István Jancsó (Org.), *Independência*, op. cit.

36. Sobre as guerras de Independência, ver Hélio Franchini Neto, *Independência e morte: Política e guerra na emancipação do Brasil (1821-1823)*, tese (Doutorado em História) (Brasília: ICH-UnB, 2015).

37. *Reclamação do Brasil* foi um periódico que circulou na cidade do Rio de Janeiro entre janeiro e maio de 1822, impresso na Tipografia Nacional. Era redigido por José da Silva Lisboa, importante figura política da Corte desde o governo joanino e autor de muitas outras obras políticas e de economia política. Para maiores detalhes, consultar Isabel Lustosa, *Insultos impressos*, op. cit.

38. Estudo circunstanciado sobre a Regência de d. Pedro encontra-se em Vera Lúcia Nagib Bittencourt, *De alteza real a imperador*, op. cit.

39. Sobre esses textos constitucionais e sua influência em Portugal e no Brasil, consultar Márcia Berbel e Cecilia Helena de Salles Oliveira (Orgs.), *A experiência constitucional de Cádis: Espanha, Portugal e Brasil* (São Paulo: Alameda, 2012).

40. No texto final da Constituição portuguesa de 1822 foi acrescentado um artigo explicitando que os procedimentos eleitorais previstos teriam vigência apenas em 1823, nas primeiras eleições legislativas após o período das Cortes Constituintes. A partir de 1826, seria exigido que todos os cidadãos fossem alfabetizados. Ver *Constituição portuguesa de 1822*, disponível em: <www2.senado.leg.br/bdsf/item/id/516617>. Acesso em: 2 jun. 2022.

41. Sobre o tema, consultar Maria de Lourdes Viana Lyra, "A atuação da mulher na cena pública: Diversidade de atores e manifestações políticas no Brasil imperial" (*Revista Almanack Braziliense*, São Paulo, n. 3, 2006).

42. O *Correio do Rio de Janeiro* circulou, em uma primeira fase, entre abril e outubro de 1822. A edição foi retomada em 1823, mesmo estando preso seu redator, João Soares Lisboa, por discordar da política desenvolvida pelo ministério e pelo imperador após a declaração de Independência. Sobre o jornal e seu redator, consultar, entre outros, Cecilia Helena de Salles Oliveira, *A astúcia liberal*, op. cit.; e Isabel Lustosa, *Insultos impressos*, op. cit.

43. Sobre os significados do título de defensor perpétuo, consultar Vera Lúcia Nagib Bittencourt, *De alteza real a imperador*, op. cit.; e Maria de Lourdes Viana Lyra, *A utopia do poderoso império Portugal e Brasil*, op. cit.

44. O *Espelho* circulou entre outubro de 1821 e junho de 1823, mantendo vinculação muito próxima ao governo da Regência. Já O *Regulador Brasílico-Luso*, que durante o período em que circulou alterou o nome para O *Regulador Brasileiro*, foi editado entre julho de 1822 e março de 1823, recebendo patrocínio do governo e especialmente de José Bonifácio. Sobre o tema, consultar Luís Otávio Vieira, *Origens da imprensa no Brasil: Estudo prosopográfico de redatores e editores de periódicos publicados entre 1808 e 1831*, dissertação (Mestrado em História) (São Paulo: FFLCH-USP, 2019).

45. Sobre o tema, consultar, especialmente, Ivana Frasquet Miguel, *Tiempo de política, tiempo de constitución*, op. cit.; Ivana Frasquet e Andréa Slemian (Orgs.), *De las independencias ibero-americanas a los estados nacionales (1810-1850)*, op. cit.; e Manuel Chust e Ivana Frasquet, *Las independencias de América*, op. cit.

46. Sobre o antilusitanismo no período, consultar Gladys S. Ribeiro, *A liberdade em construção: Identidade nacional e conflitos antilusitanos no Primeiro Reinado* (Rio de Janeiro: Relume Dumará, 2002).

47. A tipografia de Silva Porto editava o *Correio do Rio de Janeiro* e era espaço para a reunião e a tomada de decisões de políticos, como os redatores do *Revérbero*, que faziam oposição ao governo da Regência. Sobre os detalhes da feitura da representação e suas repercussões mais imediatas, uma vez que d. Pedro demonstrou discordar do documento, ver Renato Lopes Leite, *Republicanos e libertários: Pensadores radicais no Rio de Janeiro (1822)* (Rio de Janeiro: Civilização Brasileira, 2000).

48. "Representação do Senado da Câmara do Rio de Janeiro dirigida ao Príncipe Regente em 23 de maio de 1822". *Documentos para a história da Independência*. Rio de Janeiro: Biblioteca Nacional, 1923, pp. 378-83.

49. Consultar, especialmente, o "Registro geral do gabinete do ministro do Reino, 1822-1823", em *Publicações do Arquivo Nacional* (Rio de Janeiro: Arquivo Nacional, 1918), v. XVIII.

50. Instruções de 19 de junho de 1822 referentes ao decreto de 3 de junho do mesmo ano. *Coleção das leis do Brasil*, v. 1822. Disponível em: <www2.camara.leg.br/atividade-legislativa/legislacao/colecao-anual-de-leis>. Acesso em: 2 jun. 2022.

51. Sobre as complexas negociações políticas e diplomáticas que cercaram os tratados de reconhecimento da Independência, consultar Guilherme de Paula Costa Santos, *No calidoscópio da diplomacia: Formação da monarquia constitucional e reconhecimento da Independência e do Império do Brasil, 1822-1827*, tese (Doutorado em História) (São Paulo: FFLCH-USP, 2015).

52. Manifestos de 1º de agosto e 6 de agosto de 1822. *Coleção das leis do Brasil*, v. 1822. Disponível em: <www2.camara.leg.br/atividade-legislativa/legislacao/colecao-anual-de-leis>. Acesso em: 2 jun. 2022.

53. Sobre a província de São Paulo no período, ver Augustin Wernet, "O processo de Independência em São Paulo", em Carlos Guilherme Mota (Org.), *1822*, op. cit., pp. 340-54; e Vanessa Aparecida Delatorre, *São Paulo à época da Independência*, op. cit.

54. Proclamação aos paulistas, datada de 8 de setembro de 1822. *Coleção das leis do Brasil*, v. 1822. Disponível em: <www2.camara.leg.br/atividade-legislativa/legislacao/colecao-anual-de-leis>. Acesso em: 2 jun. 2022.

55. Ver João Paulo Pimenta, "O Brasil e a 'experiência cisplatina': 1817-1828", em István Jancsó (Org.), *Independência*, op. cit.

56. Decretos de 18 de setembro de 1822. *Coleção das leis do Brasil*, v. 1822, parte 2. Rio de Janeiro: Imprensa Nacional, 1889. Disponível em: <www2.camara.leg.br/atividade-legislativa/legislacao/colecao-anual-de-leis>. Acesso em: 2 jun. 2022.

57. Sobre os confrontos entre deputados brasileiros e americanos nos meses finais de funcionamento das Cortes, ver István Jancsó e João Paulo Pimenta, "Peças de um mosaico", op. cit.

58. Ver Cecilia Helena de Salles Oliveira, *A astúcia liberal*, op. cit.

59. O detalhamento das guerras de Independência, bem como a atuação do Exército e da Marinha, organizada por militares brasileiros e estrangeiros, encontram-se em Hélio Franchini Neto, *Independência e morte*, op. cit.

60. Sobre a possibilidade política de os domínios portugueses em Angola serem incorporados à Corte do Rio de Janeiro, consultar Valentim Alexandre, *Os sentidos do Império: Questão nacional e questão colonial na crise do Antigo Regime português* (Porto: Afrontamento, 1993).

5. A monarquia constitucional e os cidadãos do Império [pp. 147-88]

1. Manifestação durante a sessão da Assembleia Constituinte de 22 de maio de 1823. Venâncio Henriques de Rezende foi revolucionário em 1817 e

eleito deputado pela província de Pernambuco à Assembleia Constituinte. *Diário da Assembleia Geral Constituinte e Legislativa do Império do Brasil, 1823*, op. cit., v. I, p. 102.

2. Consultar Maria Lygia Prado e Gabriela Pellegrino, *História da América Latina*, op. cit.; e Ivana Frasquet e Andréa Slemian (Orgs.), *De las independencias ibero-americanas a los estados nacionales (1810-1850)*, op. cit.

3. Sobre o tema, consultar João Paulo Pimenta, *A Independência do Brasil e a experiência hispano-americana (1808-1822)*, op. cit.

4. Sobre os processos que cercaram os tratados de reconhecimento, consultar Guilherme de Paula Costa Santos, *No calidoscópio da diplomacia*, op. cit.

5. Ver István Jancsó e João Paulo Pimenta, "Peças de um mosaico", op. cit.; e os números de julho a novembro de 1822 do *Correio Braziliense*, disponíveis em: <objdigital.bn.br/acervo_digital/div_periodicos/correio_braziliense/correio_braziliense.htm>. Acesso em: 2 jun. 2022.

6. Sobre o movimento da Vilafrancada e a restauração monárquica, consultar, entre outros, José Mattoso (Org.), *História de Portugal* (Lisboa: Estampa, 1993), v. 5: *O liberalismo*. O nome Vilafrancada deriva do lugar em que o movimento contra o liberalismo vintista foi deflagrado: Vila Franca de Xira, nas proximidades de Lisboa. Especialmente sobre o processo político e diplomático do reconhecimento da Independência por parte de Portugal, ver Guilherme de Paula Costa Santos, *No calidoscópio da diplomacia*, op. cit.

7. Pierre Labatut (1776-1849) foi um general francês que participou ativamente nos exércitos napoleônicos. Viajou depois para a América, onde atuou com Bolívar na libertação do Vice-Reino de Nova Granada, atual Colômbia e Venezuela. Chegou ao Rio de Janeiro em 1819 e foi contratado pelo governo de d. Pedro em 1822, lutando, sobretudo, nas guerras da Bahia; Thomas Cochrane (1775-1860) era oficial da Marinha britânica e se destacou nas guerras de independência da América espanhola, na região do atual Chile, para onde viajou em 1818. Em 1823 foi contratado pelo governo de d. Pedro I para atuar nas guerras da Bahia e depois na repressão à Confederação do Equador. Sobre o tema, consultar, entre outros, Hélio Franchini Neto, *Independência e morte*, op. cit.

8. Consultar, especialmente, Walquiria Rezende Tofanelli Alves, *Expectativas para a "nação portuguesa"*, op. cit.; e Zélia Cavalcanti, "O processo de Independência na Bahia", em Carlos Guilherme Mota (Org.), *1822*, op. cit., pp. 231-50.

9. Ver André Machado. *A quebra da mola real das sociedades: A crise do Antigo Regime português na província do Grão-Pará (1821-1825)* (São Paulo: Hucitec, 2010).

10. Consultar André Machado, "As esquadras imaginárias: No extremo norte, episódios do longo processo de Independência do Brasil", em István Jancsó (Org.), *Independência*, op. cit., pp. 303-44; e Marcelo Cheche Galves, *"Ao público sincero e imparcial"*, op. cit.

11. Ver, especialmente, André Machado, "As esquadras imaginárias: No extremo norte, episódios do longo processo de Independência do Brasil", em István Jancsó (Org.), *Independência*, op. cit., pp. 303-44; e id., *A quebra da mola real das sociedades*, op. cit.

12. Especialmente sobre as lutas políticas na Cisplatina, consultar João Paulo Pimenta, "O Brasil e a 'experiência cisplatina': 1817-1828", em István Jancsó (Org.), *Independência*, op. cit.; e id. *A Independência do Brasil e a experiência hispano-americana (1808-1822)*, op. cit.

13. São referências em relação ao tema: Maria Sylvia de Carvalho Franco, *Homens livres na ordem escravocrata*, op. cit.; Izabel Andrade Marson, *O Império do progresso* (São Paulo: Brasiliense, 1987); id., *Política, história e método em Joaquim Nabuco*, op. cit.; Maria Stella Martins Bresciani, *O charme da ciência e a sedução da objetividade*, op. cit.; Alfredo Bosi, *Ideologia e contraideologia*, op. cit.; Rafael Marquese e Ricardo Salles (Orgs.), *Escravidão e capitalismo histórico no século XIX*, op. cit.; e Cecilia Helena de Salles Oliveira, *A astúcia liberal*, op. cit.

14. Ver, especialmente, as edições do *Correio do Rio de Janeiro* a partir de maio de 1823.

15. Sobre o tema, consultar Norberto Bobbio, Nicola Matteucci e Gianfranco Pasquino (Orgs.), *Dicionário de política*, especialmente os verbetes sobre os poderes de Estado e o equilíbrio entre esses poderes, proposto por pensadores políticos como Montesquieu e Benjamin Constant, referências presentes nos discursos dos constituintes de 1823.

16. As considerações a respeito da Assembleia Constituinte estão referenciadas em Maria de Lourdes Viana Lyra, *O Império em construção: Primeiro Reinado e Regências* (São Paulo: Atual, 2000); e Pedro Octávio Carneiro da Cunha, "A fundação de um império liberal: Discussão de princípios", em Sérgio Buarque de Holanda (Org.). *História geral da civilização brasileira*, 3. ed. (São Paulo: Difel, 1970), v. I, t. II, pp. 238-64. A relação completa dos deputados da Assembleia Constituinte pode ser consultada em Jorge João Dodsworth, barão de Javari, *Organizações e programas ministeriais: Regime parlamentar no Império*, 2. ed. (Rio de Janeiro: Ministério da Justiça e Negócios Interiores; Arquivo Nacional, 1962).

17. Conferir Maria de Lourdes Viana Lyra, *O Império em construção*, op. cit.

18. *Revérbero Constitucional Fluminense*, edições de setembro e outubro de 1822, disponíveis em: <bndigital.bn.br/acervo-digital/reverbero-constitucional-fluminense/700223>. Acesso em: 2 jun. 2022.

19. *O Regulador Brasileiro*, edições de dezembro de 1822, disponíveis em: <bndigital.bn.br/acervo-digital/regulador/700274>. Acesso em: 2 jun. 2022. Esse periódico, que no início da circulação era chamado de *O Regulador Brasílico-Luso*, teve a primeira edição em julho de 1822. Era semanal e redigido por frei Francisco de Santa Teresa Sampaio e Antônio José da Silva Loureiro. Foi editado até março de 1823.

20. *Correio do Rio de Janeiro*, agosto de 1822, quando as edições voltaram a ser diárias. De todos os acusados no processo aberto pelo governo contra os chamados "republicanos", João Soares Lisboa foi o único a ser culpabilizado. Ao retornar ao Brasil, mesmo sabendo dessa situação, foi preso e, da cadeia, articulava negócios e a edição do periódico. Ver Cecilia Helena de Salles Oliveira, *A astúcia liberal*, op. cit.

21. Conferir os decretos da Assembleia datados de 20 de outubro de 1823 na *Coleção das leis e decisões do governo do Brasil* (Rio de Janeiro: Imprensa Nacional, 1889), v. 1823, pp. 1-15 (Leis da Assembleia Geral Constituinte e Legislativa). Disponível em: <www2.camara.leg.br/atividade-legislativa/legislacao/colecao-anual-de-leis>. Acesso em: 2 jun. 2022.

22. Sobre a disputa entre projetos liberais em 1822-3 e os vínculos entre princípios constitucionais e transformações globais do mundo ocidental, ver Denis Bernardes, "Pernambuco e o Império (1822-1824)", em István Jancsó (Org.), *Brasil*, op. cit., pp. 219-49; e Márcia Berbel, Rafael Marquese e Tâmis Parron, *Escravidão e política: Brasil e Cuba, 1790-1850* (São Paulo: Hucitec, 2010).

23. Sobre as relações das doutrinas de Constant com o debate constitucional no Brasil, consultar Silvana Mota Barbosa, *A Sphinge monárquica*, tese (Doutorado em História) (Campinas: IFCH-Unicamp, 2001).

24. Notadamente na imprensa e nos debates da Constituinte, as palavras "federalismo" e "confederação" nem sempre eram usadas no sentido dado a elas por políticos norte-americanos que promoveram a Independência e a Constituição de 1787. Nos Estados Unidos, os federalistas eram defensores de um governo central forte, opondo-se à fragmentação dos poderes estaduais, que, em sua visão, enfraqueciam a posição norte-americana perante o mundo e inviabilizavam também, internamente, políticas públicas de caráter geral. Os políticos antifederalistas, que se batiam por uma confederação, propunham plena autonomia para os estados, condenando um governo central forte por considerarem que essa instância, além de não representar as peculiaridades locais, poderia impor tributos e recrutamentos. No Brasil, nem todos os políticos utilizaram essas mesmas interpretações. Ao contrário, os chamados federalistas defendiam as autonomias provinciais e municipais, opondo-se aos centralismos. Sobre o tema, ver Marisa Saenz Leme, *Monopólios*

fiscal e da violência nos projetos de Estado do Brasil independente, op. cit.; e Mary Anne Junqueira, *Estados Unidos: A consolidação da nação* (São Paulo: Contexto, 2002).

25. Ver Maria de Lourdes Viana Lyra, "Pátria do cidadão: A concepção de pátria/nação em Frei Caneca" (*Revista Brasileira de História*, São Paulo, v. 18, n. 36, 1998).

26. Decreto de 20 de outubro de 1823 sobre a organização dos governos provinciais. Especificamente sobre o tema, ver Márcia Berbel, "Autonomia e soberania nacional às vésperas das independências ibero-americanas, 1810-1824", em Marco Pamplona e Ana Maria Stuven (Orgs.), *Estado e nação no Brasil e no Chile ao longo do século XIX*, op. cit., pp. 29-60.

27. Consultar o Projeto Constitucional de 1823. *Diário da Assembleia Geral Constituinte e Legislativa do Império do Brasil, 1823*, op. cit., v. 2. Sessão de 1º de setembro. Foram fundamentais para as considerações sobre as relações entre cidadania e escravidão: Andréa Slemian, "Seriam todos cidadãos? Os impasses na construção da cidadania nos primórdios do constitucionalismo no Brasil (1823-1824)", em István Jancsó, *Independência*, op. cit., pp. 829-48; e Márcia Berbel, Rafael Marquese e Tâmis Parron, *Escravidão e política*, op. cit.

28. Ver Izabel Andrade Marson, *Política, história e método em Joaquim Nabuco*, op. cit.; e Maria Sylvia de Carvalho Franco, *Homens livres na ordem escravocrata*, op. cit. Consultar também a "Introdução" em Izabel Marson e Cecilia Helena de Salles Oliveira (Orgs.), *Monarquia, liberalismo e negócios no Brasil: 1780-1860*, op. cit.

29. Consultar Márcia Berbel, Rafael Marquese e Tâmis Parron, *Escravidão e política*, op. cit.

30. Projeto Constitucional de 1823, título II, cap. I. *Diário da Assembleia Geral Constituinte e Legislativa do Império do Brasil, 1823*, op. cit., v. 2, p. 689.

31. Projeto Constitucional de 1823, título V, art. 122-37. *Diário da Assembleia Geral Constituinte e Legislativa do Império do Brasil, 1823*, op. cit., v. 2, pp. 694-5.

32. *O Tamoio*, que circulou entre agosto e novembro de 1823, era redigido por dois políticos ligados aos Andrada, Vasconcellos Drummond e Francisco França Miranda. O título do periódico fazia referência a etnias indígenas genericamente designadas com esse nome que habitavam a baía de Guanabara e o Vale do Paraíba quando aqui aportaram os portugueses. Essas etnias impuseram enorme resistência aos colonizadores. A coleção do periódico encontra-se em formato digital no site da Biblioteca Nacional.

33. Os trechos da carta encontram-se na "Introdução" em Izabel Marson e Cecilia Helena de Salles Oliveira (Orgs.), *Monarquia, liberalismo e negócios no Brasil*, op. cit., p. 22.

34. Ver Lúcia Maria Paschoal Guimarães, "Nobreza", em Ronaldo Vainfas (Org.), *Dicionário do Brasil imperial* (Rio de Janeiro: Objetiva, 2002), pp. 553-5.

35. Ver Keila Grinberg, "Assembleia Constituinte", em Ronaldo Vainfas (Org.), *Dicionário do Brasil imperial*, op. cit., pp. 58-60; e José Honório Rodrigues, *A Assembleia Constituinte de 1823* (Petrópolis: Vozes, 1974).

36. Na época, a palavra "facção" era usada de modo negativo e pejorativo para indicar grupos que desenvolviam ações políticas perturbadoras e destrutivas. O termo "partido" também não era benquisto, pois representava grupos que, ao invés de agregar, queriam dividir, repartir. Ver Erik Hörner, "Partir, fazer e seguir: Apontamentos sobre a formação dos partidos e a participação política no Brasil na primeira metade do século XIX", em Izabel Marson e Cecilia Helena de Salles Oliveira (Orgs.), *Monarquia, liberalismo e negócios no Brasil*, op. cit., pp. 213-40.

37. Estudo aprofundado sobre a regulamentação da Carta de 1824 em relação às províncias e aos governos provinciais foi realizado por Carlos Eduardo França de Oliveira, *Construtores do Império, defensores da província* (Porto Alegre: EdiPUCRS, 2017).

38. Carta Constitucional do Império do Brasil. *Coleção das leis e decisões do governo do Brasil*, v. 1824, parte 1. Disponível em: <www2.camara.leg.br/atividade-legislativa/legislacao/colecao-anual-de-leis>. Acesso em: 2 jun. 2022.

39. Especificamente sobre o Poder Moderador e suas significações na Carta de 1824, consultar Silvana Mota Barbosa, *A Sphinge monárquica*, op. cit.; e Cecilia Helena de Salles Oliveira (Org.), *Zacarias de Góis e Vasconcellos* (São Paulo: Ed. 34, 2000). Por pessoa "irresponsável" entendia-se que o imperador não poderia ser responsabilizado pelos atos do governo, fossem eles decorrentes da ação de ministros ou dos conselheiros de Estado.

40. A fala do deputado encontra-se em José Honório Rodrigues, *A Assembleia Constituinte de 1823*, op. cit., pp. 63 ss. Ver também Cecilia Helena de Salles Oliveira, "Teoria política e prática de governar: O delineamento do Estado imperial nas primeiras décadas do século XIX", em Cecilia Helena de Salles Oliveira, Maria Lygia Prado e Maria de Lourdes Janotti (Orgs.), *A história na política, a política na história* (São Paulo: Alameda, 2006), pp. 45-57.

41. O *Typhis Pernambucano* circulou no Recife entre dezembro de 1823 e agosto de 1824, acompanhando o processo de mobilização política e armada que resultou na Confederação do Equador. O título do periódico, redigido por Frei Caneca, fazia referência a Tífis, discípulo da deusa grega Atena e piloto da embarcação *Argo*. Ver Lúcia Bastos das Neves, "Frei Caneca", em Ronaldo Vainfas (Org.), *Dicionário do Brasil imperial*, op. cit., pp. 300-1.

42. Ver id., "Confederação do Equador", em Ronaldo Vainfas (Org.), *Dicionário do Brasil imperial*, op. cit., pp. 160-2; e, em especial, Denis Bernardes, "Pernambuco e sua área de influência: Um território em transformação (1780-1824)", em István Jancsó (Org.), *Independência: História e historiografia*, op. cit.; e id., "Pernambuco e o Império (1822-1824)", em István Jancsó (Org.). *Brasil*, op. cit.

43. Ver Olga Pantaleão, "O reconhecimento do Império", em Sérgio Buarque de Holanda (Org.), *História geral da civilização brasileira*, op. cit., v. I, t. II, pp. 331-78.

44. Ver, em especial, Rafael Marquese e Ricardo Salles (Orgs.), *Escravidão e capitalismo histórico no século XIX*, op. cit.; e Izabel Marson, *O Império do progresso*, op. cit.

6. A Independência do Brasil [pp. 189-218]

1. Georges Duby, *O domingo de Bouvines: 27 de julho de 1214*. Rio de Janeiro: Paz e Terra, 1993, p. 14. A Batalha de Bouvines se tornou memorável na história da França, sendo por muito tempo interpretada como marco da formação da nação francesa. Duby interroga as significações da história e das memórias criadas em torno desse episódio.

2. Parte considerável dos argumentos e questões apresentados neste capítulo foi publicada em artigo e capítulo de livro. Ver Cecilia Helena de Salles Oliveira, "Historiografía y memoria de la Independencia", em João Paulo Pimenta (Org.), *Y dejó de ser colonia*, op. cit.; id., "Independência e revolução: Temas da política, da história e da cultura visual" (*Almanack*, Guarulhos, n. 25, 2020).

3. João Paulo Pimenta et al., "A Independência e uma cultura de história no Brasil". *Almanack*, Guarulhos, n. 8, pp. 5-36, 2014. A investigação desenvolvida por Pimenta e seu grupo de alunos serviu de referência para parte dos argumentos que apresento neste capítulo.

4. Utilizo a expressão "cultura de história" no sentido de um conjunto de atitudes, valores, saberes e representações que uma sociedade constrói e compartilha em relação ao passado considerado coletivo. Essa cultura envolve igualmente silêncios, interdições e recusas dos agentes históricos ante o passado. Uma cultura de história pode abranger não apenas registros escritos, como a historiografia e os textos mobilizados para fins didáticos e de divulgação, mas também fontes orais, bem como registros visuais, sonoros e materiais a respeito do passado coletivo. Sobre o tema, consultar Jacques Le Goff, *História e memória* (Campinas: Ed. da Unicamp, 1990); e João Paulo Pimenta et al., "Independência e uma cultura de história no Brasil", op. cit.

5. Eric Hobsbawm e Terence Ranger (Orgs.), *A invenção das tradições*. Rio de Janeiro: Paz e Terra, 1984.

6. Utilizo a expressão "História da Independência" para designar, de forma geral, a historiografia sobre o processo de Independência, bem como representações visuais e interpretações referentes àquele período divulgadas em variados suportes, como filmes, livros didáticos e documentários.

7. É importante lembrar que a palavra "história" se refere tanto aos acontecimentos que ocorrem ao longo do tempo quanto às narrativas sobre esses acontecimentos. São duas dimensões que se entrelaçam e não se distinguem necessariamente, porque os acontecimentos do passado chegaram até nós pelas memórias de testemunhas que os interpretaram e registraram para a posteridade. A expressão "história-memória" foi utilizada pelo historiador francês Pierre Nora para designar o modo como, durante os movimentos revolucionários e independentistas dos séculos XVIII e XIX, o processo histórico e a memória desse compuseram as identidades nacionais. As histórias nacionais no século XIX e até quase meados do século XX se fundamentaram nessas histórias-memórias, que só muito mais recentemente se tornaram tema de estudo e questionamento da historiografia, conforme este livro tem procurado discutir. Ver Pierre Nora, *Présent, nation, mémoire* (Paris: Gallimard, 2011). Sobre as relações entre história, política e memória histórica, consultar Carlos Alberto Vesentini, *A teia do fato* (São Paulo: Hucitec, 1997); e Alcir Lenharo, *Sacralização da política* (Campinas: Papirus, 1986).

8. Ver, em especial, Benedict Anderson, *Comunidades imaginadas: Reflexões sobre a origem e a difusão do nacionalismo*, 2. reimp. (São Paulo: Companhia das Letras, 2008). Sobre as relações entre política, história e interpretações históricas, ver Michel-Rolph Trouillot, *Silenciando o passado* (Curitiba: Huya, 2016).

9. Sobre a construção da história-memória da Independência, ver Lúcia Maria Paschoal Guimarães, "O Império de Santa Cruz: A gênese da memória nacional", em Alda Heizer e Antônio Augusto Passos Videira (Orgs.), *Ciência, civilização e império nos trópicos* (Rio de Janeiro: Access, 2001), pp. 265-85.

10. Consultar Vera Lúcia Nagib Bittencourt, *De alteza real a imperador*, op. cit.

11. Fala do Trono lida por d. Pedro I na sessão inaugural da Assembleia Geral Constituinte e Legislativa do Império do Brasil, 3 de maio de 1823. *Diário da Assembleia Geral Constituinte e Legislativa do Império do Brasil, 1823*, op. cit., v. 1.

12. O processo histórico e político de organização da monarquia constitucional e do Império no Brasil não coincidiu com a separação de Portugal. Os conflitos que envolveram tanto a configuração do governo central,

sediado no Rio de Janeiro, quanto os governos provinciais e as relações de lideranças locais com o imperador e os poderes imperiais atravessaram quase toda a primeira metade do século XIX. Ver Maria de Lourdes Viana Lyra, *O Império em construção*, op. cit.

13. Ver sobre o tema Cecilia Helena de Salles Oliveira, *A astúcia liberal*, op. cit.

14. *Diário da Assembleia Geral Constituinte e Legislativa do Império do Brasil, 1823*, op. cit., v. 3.

15. Maria de Lourdes Viana Lyra, "Memória da Independência: Marcos e representações simbólicas". *Revista Brasileira de História*, São Paulo, v. 15, n. 29, pp. 173-206, 1995; Hendrik Kraay, "A invenção do Sete de Setembro, 1822-1831". *Almanack Braziliense*, São Paulo, n. 11, pp. 52-61, 2010.

16. Decreto de 10 de dezembro de 1822. *Coleção das leis do Brasil*, v. 1822, parte 2. Rio de Janeiro: Imprensa Nacional, 1889, p. 96. Disponível em: <www2.camara.leg.br/atividade-legislativa/legislacao/colecao-anual-de-leis>. Acesso em: 2 jun. 2022.

17. Decreto de 21 de dezembro de 1822. *Coleção das leis do Brasil*. Disponível em: <www2.camara.leg.br/atividade-legislativa/legislacao/colecao-anual-de-leis>. Acesso em: 2 jun. 2022.

18. Ver Maria de Lourdes Viana Lyra, "Memória da Independência", op. cit. Consultar também Cecilia Helena de Salles Oliveira, *7 de setembro de 1822* (São Paulo: Companhia Editora Nacional, 2005). As coleções dos periódicos *O Espelho* e *Correio Braziliense* encontram-se disponíveis em formato digital no site da Biblioteca Nacional.

19. A coleção do periódico *O Regulador Brasileiro* encontra-se disponível em formato digital no site da Biblioteca Nacional.

20. Sobre o tema, consultar, entre outras, Maria de Lourdes Viana Lyra, *A utopia do poderoso império*, op. cit.; id., "Memória da Independência", op. cit.

21. Sobre as negociações que cercaram a definição dos tratados de reconhecimento da Independência, consultar, especialmente, Guilherme de Paula Costa Santos, *No calidoscópio da diplomacia*, op. cit.

22. Sobre a Confederação do Equador, consultar, entre outras contribuições, Barbosa Lima Sobrinho, *Pernambuco, da Independência à Confederação do Equador* (Recife: Conselho Estadual de Cultura, 1979); e Evaldo Cabral de Mello, *A outra Independência: Pernambuco, 1817-24* (São Paulo: Todavia, 2022).

23. Hendrik Kraay, "Entre o Brasil e a Bahia: As comemorações do 2 de julho em Salvador, século XIX". *Revista Afro-Ásia*, Salvador, n. 23, pp. 9-44, 1999.

24. Padre Belchior era mineiro e foi eleito deputado provincial junto às Cortes de Lisboa, mas não tomou posse. Foi eleito também para a Assembleia Constituinte. Seu relato encontra-se reproduzido em Francisco de

Assis Cintra, *D. Pedro I e o grito da Independência* (São Paulo: Melhoramentos, 1921). Nessa obra foram reproduzidos ainda os relatos de Canto e Melo e Marcondes, também integrantes da comitiva que acompanhava d. Pedro e que se apresentavam como testemunhas do ato.

25. José da Silva Lisboa, *História dos principais sucessos políticos do Império do Brasil*. Rio de Janeiro: Tipografia Nacional, 1827-30, 3 t. Disponível em: <www2.senado.leg.br/bdsf/handle/id/182900>. Acesso em: 2 jun. 2022. A obra foi organizada, originalmente, em três tomos ou seções, mas, apesar de ser idealizada em dez partes, foram produzidas apenas a primeira, dedicada ao descobrimento do Brasil, e a décima, referente à Independência.

26. As alcunhas "liberais moderados" e "liberais exaltados" foram muito usadas pelos periódicos que circularam durante o Primeiro Reinado e o período regencial para designar de forma geral os grupos políticos que faziam oposição ao governo de d. Pedro I. Reuniam políticos de variados matizes liberais, desde os que defendiam a monarquia constitucional até os partidários da república, como no caso dos chamados "exaltados". Ver, entre outros, Marcello Basile, "O laboratório da nação: A era regencial, 1831-1840", em Keila Grinberg e Ricardo Salles (Orgs.), *O Brasil imperial* (Rio de Janeiro: Civilização Brasileira, 2009), v. 2, pp. 53-119.

27. A expressão, atribuída a Teófilo Ottoni, político liberal, estava associada a uma mudança significativa na monarquia desenhada pela Constituição de 1824, com a supressão do Poder Moderador, a repactuação dos vínculos entre governo central e governos provinciais e a eleição de presidentes de províncias, entre outras alterações. Consultar, entre outras obras, Maria de Lourdes Viana Lyra, *O Império em construção*, op. cit.

28. Sobre a organização partidária do Império, em especial a formação de conservadores e liberais, ver, entre outros, Ilmar Mattos, *Tempo saquarema* (Rio de Janeiro: Access, 2004).

29. Hendrik Kraay, "'Sejamos brasileiros no dia da nossa nacionalidade': Comemorações da Independência no Rio de Janeiro, 1840-1860". *Topoi*, Rio de Janeiro, v. 8, n. 4, pp. 9-36, 2007.

30. Consultar o artigo de Hendrik Kraay, "Entre o Brasil e a Bahia", op. cit.

31. Com exceção de Frei Caneca, que, mesmo sendo colocado em posição secundária, aparece listado entre os chamados próceres da Independência, tanto Silva Maia quanto Soares Lisboa tiveram atuação significativa no debate sobre o projeto constitucional defendido pelas Cortes de Lisboa e envolveram-se nas guerras de Independência — Silva Maia na Bahia, Soares Lisboa no Rio de Janeiro e em Pernambuco. Sobre eles, consultar Evaldo Cabral de Mello, *A outra Independência*, op. cit.; e Walquiria Rezende Tafanelli Alves, *Expectativas para a "nação portuguesa"*, op. cit.

32. Teófilo Ottoni, *A estátua equestre*. Rio de Janeiro: Tipografia de *O Diário*, 1862. Disponível em: <bdlb.bn.gov.br/acervo/handle/20.500.12156.3/442521>. Acesso em: 2 jun. 2022.

33. Fontes reproduzidas em Francisco Assis Cintra, *D. Pedro I e o grito da Independência*, op. cit.

34. Sobre a construção do Monumento do Ipiranga e a formação do Museu Paulista, consultar, entre outras obras, a edição especial da revista *Anais do Museu Paulista* (São Paulo, v. 10/11, 2002/2003).

35. Ver Maria de Lourdes Janotti, "O diálogo convergente: Políticos e historiadores no início da República", em Marcos Cezar Freitas (Org.), *Historiografia brasileira em perspectiva* (São Paulo: Contexto, 1998), pp. 119-44.

36. Sobre a história do Museu Paulista, consultar, entre outros, José Sebastião Witter e Heloisa Barbuy (Org.), *Museu Paulista: Um monumento no Ipiranga* (São Paulo: Imprensa Oficial, 1997). Sobre o Museu Histórico Nacional e as comemorações do Centenário, ver Myriam Sepúlveda dos Santos, *A escrita do passado em museus históricos* (Rio de Janeiro: Garamond, 2006); e Marly da Silva Motta, *A nação faz 100 anos* (Rio de Janeiro: Ed. FGV, 1992).

37. Sobre a história do hino e dos demais símbolos nacionais, ver Milton Luz, *A história dos símbolos nacionais* (Brasília: Senado Federal, 2005). Disponível em: <www2.senado.leg.br/bdsf/item/id/1099>. Acesso em: 2 jun. 2022.

Palavras finais [pp. 219-23]

1. Régine Robin, *A memória saturada*. Campinas: Ed. da Unicamp, 2016, p. 31.

Fontes e referências bibliográficas

Fontes

Correio Braziliense, 1808-22
Correio do Rio de Janeiro, 1822-3
O Espelho, 1821-3
O Regulador Brasileiro, 1822-3
O Tamoio, 1823
Reclamação do Brasil, 1822
Revérbero Constitucional Fluminense, 1822-3

"CARTA de lei de 25 de março de 1824. Manda observar a Constituição política do Império, oferecida e jurada por Sua Majestade, o Imperador". *Coleção das leis do Brasil: 1824*. Parte I. Rio de Janeiro: Imprensa Nacional, 1888. pp. 1-36.

CARVALHO, José Murilo de; BASTOS, Lúcia; BASILE, Marcello (Orgs.). *Às armas, cidadãos!: Panfletos manuscritos da Independência do Brasil (1820-1823)*. São Paulo: Companhia das Letras; Belo Horizonte: Ed. UFMG, 2012.

_____. *Guerra literária: Panfletos da Independência (1820-1823)*. São Paulo: Humanitas; Belo Horizonte: Ed. UFMG, 2014. 4 v.

COLEÇÃO das leis e decisões do governo do Brasil: 1808-1824. Rio de Janeiro: Imprensa Nacional, 1886-9. Disponível em: <www2.camara.leg.br/atividade-legislativa/legislacao/colecao-anual-de-leis>. Acesso em: 2 jun. 2022.

CONSTITUIÇÃO portuguesa de 1822. Disponível em: <www2.senado.leg.br/bdsf/item/id/516617>. Acesso em: 2 jun. 2022.

DIÁRIO da Assembleia Constituinte e Legislativa do Império do Brasil. Ed. fac-sim. Brasília: Senado Federal, 2003. 3 v.

"FALA do Trono lida por d. Pedro I na sessão inaugural da Assembleia Geral Constituinte e Legislativa do Império do Brasil, 3 de maio de 1823". *Diário da Assembleia Geral Constituinte e Legislativa do Império do Brasil*. Ed. fac-sim. Brasília: Senado Federal, 2003. v. I.

JAVARI, Jorge João Dodsworth, barão de. *Organizações e programas ministeriais: Regime parlamentar no Império*. 2. ed. Rio de Janeiro: Ministério da Justiça e Negócios Interiores; Arquivo Nacional, 1962.

LEMBRANÇAS e apontamentos do governo provisório da província de S. Paulo para os seus deputados, mandadas publicar por ordem de Sua Alteza Real, Príncipe

Regente do Brasil. Rio de Janeiro: Tipografia Nacional, 1821. Disponível em: <digital.bbm.usp.br/handle/bbm/4175>. Acesso em: 2 jun. 2022.

LISBOA, José da Silva. *História dos principais sucessos políticos do Império do Brasil*. Rio de Janeiro: Tipografia Nacional, 1827-30. 3 t. Disponível em: <www2.senado.leg.br/bdsf/handle/id/182900>. Acesso em: 2 jun. 2022.

MANIFESTO da nação portuguesa aos soberanos, e povos da Europa. Lisboa: [s.n.], 1820. Disponível em: <www2.senado.leg.br/bdsf/handle/id/518749>. Acesso em: 2 jun. 2022.

OTTONI, Teófilo *A estátua equestre*. Rio de Janeiro: Tipografia de *O Diário*, 1862. Disponível em: <bdlb.bn.gov.br/acervo/handle/20.500.12156.3/442521>. Acesso em: 2 jun. 2022.

"PROJETO de Constituição para o Império do Brasil, 1823". *Diário da Assembleia Constituinte e Legislativa do Império do Brasil*. Ed. fac-sim. Brasília: Senado Federal, 2003. v. II, pp. 689-700.

"REGISTRO geral do gabinete do ministro do Reino, 1822-23". *Publicações do Arquivo Nacional*. Rio de Janeiro: [s.n.], 1918. v. XVIII.

"REPRESENTAÇÃO do Senado da Câmara do Rio de Janeiro dirigida ao Príncipe Regente em 23 de maio de 1822". *Documentos para a história da Independência*. Rio de Janeiro: Biblioteca Nacional, 1923. pp. 378-83.

SILVA, João Manuel Pereira da. *História da fundação do Império Brasileiro*. Rio de Janeiro: Garnier, 1864-8. 7 v.

Referências bibliográficas

ALEXANDRE, Valentim. *Os sentidos do Império: Questão nacional e questão colonial na crise do Antigo Regime português*. Porto: Afrontamento, 1993.

ALVES, Walquiria R. Tofanelli. *Expectativas para a "nação portuguesa" no contexto da Independência: O projeto de Joaquim José da Silva Maia (1821-1823)*. Campinas: IFCH-Unicamp, 2018. Dissertação (Mestrado em História).

ANAIS do Museu Paulista, São Paulo, v. 10/11, 2002/2003.

ANDERSON, Benedict. *Comunidades imaginadas: Reflexões sobre a origem e a difusão do nacionalismo*. 2. reimp. São Paulo: Companhia das Letras, 2008.

ARAÚJO, Ana Cristina. "Um império, um reino e uma monarquia na América: As vésperas da Independência do Brasil". In: JANCSÓ, István (Org.). *Independência: História e historiografia*. São Paulo: Hucitec, 2005. pp. 235-70.

ARENDT. Hannah. *Da revolução*. Rio de Janeiro: Vértice, 1978.

BARBOSA, Silvana Mota. *A Sphinge monárquica*. Campinas: IFCH-Unicamp, 2001. Tese (Doutorado em História).

BASILE, Marcello. "O laboratório da nação: A era regencial, 1831-1840". In: GRINBERG, Keila; SALLES, Ricardo (Orgs.). *O Brasil imperial*. Rio de Janeiro: Civilização Brasileira, 2009. v. 2, pp. 53-119.

BERBEL, Márcia Regina. *A nação como artefato: Deputados do Brasil nas Cortes portuguesas*. São Paulo: Hucitec, 1999.

_____. "A retórica da recolonização". In: JANCSÓ, István. *Independência: História e historiografia*. São Paulo: Hucitec, 2005. pp. 791-808.

_____. "Autonomia e soberania nacional às vésperas das independências ibero--americanas, 1810-1824". In: PAMPLONA, Marco; STUVEN, Ana Maria (Org.). *Estado e nação no Brasil e no Chile ao longo do século XIX*. Rio de Janeiro: Garamond; Faperj, 2010. pp. 29-60.

BERBEL, Márcia; MARQUESE, Rafael; PARRON, Tâmis. *Escravidão e política: Brasil e Cuba, 1790-1850*. São Paulo: Hucitec, 2010.

BERBEL, Márcia; OLIVEIRA, Cecilia Helena de Salles (Orgs.). *A experiência constitucional de Cádis: Espanha, Portugal e Brasil*. São Paulo: Alameda, 2012.

BERNARDES, Denis. "Pernambuco e o Império (1822-1824)". In: JANCSÓ, István (Org.). *Brasil: Formação do Estado e da nação*. São Paulo: Hucitec, 2003. pp. 219-49.

_____. "Pernambuco e sua área de influência: Um território em transformação (1780-1824)". In: JANCSÓ, István. *Independência: História e historiografia*. São Paulo: Hucitec, 2005. pp. 378-409.

BITTENCOURT, Vera Lúcia Nagib. *De alteza real a imperador: O governo do príncipe d. Pedro, de abril de 1821 a outubro de 1822*. São Paulo: FFLCH-USP, 2007. Tese (Doutorado em História Social).

BOBBIO, Norberto; MATTEUCCI, Nicola; PASQUINO, Gianfranco (Orgs.). *Dicionário de política*. 12. ed. Brasília: Ed. UnB, 1999. 2 v.

BOSI, Alfredo. *Ideologia e contraideologia*. São Paulo: Companhia das Letras, 2010.

BRESCIANI, Maria Stella Martins. *O charme da ciência e a sedução da objetividade*. 2. ed. São Paulo: Ed. Unesp, 2007.

CARVALHO, Manuel Emílio Gomes de. *Os deputados brasileiros nas Cortes de Lisboa*. Brasília: Senado Federal, 1979.

CASTRO, Zília Osório de. *Dicionário do vintismo e do primeiro cartismo (1821--1823 e 1826-1828)*. Lisboa: Assembleia da República, 2002.

CAVALCANTI, Zélia. "O processo de Independência na Bahia". In: MOTA, Carlos Guilherme (Org.). *1822: Dimensões*. São Paulo: Perspectiva, 1972. pp. 231-50.

CHUST, Manuel; FRASQUET, Ivana. *Las independencias de América*. Madri: Los Libros de La Catarata, 2009.

CINTRA, Francisco de Assis. *D. Pedro I e o grito da Independência*. São Paulo: Melhoramentos, 1921.

COLLIVA, Paolo. "Império". In: BOBBIO, Norberto; MATTEUCCI, Nicola; PASQUINO, Gianfranco (Orgs.). *Dicionário de política*. 12. ed. Brasília: UnB, 1999. v. 1, pp. 621-6.

CUNHA, Pedro Octávio Carneiro da. "A fundação de um império liberal: Discussão de princípios". In: HOLANDA, Sérgio Buarque (Org.). *História geral da civilização brasileira*. 3. ed. São Paulo: Difel, 1970. v. I, t. II, pp. 238-64.

DELATORRE, Aparecida Vanessa. *São Paulo à época da Independência: Contribuição para o estudo do chamado movimento "bernardista", 1821/1823*. São Paulo: FFLCH-USP, 2003. Dissertação (Mestrado em História).

DUBY, Georges. *O domingo de Bouvines: 27 de julho de 1214*. Rio de Janeiro: Paz e Terra, 1993.

EL YOSSEF, Alain. "La esclavitud y el tráfico negrero en la Independencia". In: PIMENTA, João Paulo (Org.). *Y dejó de ser colônia*. Madri: Sílex, 2021. pp. 229-66.

FEBVRE, Lucien. *Combats pour l'histoire*. 2. ed. Paris: Armand Colin, 1965.

FLORENZANO, Modesto. "República (na segunda metade do século XVIII — história) e republicanismo (na segunda metade do século XX — historiografia)". *Revista Clio*, Lisboa, v. 14/15, pp. 33-52, 2006. Disponível em: <historia.fflch.usp.br/sites/historia.fflch.usp.br/files/Republica%20e%20 republicanismo.pdf>. Acesso em: 2 jun. 2022.

FRAGOSO, João; GOUVÊA, Maria de Fátima. *O Brasil colonial: 1720-1821*. 4. ed. Rio de Janeiro: Civilização Brasileira, 2019. v. 3.

FRAGOSO, João; BICALHO, Maria Fernanda; GOUVÊA, Maria de Fátima (Orgs.). *O Antigo Regime nos trópicos: A dinâmica imperial portuguesa*. Rio de Janeiro: Civilização Brasileira, 2001.

FRANCHINI NETO, Hélio. *Independência e morte: Política e guerra na emancipação do Brasil (1821-1823)*. Brasília: ICH-UnB, 2015. Tese (Doutorado em História).

FRANCO, Maria Sylvia de Carvalho. *Homens livres na ordem escravocrata*. São Paulo: Instituto de Estudos Brasileiros-USP, 1968.

FRASQUET, Ivana; SLEMIAN, Andréa (Orgs.). *De las independencias ibero-americanas a los estados nacionales (1810-1850)*. Madri: Vervuert, 2009.

FURTADO, João Pinto. *O manto de Penélope: História, mito e memória da Inconfidência Mineira*. São Paulo: Companhia das Letras, 2002.

GALVES, Marcelo Cheche. *"Ao público sincero e imparcial": Imprensa e Independência no Maranhão (1821-1826)*. São Luís: Café & Lápis; Uema, 2015.

_____. "Prensa y cultura política durante la Independencia". In: PIMENTA, João Paulo (Org.). *Y dejó de ser colonia*. Madri: Sílex, 2021. pp. 267-98.

GRINBERG, Keila. "Assembleia Constituinte". In: VAINFAS, Ronaldo (Org.). *Dicionário do Brasil imperial*. Rio de Janeiro: Objetiva, 2002. pp. 58-60.

_____. "Casa da Suplicação". In: VAINFAS, Ronaldo; NEVES, Lúcia Bastos Pereira das (Orgs.). *Dicionário do Brasil joanino*. Rio de Janeiro: Objetiva, 2008. pp. 75-7.

GUIMARÃES, Lúcia Maria Paschoal. "O Império de Santa Cruz: A gênese da memória nacional". In: HEIZER, Alda; VIDEIRA, Antônio Augusto Passos

(Orgs.). *Ciência, civilização e império nos trópicos*. Rio de Janeiro: Access, 2001. pp. 265-85.

_____. "Nobreza". In: VAINFAS, Ronaldo (Org.). *Dicionário do Brasil imperial*. Rio de Janeiro: Objetiva, 2002. pp. 553-5.

HERMANN, Jacqueline. "Aclamação". In: VAINFAS, Ronaldo; NEVES, Lúcia Bastos Pereira das (Orgs.). *Dicionário do Brasil joanino*. Rio de Janeiro: Objetiva, 2008. pp. 27-31.

HOBSBAWM, Eric; RANGER, Terence (Orgs.). *A invenção das tradições*. Rio de Janeiro: Paz e Terra, 1984.

HÖRNER, Erik. "Partir, fazer, seguir: Apontamentos sobre a formação dos partidos e a participação política no Brasil da primeira metade do século XIX". In: MARSON, Izabel Andrade; OLIVEIRA, Cecilia Helena de Salles (Orgs.). *Monarquia, liberalismo e negócios no Brasil: 1780-1860*. São Paulo: Edusp, 2013. pp. 213-40.

JANCSÓ, István. *Na Bahia contra o Império: História do ensaio de sedição de 1798*. São Paulo: Hucitec; Salvador: Edufba, 1976.

_____ (Org.). *Brasil: Formação do Estado e da nação*. São Paulo: Hucitec, 2003.

_____ (Org.). *Independência: História e historiografia*. São Paulo: Hucitec, 2005.

JANCSÓ, István; PIMENTA, João Paulo G. "Peças de um mosaico: Ou apontamentos para o estudo da emergência da identidade nacional brasileira". *Revista de História das Ideias*, Coimbra, v. 21, pp. 389-440, 2000.

JANOTTI, Maria de Lourdes. "O diálogo convergente: Políticos e historiadores no início da República". In: FREITAS, Marcos Cezar (Org.). *Historiografia brasileira em perspectiva*. São Paulo: Contexto, 1998. pp. 119-44.

JUNQUEIRA, Mary Anne. *Estados Unidos: A consolidação da nação*. São Paulo: Contexto, 2002.

_____. *Estados Unidos: Estado nacional e narrativa da nação (1776-1900)*. 2. ed. São Paulo: Edusp, 2018.

KRAAY, Hendrik. "Entre o Brasil e a Bahia: As comemorações do 2 de julho em Salvador, século XIX". *Revista Afro-Ásia*, Salvador, n. 23, pp. 9-44, 1999.

KRAAY, Hendrik. "'Sejamos brasileiros no dia da nossa nacionalidade': Comemorações da Independência no Rio de Janeiro, 1840-1860". *Topoi*, Rio de Janeiro, v. 8, n. 4, pp. 9-36, 2007.

_____. "A invenção do Sete de Setembro, 1822-1831". *Almanack Braziliense*, São Paulo, n. 11, pp. 52-61, 2010.

LE GOFF, Jacques. *História e memória*. Campinas: Ed. da Unicamp, 1990.

LEITE, Renato Lopes. *Republicanos e libertários: Pensadores radicais no Rio de Janeiro (1822)*. Rio de Janeiro: Civilização Brasileira, 2000.

LEME, Marisa Saenz. *Monopólios fiscal e da violência nos projetos de Estado do Brasil independente: Um contraponto entre imprensa "liberal-radical" e "liberal-moderada"*. Franca: Unesp, 2020. Tese (Livre-Docência).

LENHARO, Alcir. *Sacralização da política*. Campinas: Papirus, 1986.

LIMA SOBRINHO, Barbosa. *Pernambuco, da Independência à Confederação do Equador*. Recife: Conselho Estadual de Cultura, 1979.

LOPEZ, Emílio Carlos Rodriguez. *Festas públicas, memória e representação: Um estudo sobre manifestações políticas na Corte do Rio de Janeiro, 1808-1822*. São Paulo: Humanitas, 2004.

LUSTOSA, Isabel. *Insultos impressos*. São Paulo: Companhia das Letras, 2000.

LUZ, Milton. *A história dos símbolos nacionais*. Brasília: Senado Federal, 2005. Disponível em: <www2.senado.leg.br/bdsf/item/id/1099>. Acesso em: 2 jun. 2022.

LYRA, Maria de Lourdes Viana. *A utopia do poderoso império: Portugal e Brasil: Bastidores da política, 1798-1822*. Rio de Janeiro: Sette Letras, 1994.

_____. "Memória da Independência: Marcos e representações simbólicas". *Revista Brasileira de História*, São Paulo, v. 15, n. 29, pp. 173-206, 1995.

_____. "Pátria do cidadão: A concepção de pátria/nação em Frei Caneca". *Revista Brasileira de História*, São Paulo, v. 18, n. 36, 1998.

_____. *O Império em construção: Primeiro Reinado e Regências*. São Paulo: Atual, 2000.

_____. "A atuação da mulher na cena pública: Diversidade de atores e manifestações políticas no Brasil imperial". *Revista Almanack Braziliense*, São Paulo, n. 3, 2006.

_____. "A transferência da corte, o Reino Unido luso-brasileiro e a ruptura de 1822". *Revista do Instituto Histórico e Geográfico Brasileiro*, Rio de Janeiro, ano 168, v. 436, pp. 45-73, maio/jun. 2007.

MACHADO, André. "As esquadras imaginárias: No extremo norte, episódios do longo processo de Independência do Brasil". In: JANCSÓ, István (Org.). *Independência: História e historiografia*. São Paulo: Hucitec, 2005. pp. 303-44.

_____. *A quebra da mola real das sociedades: A crise política do Antigo Regime português na província do Grão-Pará (1821-1825)*. São Paulo: Hucitec, 2010.

MARQUESE, Rafael; SALLES, Ricardo (Orgs.). *Escravidão e capitalismo histórico no século XIX: Cuba, Brasil, Estados Unidos*. Rio de Janeiro: Civilização Brasileira, 2016.

MARSON, Izabel Andrade. *O Império do progresso*. São Paulo: Brasiliense, 1987.

_____. *Política, história e método em Joaquim Nabuco: Tessituras da revolução e da escravidão*. Uberlândia: Edufu, 2008.

MARSON, Izabel Andrade; OLIVEIRA, Cecilia Helena de Salles (Orgs.). *Monarquia, liberalismo e negócios no Brasil: 1780-1860*. São Paulo: Edusp, 2013.

MATTOS, Ilmar. *Tempo saquarema*. Rio de Janeiro: Access, 2004.

MATTOS, Renato de. *Política, administração e negócios: A capitania de São Paulo e sua inserção nas relações do Império Português (1788-1808)*. São Paulo: FFLCH-USP, 2009. Dissertação (Mestrado em História).

MATTOS, Renato de. *Política e negócios em São Paulo: Da abertura dos portos à Independência*. São Paulo: Intermeios, 2019.

MATTOSO, José (Org.). *História de Portugal*. Lisboa: Estampa, 1993. v. 5: *O liberalismo*.

MAXWELL, Kenneth. *A devassa da devassa: A Inconfidência Mineira — Brasil e Portugal (1750 e 1808)*. 2. ed. Rio de Janeiro: Paz e Terra, 1978.

MEDICCI, Ana Paula. *Administrando conflitos: O exercício do poder e os interesses mercantis na capitania/província de São Paulo (1765-1822)*. São Paulo: FFLCH-USP, 2010. Tese (Doutorado em História).

MEIRELLES, Juliana Gesuelli. "La corte en Brasil y el gobierno de Juan VI de Portugal (1808-1820)". In: PIMENTA, João Paulo (Org.). *Y dejó de ser colônia*. Madri: Sílex, 2021. pp. 73-120.

MELLO, Evaldo Cabral de. *A outra Independência: Pernambuco, 1817-24*. São Paulo: Todavia, 2022.

MIGUEL, Ivana Frasquet. *Tiempo de política, tiempo de constitución: La monarquía hispánica entre la revolución y la reacción (1780-1840)*. Madri: Comares, 2018.

MOTTA, Márcia. *O direito à terra no Brasil: A gestação do conflito, 1795-1824*. 2. ed. São Paulo: Alameda, 2012.

MOTTA, Marly da Silva. *A nação faz 100 anos*. Rio de Janeiro: Ed. FGV, 1992.

MUNARO, Luís Francisco. *O jornalismo luso-brasileiro em Londres (1808-1822)*. Rio de Janeiro: PPGH-UFF, 2013. Tese (Doutorado em História).

NEVES, Lúcia Bastos Pereira das. "Confederação do Equador". In: VAINFAS, Ronaldo (Org.). *Dicionário do Brasil imperial*. Rio de Janeiro: Objetiva, 2002. pp. 160-2.

_____. "Frei Caneca". In: VAINFAS, Ronaldo (Org.). *Dicionário do Brasil imperial*. Rio de Janeiro: Objetiva, 2002. pp. 300-1.

NEVES, Lúcia Bastos Pereira das. "*Correio Braziliense*". In: VAINFAS, Ronaldo; NEVES, Lúcia Bastos Pereira das (Orgs.). *Dicionário do Brasil joanino*. Rio de Janeiro: Objetiva, 2008. pp. 102-5.

_____. "Da. Leopoldina". In: VAINFAS, Ronaldo; NEVES, Lúcia Bastos Pereira das (Orgs.). *Dicionário do Brasil joanino*. Rio de Janeiro: Objetiva, 2008. pp. 126-7.

NORA, Pierre. *Présent, nation, mémoire*. Paris: Gallimard, 2011.

NOVAIS, Fernando. *Brasil e Portugal na crise do antigo sistema colonial (1777-1808)*. São Paulo: Hucitec, 1979.

OLIVEIRA, Carlos Eduardo França de. *Construtores do Império, defensores da província*. Porto Alegre: EdiPUCRS, 2017.

OLIVEIRA, Cecilia Helena de Salles (Org.). *Zacarias de Góis e Vasconcellos*. São Paulo: Ed. 34, 2000.

_____. *7 de setembro de 1822*. São Paulo: Companhia Editora Nacional, 2005.

_____. "Teoria política e prática de governar: O delineamento do Estado imperial nas primeiras décadas do século XIX". In: OLIVEIRA, Cecilia Helena de Salles; PRADO, Maria Lygia; JANOTTI, Maria de Lourdes (Orgs.). *A história da política, a política na história*. São Paulo: Alameda, 2006. pp. 45-57.

_____. *A astúcia liberal: Relações de mercado e projetos políticos no Rio de Janeiro, 1820-1824*. 2. ed. São Paulo: Intermeios, 2020.

_____. "Independência e revolução: Temas da política, da história e da cultura visual". *Almanack*, Guarulhos, n. 25, 2020.

_____. "Historiografía y memoria de la Independencia". In: PIMENTA, João Paulo (Org.). *Y dejó de ser colonia*. Madri: Sílex, 2021.

PANTALEÃO, Olga. "O reconhecimento do Império". In: HOLANDA, Sérgio Buarque de (Org.). *História geral da civilização brasileira*. 3. ed. São Paulo: Difel, 1970. v. I, tomo II, pp. 331-78.

PIMENTA, João Paulo. "O Brasil e a 'experiência cisplatina': 1817-1828". In: JANCSÓ, István (Org.). *Independência: História e historiografia*. São Paulo: Hucitec, 2005. pp. 755-90.

_____. *A Independência do Brasil e a experiência hispano-americana (1808-1822)*. São Paulo: Hucitec, 2015.

PIMENTA, João Paulo; ATTI, César Augusto; DIMAMBRO, Nadiesda; CASTRO, Sheila V.; VIEIRA, Luís O.; LANNA, Beatriz D.; PUPO, Marina. "A Independência e uma cultura de história no Brasil". *Almanack*, Guarulhos, n. 8, pp. 5-36, 2014.

PIÑEIRO, Théo Lobarinhas. "Os projetos liberais no Brasil Império". *Passagens*, Rio de Janeiro, v. 2, n. 4, pp. 130-52, 2010.

PRADO, Maria Ligia; PELLEGRINO, Gabriela. *História da América Latina*. São Paulo: Contexto, 2019.

RIBEIRO, Gladys S. *A liberdade em construção: Identidade nacional e conflitos antilusitanos no Primeiro Reinado*. Rio de Janeiro: Relume Dumará, 2002.

ROBIN, Régine. *A memória saturada*. Campinas: Ed. da Unicamp, 2016.

ROCHA, Antônio Penalves. *A recolonização do Brasil pelas Cortes: História de uma invenção historiográfica*. São Paulo: Ed. Unesp, 2000.

RODRIGUES, José Honório. *A Assembleia Constituinte de 1823*. Petrópolis: Vozes, 1974.

SANTOS, Guilherme de Paula Costa. *A convenção de 1817: Debate político e diplomático sobre o tráfico de escravos durante o governo de d. João no Rio de Janeiro*. São Paulo: FFLCH-USP, 2007. Dissertação (Mestrado em História).

_____. *No calidoscópio da diplomacia: Formação da monarquia constitucional e reconhecimento da Independência e do Império do Brasil, 1822-1827*. São Paulo: FFLCH-USP, 2015. Tese (Doutorado em História).

SANTOS, Myriam Sepúlveda dos. *A escrita do passado em museus históricos*. Rio de Janeiro: Garamond, 2006.

SCHULTZ, Kirsten. *Versalhes tropical: Império, monarquia e corte real portuguesa no Rio de Janeiro, 1808-1821*. Rio de Janeiro: Civilização Brasileira, 2008.

SILVA, Alberto da Costa e. "África". In: VAINFAS, Ronaldo; NEVES, Lúcia Bastos Pereira das (Orgs.). *Dicionário do Brasil joanino*. Rio de Janeiro: Objetiva, 2008. pp. 36-40.

SILVA, Ana Rosa Cloclet da. "Identidades políticas e a emergência do novo Estado nacional: O caso mineiro". In: JANCSÓ, István (Org.). *Independência: História e historiografia*. São Paulo: Hucitec, 2005. pp. 515-56.

SLEMIAN, Andréa. "Seriam todos cidadãos? Os impasses na construção da cidadania nos primórdios do constitucionalismo no Brasil (1823-1824)". In: JANCSÓ, István (Org.). *Independência: História e historiografia*. São Paulo: Hucitec, 2005. pp. 829-48.

SOUZA JR., José Alves de. *Constituição ou revolução: Os projetos políticos para a emancipação do Grão-Pará e a atuação política de Filippe Patroni (1820--1823)*. Campinas: Departamento de História-Unicamp, 1997. Dissertação (Mestrado em História).

SPOSITO, Fernanda. "Los pueblos indígenas en la Independencia". In: PIMENTA, João Paulo (Org.). *Y dejó de ser colonia*. Madri: Sílex, 2021. pp. 197-228.

TOMAZ, Fernando. "Brasileiros nas Cortes Constituintes de 1821-1822". In: MOTA, Carlos Guilherme (Org.). *1822: Dimensões*. São Paulo: Perspectiva, 1972. pp. 74-101.

TROUILLOT, Michel-Rolph. *Silenciando o passado*. Curitiba: Huya, 2016.

VAINFAS, Ronaldo. "José Artigas". In: VAINFAS, Ronaldo; NEVES, Lúcia Bastos Pereira das (Org.). *Dicionário do Brasil joanino*. Rio de Janeiro: Objetiva, 2008. pp. 269-70.

VAINFAS, Ronaldo; NEVES, Lúcia Bastos Pereira das (Orgs.). *Dicionário do Brasil joanino*. Rio de Janeiro: Objetiva, 2008.

VESENTINI, Carlos Alberto. *A teia do fato*. São Paulo: Hucitec, 1997.

VIEIRA, Luís Otávio. *Origens da imprensa no Brasil: Estudo prosopográfico de redatores e editores de periódicos publicados entre 1808 e 1831*. São Paulo: FFLCH-USP, 2019. Dissertação (Mestrado em História).

WERNET, Augustin. "O processo de Independência em São Paulo". In: MOTA, Carlos Guilherme (Org.). *1822: Dimensões*. São Paulo: Perspectiva, 1972. pp. 340-54.

WISIAK, Thomas. "Itinerário da Bahia na Independência do Brasil, 1821-1823". In: JANCSÓ, István (Org.). *Independência: História e historiografia*. São Paulo: Hucitec, 2005. pp. 447-74.

WITTER, José Sebastião; BARBUY, Heloisa (Orgs.). *Museu Paulista: Um monumento no Ipiranga*. São Paulo: Imprensa Oficial, 1997.

WRIGHT, Antônia Fernanda Pacca de Almeida. *Desafio americano à preponderância britânica no Brasil: 1808-1850*. São Paulo: Companhia Editora Nacional, 1978.

Índice remissivo

IV Centenário de São Paulo (1954), 217

A

abdicação de d. Pedro I (1831), 189, 206-7, 211, 216
abertura dos portos (1808), 53, 56, 75, 81, 229
absolutismo, 70, 72, 86-7, 91-2, 95, 105, 109, 111, 119, 150, 185, 207, 226, 233
Academia Real de Belas Artes (Rio de Janeiro), 57
aclamação de d. João VI (1817), 76, 84-6, 90-1
aclamação de d. Pedro i (1822), 127, 143-4, 155, 197-200, 206
açúcar/economia açucareira, 20, 24, 34, 54, 62, 79, 83, 110, 122
administração colonial, 22-3, 48, 75
Afonso Henriques, d., 90
África, 17, 19, 28, 46, 48, 65-6, 71, 75-6, 82, 108, 146, 150, 166-7, 220, 231
agricultura, 53, 87, 103, 122
Aguiar, José Ricardo da Costa, 157, 159
Alagoas, 86, 124, 156
alfândegas, 41, 53-4, 60, 62-3
Algarves, reino de, 230; *ver também* Reino Unido de Brasil, Portugal e Algarves
algodão, plantações de, 20, 24, 28, 62, 79, 83, 87, 110
Alvarenga, Manuel Inácio da Silva, 48
Amazonas, 18
Amazonas, rio, 211

Amélia, imperatriz, 217
América do Norte, 23, 29, 45, 225
América espanhola, 17-8, 42, 45, 50, 54-5, 70, 80, 84, 116, 148, 221, 229, 231, 242
América portuguesa, 11, 13, 17, 19-20, 24, 28, 31, 45, 53-4, 58, 62, 65, 67, 69, 74-5, 78, 84, 108, 152, 158, 189, 192, 220-1, 225, 231; *ver também* Reino Unido de Brasil, Portugal e Algarves
Américo, Pedro, 213
Andrada, Antônio Carlos de, 149, 157-9, 182
Andrada, Martim Francisco de, 157
Andrade, Gomes Freire de, 89
Angola, 17, 146, 231, 241
anil, produção de, 24, 34, 83, 110, 122
Antigo Regime, 31, 52, 72-3, 84, 109, 157, 175, 227-8, 233, 241
Antiguidade clássica, 113, 228
Arcos, conde dos, 106, 115
Argentina, 18
arrematações, 38-9, 61, 67
arroz, produção de, 20, 24, 34
Artigas, José Gervasio, 77-8, 231
Ásia, 17, 19, 46, 65-6, 71, 82, 146, 225, 249
Assembleia Constituinte (1823), 12, 155-9, 161-8, 170-2, 174, 199-201, 225, 241-3, 246, 249
Atenas, 113
Atlântico, oceano, 17, 21, 23, 25, 30, 36, 48-51, 53, 55, 58, 60, 69, 72-4, 82, 91, 96, 100, 108-9, 142, 149, 186, 202

Áustria, 20, 57, 71-2, 78, 88, 141
Avilez, Jorge de, 115, 120, 123-4, 132

B

Bahia, 18-9, 24-5, 29, 34, 47-8, 53, 57, 61, 63, 75-6, 78-9, 87-8, 93-4, 102, 105, 111-2, 119, 124-5, 129, 134, 136, 138-9, 141-2, 146, 149-51, 156, 160, 169, 178-9, 184, 196, 202, 207, 209, 234-5, 250
Banco do Brasil, 56, 59, 108
Banda Oriental do Rio da Prata, 76-8, 153-4, 231; ver também Rio da Prata
bandeira nacional, hasteamento da, 216
Barata, Cipriano, 149, 160, 172
Barbosa, Francisco Vilela, 178
Barbosa, Januário da Cunha, 155-6, 170-1, 235
Barreto, Luís do Rego, 88, 104
Batalha de Bouvines (França, 1214), 247
Belchior, padre ver Ferreira, Belchior Pinheiro
Belém (PA), 12, 53, 80, 81, 111, 152-3
"bem comum", governo do, 113
Beresford, William, 89, 93
Bezzi., Tommaso, 213
Bicentenário da Independência (2022), 11
"bloqueio continental" (Europa, 1806-13), 43, 49
Bolívar, Simón, 147, 242
Bonaparte, José, 49, 70
Bonaparte, Napoleão, 43, 49, 58, 69, 71-2, 88
Bonifácio, José, 22, 119-20, 124, 139, 141, 148-9, 156-7, 159, 170, 193, 210, 240
Braanchamp, família, 30
Bragança, dinastia dos, 11, 17, 29, 49, 82, 89, 193, 196, 207

"Brasil" (uso da denominação por autoridades metropolitanas), 17; ver também América portuguesa; Reino Unido de Brasil, Portugal e Algarves
Bueno, Silva, 125
Buenos Aires, 55, 77, 80, 128, 153-4, 231

C

Cabral, Pedro Álvares, 158
Cachoeira (BA), 150-1
café/economia cafeeira, 24, 33, 61, 75, 83, 107, 110, 144, 187, 213, 215
Caiena (Guiana Francesa), 57, 128
Calçada do Lorena (SP), 27
Câmara dos Deputados, 173, 181, 202, 204, 206
Câmara, Manuel Ferreira da, 48, 159
Câmaras Municipais, 18, 31-2, 37, 39, 63, 87, 101, 175, 184, 231
Campinas (SP), 24, 119, 233
Campos de Goitacazes (RJ), 34
Campos, José Joaquim Carneiro de, 157, 178, 182
Canadá, 225
Caneca, Frei, 165, 184, 186, 210, 245-6, 250
Canto e Melo, Francisco de Castro, 203
Capela Real (Rio de Janeiro), 85, 90
Caribe, 29, 226
Carlos I, rei da Inglaterra, 178
Carlos IV, rei da Espanha, 49, 58
Carlota Joaquina, d., 58, 77, 149, 198
Carneiro, Borges, 125
Carta constitucional (Brasil, 1824), 149, 155, 164, 167-8, 173-4, 176, 179-86, 188-9, 201-2, 208, 210-1, 222, 246, 250
Carvalho e Melo, Luís José de, 178
Carvalho e Melo, Sebastião José de ver Pombal, marquês de

Catedral de São Pedro de Alcântara (Petrópolis), 216

Ceará, 19, 86, 156, 185, 201

Centenário da Independência (1922), 193, 215-7, 251

centralismo(s), 148, 185, 244

Centro-Sul do Brasil, 18, 27, 62, 67, 75-6, 79-80, 83, 97, 101, 110, 118, 121, 127, 151, 154, 177, 183, 185, 187, 207

Chamberlain, Henry, 170

"cidade nova" (Rio de Janeiro), 65

Cisplatina, 78-9, 100, 104, 107, 110, 128, 130, 137-8, 143, 146, 153-4, 173, 243

Cochrane, Lord, 151-3, 185, 242

Coimbra, bispo de, 236

Colômbia, 147, 242

colônias inglesas na América do Norte, 23, 225

Combats pour l'histoire (Febvre), 7

Companhia de Comércio do Alto Douro, 61

Confederação do Equador (Nordeste brasileiro, 1824), 185, 201, 204, 242, 246-7, 249

Congresso de Viena (1814-15), 58, 71, 75-6, 89

conspiração de Gomes Freire de Andrade (Portugal, 1817), 89

Constant, Benjamin, 160, 163, 181-2, 243-4

constitucionalismo, 106, 112, 114, 117, 134, 138, 144, 184, 234, 245

Constituição de 1824 *ver* Carta constitucional (Brasil, 1824)

Constituição de Cádiz (1812), 70, 93, 97, 116, 167, 176

Constituição norte-americana (1787), 244

Constituição portuguesa (1822), 136, 239

Correio Braziliense (jornal), 81, 149, 181, 199, 232, 242, 249

Correio do Rio de Janeiro (jornal), 134, 161, 165, 170, 177, 240, 243-4

Cortes de Lisboa, 94, 97, 104, 133, 144, 148-9, 151, 155, 157, 160, 163, 168, 177-8, 184, 193, 195-6, 206, 249-50

Costa, Hipólito da, 199, 232

Costa, João Severiano Maciel da, 167-8, 178

Coutinho, d. Rodrigo de Sousa (conde de Linhares), 22, 43, 48, 50, 66, 71, 82

criollos, 18

Cruz, família, 30

Cuba, 179, 231

"cultura de história", 190, 247

Cunha, Antônio Luís Pereira da, 159, 178

Cunha, d. Luís da, 17, 22, 46, 225

D

despotismo, 113-4, 123, 137, 177

devassas, 48, 87, 88, 98, 197, 225-6, 227

direitos civis, 31, 167-8

Diretório dos Índios, 25

Dispertador Brasiliense (sic, texto anônimo), 121

dízimo sobre atividades produtivas e imóveis, 39, 62-3

Doutrina Monroe (EUA), 186

Duby, Georges, 189, 247

E

economia colonial, 31-2

eleitores, 97, 106, 128, 133, 139, 160, 168-9, 176, 180, 233-4, 236

Elvas, bispo de, 236

Ender, Thomas, 89

Equador, 147

equador, linha do, 60, 76, 79

Erário Régio, 64

escravidão, 18-20, 27-8, 32-5, 39-42, 44-5, 57, 59-64, 71, 75-6, 79, 83, 87, 107, 110, 129, 151, 155, 162, 166-7, 170, 173, 179, 187, 202, 209, 221, 226, 228, 231, 233, 245

Espanha, 20, 36, 49-50, 57, 70, 77, 91, 135, 225-6

Espelho, O (jornal), 135, 199, 240, 249

Espírito Santo, 63

Estados Unidos, 88, 113, 116, 147, 148, 164, 168, 186, 221, 231, 244

Europa, 13, 17, 19, 23, 42, 45-6, 49-50, 52, 55-7, 63, 67, 69-71, 80, 85, 88, 91, 95, 97-8, 109, 115, 119-20, 122, 125, 130, 140, 187, 197, 219, 221, 229

Executivo, Poder, 88, 103, 116, 120, 126, 155, 157-8, 160, 161-3, 170, 173-4, 178, 181-2, 204, 206-7, 238

exportações, 19, 24, 40, 54, 125, 171, 213

F

Falmouth (Inglaterra), 149, 151

família real portuguesa, transferência da (1808), 17-8, 26, 28, 32, 34, 36, 43-4, 46, 49-56, 60, 62, 64, 65, 68-9, 75, 102, 158, 189, 196, 202

Fazenda Real, 29, 32-3, 62-3, 233

Febvre, Lucien, 7

federalismo, 148, 185, 244

Feijó, Diogo, 114, 119, 149, 236

Fernando VII, rei da Espanha, 49, 58, 70-1, 77, 92

Ferreira, Belchior Pinheiro, 203-4, 249

Ferreira, Gervásio Pires, 130

Ferreira, Silvestre Pinheiro, 70, 74, 82, 95, 230

Fico, dia/movimento do (1822), 119, 124, 127, 129, 132, 134, 136, 196, 202, 235-6

Figueiredo e Melo, Pedro Américo de, 213

floresta amazônica, 24, 152

Fonseca, Mariano José Pereira da, 48, 178

Forças Armadas, 171, 185

França, 20, 49, 57, 61, 70, 78, 178, 181, 247

França, Manuel José de Souza, 11-4

Francisco I, imperador da Áustria, 88

G

Gama, Manuel Jacinto Nogueira da, 157, 178

Gazeta do Rio de Janeiro (jornal), 56, 86, 89, 120

Goiás, 18-9, 27, 104, 152, 156

Gomes, Francisco Agostinho, 48

Grã-Bretanha, 20, 29-30, 44, 49, 58-60, 72, 78-9, 83, 133, 141, 146, 149, 168, 178, 186, 200-2, 225

Grão-Pará, 33, 57, 65, 79, 93-4, 102, 104, 111, 119, 125, 128, 138, 141, 146, 151-3, 196, 233, 239

Grenfell, John, 152-3

Guanabara, baía de, 32, 63, 107, 124, 245

guaranis, indígenas, 18, 42

Guerra dos Sete Anos (Europa, 1755-63), 20, 225

Guerras Napoleônicas (1803-15), 36, 66, 81-2, 88, 115, 124, 220

Guiana Francesa, 57

Guiné, 17, 231

H

Haiti (São Domingos), revolução escrava no (1791-1804), 20, 226

Hino Nacional, 216

Hispaniola, ilha de, 226

História dos principais sucessos políticos do Império do Brasil (José da Silva Lisboa), 204-5, 250
"História-memória", 192, 194, 206, 209, 212, 215, 248

I

Igreja católica, 18-9, 26, 125
Império do Brasil, 45, 71, 147, 154, 167, 172-3, 184, 186, 192-3, 200, 202, 204, 209, 211, 213-5, 248; *ver também* Primeiro Reinado; Segundo Reinado
Império Português, 21-2, 29-30, 36, 38, 42, 46, 49-52, 55-6, 64, 69-70, 73, 78, 82-3, 90, 92, 98, 100, 109, 131-2, 137, 141, 153, 197, 220, 222, 229
impostos, 18, 23, 29, 33, 37-9, 52, 61, 63, 67, 74, 79, 86-7, 103, 110, 132, 135, 159, 164, 173, 185, 235
Impressão Régia, 56, 66, 73, 81, 89, 103; *ver também* Tipografia Nacional
Inconfidência Mineira (1788-9), 21, 47, 225-6
Inconfidências e movimentos rebeldes, 31, 52
Independência, proclamação da (7 de setembro de 1822), 99, 137, 179, 192, 196-7, 203, 206; *ver também* Sete de Setembro
"Independência ou morte" (declaração de d. Pedro I), 142-3
Independência ou morte (tela de Pedro Américo), 213
indígenas, 25, 27, 32-4, 37, 41, 42, 64, 122, 128, 151-2, 166, 179, 209-10, 227, 245
Inglaterra *ver* Grã-Bretanha
Intendência Geral de Polícia, 64-5, 108

Ipiranga, riacho do (São Paulo), 99, 143, 197, 203
Itu (SP), 24, 119, 184

J

Jardim Botânico (Rio de Janeiro), 57
jesuítas, 25-6, 128
João VI, d., 30, 46, 49-50, 52-3, 55-6, 58-61, 64, 66, 69-71, 75-6, 78, 82, 84-5, 90, 93, 95-6, 100, 104-9, 115, 118, 127, 130-1, 141, 150, 163, 171, 175, 198, 200, 202, 204, 206, 225, 229
Judiciário, Poder, 126, 158, 173, 180
Junta de Conquista e Civilização, 64
Juntas Governativas, 77, 92-4, 102, 104-6, 108, 111, 115, 119, 125, 129-30, 151-2, 157, 162, 164, 166, 195, 233

L

Labatut, Pierre, 151, 242
lavouras, 20, 24, 29, 31, 33, 35, 41, 62, 64, 107, 129, 171, 187
Lecor, Carlos Frederico, 78, 153-4
Ledo, Joaquim Gonçalves, 138, 155-6, 170, 171, 235-7
Legislativo, Poder, 88, 112, 120, 126, 133, 137, 149, 156, 158, 160, 162-3, 173-4, 176, 178-9, 181-3, 185, 201, 206-7, 238
leis e ordenações coloniais, 74, 163
Lembranças e apontamentos do governo provisório da província de S. Paulo para os seus deputados, mandadas publicar por ordem de Sua Alteza Real, Príncipe Regente do Brasil (documento), 120, 238
Leopoldina, imperatriz, 84, 88, 134, 142, 217, 232

"liberais exaltados", 207, 250

liberalismo, 45, 71, 121, 149, 155, 174, 187, 221, 228, 238, 242, 245-6

Lima, Pedro de Araújo, 157, 159, 182

Lima e Silva, Francisco de, 185

Lisboa, 12, 19, 29, 39, 43, 54, 56, 59, 64, 69, 79-81, 85, 92, 94-7, 100, 102, 104, 109, 111, 114-6, 120, 124, 133, 136, 138, 144, 148-9, 151-2, 155, 157-8, 160, 163, 165, 167-8, 175, 177-8, 184, 193, 195-6, 201, 205-6

Lisboa, João Soares, 134-5, 156, 161, 210, 240, 244, 250

Lisboa, José da Silva, 12, 48, 83, 158, 162, 167, 170, 204-6, 238-9, 250

Londres, 12, 19, 80-1, 88, 102, 141, 148, 151, 201, 204, 232

Lorena, Bernardo José de, 22, 27

Lustosa, Isabel, 238

M

Macau, 17

maçonaria, 89, 134, 156

Madeira de Melo, Inácio Luís, 129, 139

Madeira, rio, 211

Maioridade, movimento da (1840), 208

Maranhão, 19, 24-5, 28, 42, 63, 65, 80, 104, 124-5, 129, 146, 151-2, 196, 234

Maria I, d., 52, 71, 76, 85

Maria Luiza da Áustria (esposa de Napoleão), 88

Marinha brasileira, 152, 185

Marinha britânica, 43, 49, 53, 242

Marinha francesa, 49

Martius, Carl Friedrich von, 89

matérias-primas, 25, 61

Mato Grosso, 18-9, 27, 156

Mato Grosso do Sul, 19

Melo e Castro, Martinho de, 23

mendigos do Rio de Janeiro, 63

mercado europeu e africano, 25, 59, 152

mercado interno, 20, 24, 26, 28, 59-62, 67, 79, 84, 107, 112, 133, 150, 171, 186, 188

México, 179

Miguel, d., 149-50

milícias, 36-8, 57, 74, 107, 124, 129, 138, 151, 184, 206

Minas Gerais, 18-9, 24, 27, 31, 34, 39, 48, 61-3, 74, 86, 104, 107, 119, 123, 128, 131, 137-8, 141, 143, 145, 156, 159, 178, 187, 196, 202, 211

mineração, 20, 24

Ministério do Interior e Estrangeiros, 159

Ministério do Reino, 139

Moçambique, 231

Moderador, Poder, 181, 184, 207, 212, 246, 250

monarquia constitucional, 13, 93, 96, 111, 120-1, 131-2, 140, 147, 183, 193, 214, 235, 238, 241, 248, 250

monarquia portuguesa, 22, 37, 43, 46-8, 64-5, 68, 79, 82, 83, 105, 126, 132, 136, 140, 146, 150-1, 165, 200, 202, 205, 228

monarquias europeias, 22, 49, 57, 70, 72, 82, 84, 148, 181, 197

"monarquistas constitucionais", 111-3, 135, 145

Montenegro, Caetano Pinto de Miranda, 85

Montevidéu, 55, 77-8, 80, 128, 153, 231

Monumento do Ipiranga (São Paulo), 213, 251; *ver também* Museu Paulista

Museu Histórico Nacional (Rio de Janeiro), 216, 251

Museu Paulista (Museu do Ipiranga, SP), 15, 214, 216, 251

N

nacionalismo, 215, 229, 248
navegação de cabotagem, 18, 25, 28, 55, 67, 107
nobiliarquia brasileira, 171
nobreza da terra, 26, 29, 103
Nora, Pierre, 248
Nordeste do Brasil, 19, 74, 79, 86, 94, 102, 110, 114, 121, 123, 127, 135, 145, 169, 185
Norte do Brasil, 74, 79, 93, 101, 114, 121, 123
Nova Granada, Vice-Reino de, 147, 242
Nova York, 19

O

Oiapoque, rio, 57-8
Oliveira e Melo, Manuel Marcondes de, 203
Ordem do Cruzeiro, 171
ordenanças, 36-8
ordens religiosas, 25, 27, 32-3, 67, 132
Ottoni, Teófilo, 12, 211, 250-1
ouro, 19, 24, 27-30, 110, 143-4
Oyenhausen, João Carlos, 119-20

P

Paine, Thomas, 113, 137
Palácio da Boa Vista (Rio de Janeiro), 65
Palhaço (brigue), 153
Palmela, conde de (Pedro de Sousa e Holstein), 82, 93, 95, 148
Pará, 19, 128, 152, 234
Paraguai, 18
Paraíba, 86, 156, 185, 201
Paraná, rio, 211

Paris, 19
Parque da Independência (São Paulo), 217
Partido Liberal, 212
pecuária, 20, 24
Pedro I, d., 58, 71, 82, 84, 88, 95, 97-9, 101, 105-6, 108-9, 114-8, 120-1, 123-5, 127, 131-2, 134, 136, 138, 142-8, 150-3, 155, 158, 161, 163, 171-2, 175-7, 179, 181, 183, 187, 189, 192-200, 202-8, 210-4, 217, 222, 236-40, 242, 248, 250
Pedro II, d., 208-9, 216
Pereira, José Clemente, 123-4, 135, 137, 140, 156, 170-1, 210
Pernambuco, 18, 24-5, 33, 57, 61, 63, 75, 85, 86, 89, 104, 115-6, 118, 125, 130, 136, 138, 142-3, 156, 157, 159, 186, 201, 234-5, 242, 250
Petrópolis (RJ), 216
Piauí, 104, 129, 146, 152
Polichinelo, O (periódico), 212
Pombal, marquês de (Sebastião José de Carvalho e Melo), 22-3, 29-30, 35, 50
população da América portuguesa (séc. XVIII), 18-9
Porto (Portugal), 92, 151; *ver também* Revolução de 1820 (Porto)
Portugal, 11-3, 19-21, 23, 25, 29, 33, 36, 44-5, 49-50, 56, 58, 63, 65-7, 69-73, 78-80, 82-5, 89, 91-3, 95-7, 99-106, 108-18, 120-2, 124-9, 132, 134, 137, 139-42, 144-6, 148-53, 163, 174-5, 179, 186, 189-90, 193, 195-7, 200-1, 203-5, 207, 211, 219-20, 222, 227, 229, 233, 236
"povo", uso da palavra, 97, 234
Prata, região do *ver* Rio da Prata
Primeiro Reinado, 132, 176, 193, 209, 222, 240, 243, 250
Proclamação da República (1889), 216
Prússia, 72, 225

Q

Queiroz, Francisco Inácio de Souza, 120
quilombos, 38, 40, 129
Quintella, família, 30, 39

R

Recife (PE), 12, 18, 28, 53, 80-1, 86-8, 111, 184-5
Reclamação do Brasil (periódico), 130, 135, 137, 204, 239
"recolonização", 122, 127, 132, 135, 141, 177, 197, 206, 238
Recôncavo da Bahia, 129
Recôncavo da Guanabara, 34
regimentos militares, 36
Regulador Brasileiro, O (jornal), 135, 160, 181, 199, 240, 244, 249
Reino Unido de Brasil, Portugal e Algarves, 69, 72, 74, 78, 82, 91, 97-8, 108-9, 117, 122, 132, 144, 189, 195-6, 222, 230
"republicanos", 111, 113-4, 145, 156, 206, 213-5, 244
restos mortais de d. Pedro I, transferência dos (1972), 217
restos mortais de d. Pedro II, transferência dos (1922), 216
Revérbero Constitucional Fluminense (jornal), 107, 112, 134, 137, 160, 235, 237, 243
Revolução Americana (1776-83), 20, 47, 49, 137
Revolução de 1817 (Pernambuco), 85-7, 104, 184, 232
Revolução de 1820 (Porto), 91, 94, 114, 117, 119, 126, 155, 175, 195, 210, 233
revolução escrava em São Domingos (1791-1804), 20, 226

Revolução Francesa (1789), 47, 49, 70, 82
Revolução Industrial, 20, 21, 58, 81, 162, 187
Rezende, Venâncio Henriques de, 147, 157-8, 176, 241
Rio da Prata, 28, 54, 58-9, 76-8, 148, 153, 158, 204, 231
Rio de Janeiro, 12, 17, 18-9, 24-9, 31-2, 39-41, 44, 48, 53, 55-66, 68, 72-5, 78-86, 88, 89-90, 92-93, 95-7, 100-2, 104, 106-12, 114-6, 118-20, 122-3, 125-8, 130-2, 134, 136-8, 140-5, 147-8, 150-3, 156-9, 161-2, 165, 170, 173, 175, 177, 184-7, 189, 193-202, 205, 208, 210-1, 213, 215-6, 220, 222, 234-5, 250
Rio Grande de São Pedro, 78, 104, 128, 235
Rio Grande do Norte, 86, 156, 185, 201
Rio Grande do Sul, 18-9, 156
Rio Negro, 93, 152, 233
Robin, Régine, 219
Roma antiga, 113, 228
Rússia, 72, 225

S

Salvador (BA), 12, 18, 26-8, 34, 41, 53, 55, 80, 81, 111, 129, 151-2, 202, 209
Santa Aliança (Áustria, Rússia e Prússia), 72, 82, 95, 149, 197
Santa Catarina, 58, 124, 156
Santo Amaro da Purificação (BA), 150
Santos, marquesa de, 203
Santos, porto de (SP), 27, 119, 142
São Carlos (SP), 24, 119
São Domingos, revolução escrava em (1791-1804), 20, 226
São Francisco, rio, 211
São João Baptista de Ajudá, fortaleza de (África), 231

268

São João del-Rei (MG), 119
São Luís (MA), 28, 42, 53, 80, 152
São Paulo, 18, 24, 26-7, 31-2, 34, 62-3, 74, 81, 86, 99, 101, 104, 114, 119, 123, 125, 128, 137-8, 141, 143, 145, 149, 156-7, 159, 179, 184, 187, 196, 198, 201-3, 213-5, 217
Secretaria do Ultramar, 18
Segundo Reinado, 212, 216
Semanário Cívico (jornal), 112-3, 236
Senado, 173, 181, 225, 235, 240, 251
Sentinela da Liberdade (periódico), 160, 172
Sesquicentenário da Independência (1972), 217
Sete de Setembro, 192, 198, 206-9, 212-5, 249; *ver também* Independência, proclamação da (7 de setembro de 1822)
Sete Povos das Missões, região dos, 25-6
Silva, João Manuel Pereira da, 12
Silva Maia, Joaquim José da *ver* Caneca, Frei
Silva Porto, Manuel Joaquim da, 136
Silveira Mendonça, João Gomes da, 178
sociedade civil, 114, 188, 236
sociedade colonial, 23-4, 31, 40, 42, 44-5, 47, 51, 228
Sousa e Holstein, Pedro de *ver* Palmela, conde de
Sousa e Melo, Francisco de Paula, 119, 157
Spix, Johann Baptist von, 89

T

tabaco, produção de, 24, 28, 34, 62, 87
Tamoio, O (periódico), 170, 178, 245
tapuios (indígenas destribalizados), 128-9

Taunay, Afonso d'Escragnolle, 216
Tavares, Francisco Muniz, 157, 159
Tejo, porto do (Lisboa), 43
Teresa Cristina, imperatriz, 216
Tipografia Nacional, 103-4, 121, 239
Tiradentes (Joaquim José da Silva Xavier), 119, 210-1, 214, 237
Tomás, Manuel Fernandes, 125
tráfico negreiro, 25, 29, 33, 57, 59-61, 71, 75-6, 83, 107, 112, 162, 166-7, 170, 202, 226, 231
transferência da família real portuguesa (1808), 17-8, 26, 28, 32, 34, 36, 43-4, 46, 49-53, 55-6, 60, 62, 64-5, 68-9, 75, 102, 158, 189, 196, 202
Tratado de Fontainebleau (França e Espanha, 1807), 49
tratados de comércio e amizade (Portugal e Grã-Bretanha, 1810), 58, 201
Typhis Pernambucano (periódico), 184, 246

U

Uruguai, 18, 154, 232

V

Vale do Paraíba, 34, 61, 75, 107
Valle, Paulo Antônio do, 212
Venezuela, 147, 242
Vergueiro, Nicolau Pereira de Campos, 119, 157
Vila Rica (MG), 18, 27, 40, 81, 119, 131
Vilafrancada (Portugal, 1823), 150, 158, 242
Vilanova Portugal, Tomás Antônio de, 82, 95

© Cecilia Helena de Salles Oliveira, 2022

Todos os direitos desta edição reservados à Todavia.

Grafia atualizada segundo o Acordo Ortográfico da Língua Portuguesa de 1990, que entrou em vigor no Brasil em 2009.

capa
Celso Longo
imagem de capa
François-René Moreaux. *A Proclamação da Independência*, 1844/ Museu Imperial/ Wikimedia Commons/ Domínio público
imagem de verso de capa
Simplício de Sá, *D. Pedro I, c.* 1830/ Museu Imperial/ Wikimedia Commons/ Domínio público
composição
Jussara Fino
preparação
Cacilda Guerra
índice remissivo
Luciano Marchiori
revisão
Ana Maria Barbosa
Gabriela Rocha

Dados Internacionais de Catalogação na Publicação (CIP)

Oliveira, Cecilia Helena de Salles
  Ideias em confronto : Embates pelo poder na Independência do Brasil (1808-1825) / Cecilia Helena de Salles Oliveira. — 1. ed. — São Paulo : Todavia, 2022.

  ISBN 978-65-5692-325-3

  1. Brasil — História. 2. Independência do Brasil.
3. América portuguesa. 4. Monarquia. 5. Brasil imperial.
6. D. Pedro I. I. Título.

CDD 981

Índice para catálogo sistemático:
1. História do Brasil 981

Bruna Heller — Bibliotecária — CRB 10/2348

todavia
Rua Luís Anhaia, 44
05433.020 São Paulo SP
T. 55 11. 3094 0500
www.todavialivros.com.br

fonte
Register*
papel
Pólen natural 80 g/m²
impressão
Geográfica